幸福婚姻七堂课

婚姻咨询师教你如何去爱

羽仟/著

华中科技大学出版社
http://press.hust.edu.cn
中国·武汉

图书在版编目（CIP）数据

幸福婚姻七堂课：婚姻咨询师教你如何去爱/羽仟著. —武汉：华中科技大学出版社，2023.6 （2023.7重印）

ISBN 978-7-5680-9492-4

Ⅰ.①幸⋯ Ⅱ.①羽⋯ Ⅲ.①婚姻—通俗读物 Ⅳ.①C913.13-49

中国国家版本馆CIP数据核字（2023）第081708号

幸福婚姻七堂课:婚姻咨询师教你如何去爱　　　　　　　　　　　羽仟　著
Xingfu Hunyin Qi Tang Ke : Hunyin Zixunshi Jiao Ni Ruhe Qu Ai

策划编辑：	饶　静	
责任编辑：	程　琼	
封面设计：	琥珀视觉	
责任校对：	刘　竣	
责任监印：	朱　玢	
出版发行：	华中科技大学出版社（中国•武汉）	电话：(027)81321913
	武汉市东湖新技术开发区华工科技园	邮编：430223
录　　排：	孙雅丽	
印　　刷：	湖北新华印务有限公司	
开　　本：	880mm×1230mm　1/32	
印　　张：	9.5	
字　　数：	246千字	
版　　次：	2023年7月第1版第2次印刷	
定　　价：	59.80元	

本书若有印装质量问题，请向出版社营销中心调换
全国免费服务热线：400-6679-118　　竭诚为您服务
版权所有　侵权必究

序一

爱的问题，唯有爱能解决

1／三月，莺飞草长，落樱缤纷的武汉。

我是个生性无惧无拘、向往身心自由的人，所以说走就走，背起包去武大看樱花。也顺便在浪漫的早春里汲取能量，去填补自己因常年接触负能量的来访者而带来的消耗亏空。

江边的餐厅，夕阳快没了，却还是充满能量，有着让人不忍直视的热情。

对面的羽仟老师一如阳光，耀眼而夺目，能量满满。事实上，很难想象她已经连续做了超过6个小时的咨询。

提起已经定稿的这本新书，她瞬间又笑容盛放："这是我的孩子，她终于要诞生了！"

"北辰老师愿意给我的新书写个序吗？"

"当然。"

2／别人认为很难的事，

　　被你乐在其中，这是人生一幸事。

　　做婚姻情感咨询，其实是一件很痛苦的事，每天接触的大多是鸡零狗碎、背叛出轨，不仅需要有大量的专业技巧和心理常识，还要有极致的耐心和洞察力。我必须承认，这项工作女性更适合一些。女性天生感受力敏锐、富有同理心，能给予求助者持久的爱和关注，让在婚姻家庭中受伤的灵魂得以慰藉，让她们有能力保护、争取、修复、坚守自己想要的幸福。

　　羽仟自己很幸福，做的是自己喜欢的事，爱的是自己深爱的人。因为我熟识她的先生，那是个也在大学里选修了心理学的低调男人，宽厚而善良，最主要是爱她。而安全感十足的爱，一定是一个女人幸福感的来源，也是能量的补充。所以你会理解，为什么一个小女子可以每个月接待几十个来访者，每天做咨询个案超过10个小时。

　　干这一行是要积累经验的，就像手术台上的主治医生，刚博士毕业的实习生与一个有成千上万台手术经验的医学本科毕业生相比较，你更信任谁？

　　通常你会更信任后者，因为解决问题不只靠理论，更靠实战。

　　羽仟做心理咨询超过10年，案例五花八门，赞誉源源不断。

3／爱的问题，

　　唯有爱能解决。

　　一个被爱包裹的女人，用细腻翔实的笔触，把关于爱的技巧和方法，向你娓娓道来。

　　这就是你目下即将开启的这本书。

　　它不故弄玄虚，案例都是真实发生在我们身边的，你也随时可能遇到的，有前瞻性、预见性，也有指导意义。不管是未雨绸缪还是解燃眉之急，这本书都值得你放在床头。

这么说吧，如果你是一只猫，这本书会教会你，认知自己，喜欢吃鱼还是罐头，哪块鱼臭了不能吃了，哪个罐头虽然难吃但有营养。有营养的留下，教你改善口味；臭了的扔掉，不要舍不得。当然，如果有别的猫去抢你的鱼，要如何避免，以及如何让被抢走的鱼再回到自己手中。

我认为，女性最大的成功，不过是会爱，懂爱，遇见值得爱的人，更有与其相守白头的能力；男人最大的成功，不过是妻贤、子孝，和真爱相逢，并与其携手一生。

七个章节，七节课，七个系统，期待你成为幸福的人，拥有白发夕阳、相濡以沫的爱情。

北辰于北京
央视及多家卫视特邀心理专家　著名心理学家　作家

序二

幸福婚姻，从来都是一门艺术

什么是幸福的婚姻？

幸福就是能够感受到成就感，活着有意义，有方向，有"心流"体验（积极心理学的一项研究，指幸福的感受到了最巅峰的一种类似电流的快乐体验）；而幸福的婚姻就是，从伴侣关系和婚姻的互动中感受到一种互相滋养的"心流"体验。

《幸福婚姻七堂课》就是这样一本书：打通你的思维，解开迷惑，找到答案，现场教你改变行为模式，和伴侣重新建立可以沟通和深切联系的频道；让男人和女人之间不再误会；让男人和女人之间彼此了解；让男人和女人之间不再怨恨；让男人和女人之间彼此迷恋；让男人和女人之间没有盲区；让男人和女人之间解放禁区；让男人和女人之间心意相通。

在这里，可以谈爱，可以谈恨，可以谈钱，可以谈性，一起谈未来。

幸福的婚姻从点滴和细节开始；从当下开始；从行

动开始；从改变开始，从头创建健康的关系，体验到幸福的"心流"。

羽仟老师本人，每次出场的时候她都那么惊艳，漂亮而灵动。她是一个从幸福婚姻中体验到了"心流"、体验到了滋养、体验到了共同成长的智慧女性。

她深耕情感领域14年，这以后的日子，她会更加坚定执着地走向智慧人生。担任婚姻咨询师之前，她也经历了情感的波涛和考验，最终，她从痛苦中站起来，开始深刻地体会受难女性的痛处，并且学会用自己的宽容和爱，去呵护更多在婚姻中需要帮助的女性。

她用标准的北方口音，解答你的疑惑；她用智慧的头脑，解开你的谜团；她用灵活的思维，向你打开一个崭新的情感世界。

她的文字好像一支画笔，画出了一个纷繁复杂却又清晰可辨的情感世界——男女沟通好像一条蜿蜒的河流，最终汇聚在一起；婚姻关系又好像一个云雾缭绕的山谷，走出迷雾却是一片世外桃源；温馨家庭就是山谷里的居民，有俗世的争吵，也有体谅的和解；虽然生活让大家感到疲惫，可是为了追寻幸福，却又抖擞精神，继续选择突破和成长。

羽仟老师的七堂课分别是"读懂两性""允许差异""管理情绪""表达共情""积极沟通""抵御危机""持续成长"，让人们在情感关系中不要坐视不理，而是积极改变，寻求共识。针对当今社会很多人在情感关系中选择"逃跑"的态度，她倡导大家起来"战斗"，面对困难，迎接风雨，突破屏障。

"金钱人格"的概念是本书的一个亮点。每个人都和金钱形成一种关系模式，这个模式背后隐藏着一种人格形态。人格的核心就是对金钱的态度和观念，从而衍生出一个行为习惯。

她引用美国作家斯科特在《谈钱不伤感情》一书中谈到的"五种

人格"：省钱王、消费狂、冒险家、求稳者、随性者。伴侣常常为钱吵架，大概都源自这些不同的习惯，根源就是两人有不同的金钱人格。

　　对钱的态度，应该成为人们在婚前考察伴侣的重要条件——而不是去看TA是否有钱，有多少钱。婚前谈好钱，婚后共同管理钱，共同爱护钱，十分重要！

　　书中亮点多多，相信你翻开它，都会如我一样，仿佛进入桃花源，去探索秘密花园里的秘密，闻闻百花的芬芳，转身就会看见你的伴侣从花丛中款款而来。

　　看到这里，你或许会恍然大悟，原来我们都在羽仟老师的画笔之中，她就是画出桃花源的艺术家，引领我们走进一个充满好奇和探险的世界——

　　我的良人在男子中，如同苹果树在树林中。

　　我的佳偶在女子中，好像百合花在荆棘内。

冯娟

湖北积极心理创始人　作家　心理专家

著有《福尔摩斯的心理课》《这样做女人最幸福》等

前言

十四年前,一个漆黑的夜晚,凌晨两点我从睡梦中醒来,不禁一阵叹息:唉,又要睁眼到天亮了。那时,我才迷迷糊糊睡了不到一个小时,辗转反侧间胃痛又袭来,我蜷缩在床上,守着难熬的夜,期待天亮。这样的状态是当时在经历婚姻危机的我近半年的常态,失眠、胃痛,每天最幸福的事是:当我睁开眼睛时,时钟转到早上四五点,那样,一夜就熬过去了。但每次当我按亮手机,手机上显示的时间都是半夜一两点,然后我就一夜无眠了。

然而,也就是在那个晚上,我的内心突然发酵出一个念头:如果有一天,我有能力,我一定要去帮助那些在婚姻中痛苦的人,让她们不要经历像我一样的痛苦!那一刻,眼前似乎有一道光照亮了黑夜,让我全身充满了力量,也让我似乎明白了那份痛苦的价值。

十四年来,我一直走在心理学学习、自我成长、婚姻咨询的路上，每当我碰到困难，那一晚的画面都会激励我向着目标勇往直前。现在，我有着幸福美满的婚姻，有一个专注从事婚姻咨询的团队，帮助着来自全国各地经历婚姻痛苦的来访者，我每天都在实现梦想的路上精进着，幸福无比。

婚姻教皇约翰·戈特曼说过："爱情并不是一个短暂的感觉，而是通过不断努力和关注培养出来的一种永恒的状态。"每个人都渴望拥有一段完美而甜蜜的婚姻，但，短暂的甜蜜过后，亲密关系会迎来更多的摩擦、痛苦和挑战。从国家民政局公布的离婚率数据来看，近年来离婚率正逐年上升，部分地区结离比超过50%，而在没有离婚的人群中，对自己婚姻状态不满意的比例更高，为什么幸福婚姻如此难？我觉得至少有三方面的原因。

首先，缺乏爱的能力和幸福的榜样。从小到大，我们一直在学习各类课堂知识，却从来没有"学校"去教我们如何爱人、如何经营婚姻。很多人在成长过程中也没有感受到过"爱"，也没有看到过幸福婚姻的榜样。这就很容易导致我们在成年后缺乏"理解和实践幸福婚姻"的能力。比如，如何处理夫妻差异，如何管理情绪，如何正确沟通，如何共情爱人，如何真实表达自己的需求。这些能力缺乏，会让我们不知道如何表达和接受爱，也不知道如何维护健康的婚姻关系。

其次，亲密关系最容易激发出两个人隐藏在内心的创伤。婚姻是很私密的关系，可以让我们感受到深刻的情感，但同时也会让我们的内心受到挑战。很多人在婚姻中遇到的情感问题，本质上都源于他们内心未被疗愈的创伤。这些创伤可能来自童年时期的虐待、原生家庭不和谐、早年恋爱经历，以及其他各种因素。当这些创伤被激活，它们就会影响我们在婚姻中的行为和情感反应。例如，妻子在重男轻女的家庭里长大，童年不被重视，被忽略，进入婚姻以后，只要丈夫不接电话、回信息比较慢，妻子就会很生气，认为丈夫不重视自己，不爱自己。而如果丈夫在原生家庭里被父母严格要求，他也就不会愿意在婚姻里被妻子管控，当妻子要求什么事都要告诉她时，丈夫就会很反感，本能去抗拒"被控制"的感觉，两个人自然会争吵。所以，为了让我们的婚姻更幸福，我们需要面对并处理我们内心未被疗愈的创伤。

最后，社会环境会给婚姻带来新的挑战。随着社会的发展和科技的进步，我们的生活变得更加便利和多样化。我们可以通过互联网、社交媒体等渠道与全球范围内的人进行交流，由于交友平台、移动设备的普及，人们面临着更多的选择和诱惑，这可能导致婚姻中的不忠和分离。此外，现代生活节奏快，工作压力和经济压力增加，也容易影响婚姻的质量和幸福感，给婚姻带来了新挑战。

维护健康的婚姻关系，我们既需要关注亲密关系，也需要关注自己的健康和幸福，具备一定爱的能力，也才能一起经营充满爱、尊重和理解的婚姻。

《幸福婚姻七堂课》这本书，正是为了帮助大家实现这个目标而写。在我数十年婚姻咨询的过程中，我深知婚姻频繁出现问题的根源所在，因此，我结合实操案例，辅以实操技巧，通过7个系列章节，形成幸福婚姻的必修七堂课。

第一章"读懂两性：解读思维差异，重新认知伴侣"，主要探讨男女思维模式的不同，以及如何重新审视伴侣，更好地理解他们的想法和行为。这样做有助于建立更健康的沟通和信任关系。

第二章"允许差异：打破心理错觉，如实看待对方"，本章强调了一个重要的观点，即接受并尊重对方的差异性。人们往往会把自己的观点和经验强加给对方，而这种做法常常会导致沟通和信任出现问题。因此，允许差异是建立健康婚姻关系的重要前提。

第三章"管理情绪：读懂情绪语言，看清真实需求"，探讨了如何处理情绪和情感问题，对在婚姻中常见的抑郁、愤怒、焦虑、嫉妒几种常见的情绪进行解决，也讲述了如何管理情绪、如何表达情绪、如何穿越情绪按钮等内容，让伴侣们可以更好地了解对方的内心需求，从而建立更深层次的情感联系。

第四章"表达共情：卸下心理防线，触碰内心柔软"，主要探讨了如何表达共情，建立更深层次的情感联系。共情是婚姻关系中非常重要的一环，能够帮助夫妻更好地理解和支持对方，增强彼此的信任感和情感联系。

第五章"积极沟通：智慧表达想法，化解关系矛盾"，主要探讨了如何通过有效沟通处理矛盾和冲突。积极的沟通可以帮助夫妻更好地理解对方的想法和需求。本章专门为大家介绍了一些实操性非常强的沟通技术，帮助夫妻顺畅沟通。

第六章"抵御危机：勇敢面对风雨，穿越婚姻风险"，探讨了夫妻在婚姻生活中面对各种危机的处理方式。本章提供了一些实用的技巧和方法，帮助夫妻克服婚姻中的危机和困难，增强婚姻的韧性。

第七章"持续成长：升级底层代码，掌控幸福人生"，探讨了夫妻需要掌控自己的幸福人生，需要了解自己有怎样的底层代码，从内心深处去寻找幸福和满足，并通过持续成长突破底层代码，掌控自己的幸福人生，建立更加健康、稳定和幸福的婚姻关系。

为了让大家更好地理解和应用书中的内容，每个章节都通过大量实操案例来解释知识点，并在每节结尾布置了思考与练习，期待你和伴侣共同完成。

这本书是一本婚姻指南，也是我数十年婚姻咨询的经验分享，实验证明，这些技巧帮助了数以万计的伴侣或个人，解决了她们在婚姻中面临的问题。无论您是已婚还是准备步入婚姻殿堂，本书都将为您提供有益的建议和实用的技巧，帮助您创造一段真正幸福的婚姻关系。

感谢我的团队和我的朋友们，是你们的支持和鼓励，让我们得以创作出这本书。感谢我所有的来访者们，是你们的信任和敞开，让我深入地走进你们的生命故事，陪伴你们走过一段难忘的生命历程，共同见证彼此的成长和进步，最后还要特别感谢我的先生，是你无条件的包容和爱疗愈了我，让我内心平衡而完整，让我勇往直前。

目录

第 1 章
读懂两性：解读思维差异，重新认知伴侣

为什么与伴侣沟通这么难？因为你没做好调频 … 2
  男人来自火星，女人来自金星 … 2
  两大引导术"调频"，实现知己知彼"同频"沟通 … 5

了解女人的三大渴望，让她不说"你不懂我" … 9
  丈夫做好"家庭排序"，满足妻子被"重视"的渴望 … 10
  丈夫凡事有交代，满足妻子对"安全"的渴望 … 11
  丈夫大事做到位，满足妻子对"宠爱"的渴望 … 13

满足男人的核心需求，让他离不开你 … 15
  男人的三大核心需要：尊重、欣赏、性 … 16
  被满足需要的男人，不会舍得离开你 … 18

理解男女"性差异"，让关系亲密无间 … 21
  婚姻中最重要的"性"，男女差异大不同 … 22
  夫妻大方谈"性"，顾念彼此的需要 … 24

结婚后TA变了，是不是不爱我了? 27
　　他为什么跟婚前不一样? 27
　　有差异，才能产生爱情 29
　　合理处理差异，爱情反而能在婚姻里历久弥新 31

第❷章
允许差异：打破心理错觉，如实看待对方

总是为钱吵架? 背后藏着"金钱人格"的秘密 36
　　"金钱出轨"的背后，藏着金钱人格的概念 36
　　对照一下，你和伴侣都是什么金钱人格? 37
　　找到彼此的金钱人格，选择合适的相处方式 39

为什么伴侣给的爱不是我想要的? 用"爱的语言"让TA如你所愿 43
　　天造地设的爱情，需要"爱的5种语言"成全 44
　　找到彼此的主要爱语，投其所好填满伴侣的爱箱 46

为什么我越想跟他沟通，他越逃避? 49
　　TA不想沟通，可能是"依恋模式"的问题 50
　　掌握应对措施，拯救夫妻关系中的"追逃模式" 53

很简单的事，为什么TA就是做不好? 57
　　能力有高低 58
　　用鼓励允许能力慢慢"长"出来 59

要求伴侣懂我，过分吗? 62
　　为什么找个懂我的人那么难 63

当你越来越懂自己，伴侣也就越能懂你	65

你越接纳自我，就越接纳伴侣　　　　　　　　　69

不接纳伴侣的背后，藏着"不接纳自己"的伤	70
2个技巧，接纳伴侣从"接纳自我"开始	73

第 ❸ 章
管理情绪：读懂情绪语言，看清真实需求

3步走出抑郁的怪圈　　　　　　　　　　　　　76

如何区别"抑郁"和"抑郁症"	78
抑郁的根源，其实是非理性的认知——用别人的错惩罚自己！	79
走出认知偏差，创建积极生活	80

忍不住向伴侣发火？4个方法帮你管理愤怒　　　83

了解情绪ABC理论，寻找愤怒根源	84
找个方法缓解愤怒，与伴侣甜蜜沟通	87

我经常焦虑不安，该如何缓解？　　　　　　　　90

控制尺度，适度焦虑反而有好处	92
3个拿来就能用的方法，有效控制焦虑	93

妻子动不动就嫉妒？丈夫这么做能让妻子安心！　97

嫉妒源于"爱"，善妒的妻子很爱你	98
掌握3个宽慰技巧，让嫉妒变成"亲密关系"的调剂品	99

为什么很小的一件事，她却突然情绪爆发？　　　　　　　104
　　什么是"情绪按钮"？　　　　　　　　　　　　　　　105
　　"情绪按钮"人人有，"面对"是最好的处理办法　　　107

拒绝情绪化？有效调节情绪的4个"自我对话"　　　　　111
　　情绪化对亲密关系的伤害非常大　　　　　　　　　　112
　　情绪化的人，都是渴望爱的"孩子"　　　　　　　　113
　　避免陷入情绪化的"4个自我对话"　　　　　　　　　114

第 4 章
表达共情：卸下心理防线，触碰内心柔软

为什么伴侣愿意和别人聊天，和我却没话说？一招教你逆转　　118
　　从"无话不谈"到"无话可说"的5个阶段　　　　　　119
　　学会"共情沟通"，让伴侣聊出"心有灵犀"　　　　　121

我都这么难过了，他怎么还是无动于衷？　　　　　　　125
　　为什么"共情"这么难？　　　　　　　　　　　　　126
　　"共情力"可以后天训练，和伴侣一起心灵疗愈　　　128

伴侣压力大，这么做让TA觉得你最懂TA　　　　　　　133
　　男人和女人面对压力时有什么不同？　　　　　　　　135
　　"懂TA"4个步骤，用爱让伴侣把压力变成动力　　　136

"脆弱相对"，让夫妻感情深厚的不二法则　　　　　　140
　　"脆弱相对"为什么能让夫妻感情更深厚？　　　　　141
　　夫妻"脆弱相对"的几个原则　　　　　　　　　　　143

五级共情，助你掌控情感主动权 　　　　　　　　　　　　147
　　五级共情的结果大不同 　　　　　　　　　　　　　　148
　　用在合适场合，五级共情能发挥出极大优势 　　　　　151

第 5 章
积极沟通：智慧表达想法，化解关系矛盾

抱怨伴侣关系只会越来越糟，这样才能解决问题 　　　　156
　　为什么老婆爱抱怨？ 　　　　　　　　　　　　　　　157
　　抱怨不能解决问题，但鼓励可以！ 　　　　　　　　　159
　　当抱怨来袭，我们可以这么做！ 　　　　　　　　　　162

夫妻间无话可说？这样做让你们无话不说！ 　　　　　　164
　　"三段论"肯定法，让夫妻亲密无间、无话不谈 　　　166
　　"肯定5要素"，找到爱对方的根源 　　　　　　　　　168

老公不爱做家务？两招让他主动干活 　　　　　　　　　171
　　正向循环话术，让丈夫在"做家务"里获得价值 　　　173
　　积极反馈话术，让丈夫在"感恩回应"里爱上做家务 　174

夫妻怎么吵架不伤感情，还越吵越亲密？ 　　　　　　　177
　　伤感情的4种吵架方式，要不得！ 　　　　　　　　　178
　　越吵感情越好，谨记"吵架不伤情4步法" 　　　　　　179

一条说话公式，解决90%夫妻的沟通问题 　　　　　　　183
　　非暴力沟通的4个要素 　　　　　　　　　　　　　　184
　　非暴力沟通的核心，其实是把"爱"运用到日常 　　　187

沟通层次决定关系质量，看看你和伴侣在哪一层　　　　　　　189
　　打招呼　　　　　　　　　　　　　　　　　　　　　　　189
　　讲事实　　　　　　　　　　　　　　　　　　　　　　　190
　　谈想法　　　　　　　　　　　　　　　　　　　　　　　191
　　谈感受　　　　　　　　　　　　　　　　　　　　　　　191
　　敞开心扉　　　　　　　　　　　　　　　　　　　　　　192

第 6 章

抵御危机：勇敢面对风雨，穿越婚姻风险

无性婚姻，该如何取舍？　　　　　　　　　　　　　　　　196
　　无性婚姻的三种状态　　　　　　　　　　　　　　　　　196
　　为什么会出现无性婚姻？　　　　　　　　　　　　　　　197
　　婚姻无性，如何找回幸福？　　　　　　　　　　　　　　199

婆媳关系紧张，危及婚姻稳定，怎么办？　　　　　　　　　203
　　婆婆和媳妇都是好人，为什么还是容易出现婆媳问题？　　203
　　如何处理婆媳关系，让婚姻得到长辈的祝福和支持？　　　205

70% 的离婚，是因为金钱冲突——如何谈钱不伤感情？　　　211
　　警惕 4 种不良习惯，保护好夫妻共同财产　　　　　　　　212
　　每月进行"金钱沟通"，保护共同财产就是保护婚姻　　　214

打破 7 年之痒，让婚姻不痒　　　　　　　　　　　　　　　217
　　七年之痒，从何而来？　　　　　　　　　　　　　　　　217
　　婚姻七年之痒的真相　　　　　　　　　　　　　　　　　218

如何避免七年之痒，保持婚姻最开始的幸福 　　　　　220

遭遇婚外情，离婚还是原谅？ 　　　　　223
婚外情的本质 　　　　　224
离婚和原谅都无可厚非，最重要的是复盘 　　　　　225

走出婚姻危机，需要5个阶段 　　　　　229
走出婚姻危机，需要经历的5个阶段 　　　　　229
不被情绪左右，积极走出婚姻危机 　　　　　231

第 7 章
持续成长：升级底层代码，掌控幸福人生

探索自己的内在模式，稳固幸福婚姻的根源 　　　　　238
借用CCRT，了解自己的内在模式 　　　　　239
借用CCRT的五个问题，觉察自己的内在关系模式 　　　　　241

在婚姻中，你是不是把伴侣当成了"理想父母"？ 　　　　　244
婚姻里，你把"伴侣"当成谁？ 　　　　　246
把伴侣当成"伴侣"，携手营造健康亲密的婚姻关系 　　　　　249

自我赋能，摆脱"不值得被爱"的魔咒 　　　　　252
为什么她们会认为"我是不值得被爱的"？ 　　　　　254
如何摆脱"不被爱"的魔咒？ 　　　　　256

做高价值女人，把握婚姻的主动权 　　　　　263
稳定的婚姻，夫妻一定要满足"三个价值" 　　　　　263

两大思维，助力你做高价值女人	265

幸福携手一生的秘密   270

内在"创伤"是如何形成的？	270
亲密关系更容易触碰到内在的"创伤"	272
幸福携手一生的秘密，是彼此滋养	274

第1章

读懂两性：解读思维差异，重新认知伴侣

为什么与伴侣沟通这么难？
因为你没做好调频

温·卡维林说"推心置腹的谈话就是心灵的展示"。遗憾的是，很多伴侣之间的沟通，似乎总隔着层虚无缥缈的面纱，让人既无法推心，也无法置腹，导致真心慢慢消散。事实上，男女的思维模式、行为模式天然就是不同的，想要维护和谐的婚姻关系，必须知己知彼，同频沟通，才能碰撞出触及心灵的谈话。

男人来自火星，女人来自金星

心理学博士约翰·格雷在《男人来自火星，女人来自金星》一书中明确表示：两性关系的核心矛盾，就在于男女来自不同的星球，一旦沟通不同频，就很容易火星撞金星，引发婚姻危机。

小兰和丈夫结婚多年，每到周末，都习惯外出吃饭。这本是夫妻之间很快乐的仪式，但两人经常因为"吃什么"而闹矛盾。有一次，快到饭点时，小兰随口问丈夫："中午出门吃什么？"丈夫反问："你想吃什么？"

其实，小兰心里已经有了几个选项，但犹豫不决，就想问问丈夫的意见。当她听到丈夫"随意的回答"后，一股无名火就冒起来："为什么每次我问你吃什么，你总是又把问题抛回给我，你自己就没有想法吗？我就是不知道吃什么才问你的！"丈夫感到十分无辜："我吃什么都可以啊！你想吃什么我都可以随着你的来。"

小兰气炸了，顿时涌出无限委屈："你就不能有点主见吗？什么都问我，家里家外什么事都问我，什么都要我来办，你为这个家做什么了？你一个男人就不能自己做决定吗？"

就"吃什么"这一件小事，怎么又上升到"人身攻击"呢？丈夫也很生气，气愤地说不吃了，直接摔门走了。本来一个愉快的周末聚餐，因为"沟通失误"，导致两人都很生气，别说约会吃饭，夫妻俩冷战好几天了。

这样的争吵，大家是不是有种莫名的熟悉感？本来只是说个事，没承想一言不合就吵了起来？我做婚姻咨询的这些年，总会听到夫妻间诉说这样一句话："为什么跟TA沟通就这么难？"其实，婚姻中80%的矛盾都是因为沟通不同频造成的，这并非夫妻双方不会说话，而是因为男人和女人"天生就不同"。

网络上有一个特别火的"写日记"故事。

一对年轻小夫妇，各自写日记。

妻子絮絮叨叨写了四五页的日记："今天老公非常古怪，一整天都不高兴。吃饭的时候不和我说话，开车回家也不理我，晚上我主动给他示好，他还把我推开，说他要看会电视，让我先睡。好难过啊，他以前不是这样的，我真是烦死了，我都哭了一天了，他肯定是不爱我了，我那么爱他，他不爱我，那我活着还有什么意思，呜呜呜……"

再看丈夫的日记，就一句话："意大利足球队今天居然输了。"

虽然是个好笑的段子，但这是"男女不同"的典型案例。我们会发现，就同一件事，男性只是简单地指出原因，关注结果，完全不在乎"情绪表达"；女性则忽略结果，衍生出无数的"感受"，这恰恰就是男女之间最大的不同。

我在做婚姻咨询的过程中，经常会遇到类似案例，很多女性就特别喜欢写"小作文"给老公，里面洋洋洒洒写满了自己的各种情绪，有趣的是，几乎所有的老公都不会回复。据我了解，老公看完"小作文"后，要么觉得无法理解，要么实在是不知道怎么回复，他们只好简单回个表情，或者干脆就不回复，由此，又引发新一轮的战争。但这并不是因为男性不重视"沟通"，而是因为男人天性重结果，女人天性重感受。

男女之所以会有这样的不同，有以下原因。

1. 女性的感受点比男性多得多

有研究显示，在每一平方厘米的皮肤下面，女人的感受点要比男人大概多16个，可见女性全身的感受点会比男性多多少，这也就决定了女性往往是用"感受"来生活的。

2. 男性的脑容量比女性大

科学研究，男性的大脑容量比女性的大11%左右，这就决定了男性更具备归纳总结、逻辑严谨的能力。

3. 男女教育方式不同

男性从小被强调"有泪不轻弹"，情绪不可外露；女性则可以"楚楚可怜"，想哭就哭，想发泄就发泄；生理原因加上教育因素，就更导致男性习惯以"结果为导向"，而女性更"侧重感受"。

<u>女人想要聊感情，男人却在讲道理，不吵架才怪。</u>

就像前面提到的"周末吃饭吵架"案例。丈夫的关注点是从结果出发，"有饭吃"就可以，你说吃什么就吃什么！但小兰关注的点是"由吃饭引发的一系列感受"——

"这家饭店好贵呀，你觉得怎么样？"（隐藏的是女人又想去吃又心疼钱的感受）

"这家饭店是网红，我们要不要尝一尝？"（隐藏的是女人想去试

试又怕不好吃的感受）

"这三家都很好，好纠结呀，怎么办？"（隐藏的是女人左右为难希望老公做主的感受）

比起吃什么、去哪里吃，女人更在乎的其实是"男人及时回应"里表达出来的"我在乎你"的感受。

两大引导术"调频"，实现知己知彼"同频"沟通

男人来自火星，注重结果；女人来自金星，期待感受。那么有什么方法可以把夫妻拉到"地球"进行同频沟通呢？我在婚姻咨询的过程中，会经常用到"上堆""下切"的沟通引导术，来引导来访者进行同频沟通。

1. 用"上堆"技术帮女性归纳重点

"上堆"，是通过"总结归纳"的方法，帮对方将话题中琐碎的细节提炼总结，让话题更加聚焦——对方到底想表达什么？沟通的动机是什么？一针见血地归纳出对方的沟通目的。

很多女性来访者，来找我做婚姻咨询的时候，喜欢长篇大论，无边无际，导致说话没有重点，如果你任由她从一个细节无限地扩展下去，在咨询结束的时候，她会说："我觉得我还有重要的问题没说完呢。"针对这样的情况，我就会用上堆技术引导她"凝聚重点"，深挖出她的内在动机："你说的这个事想表达的核心是什么呢？""你通过这些事希望达到的目标是什么？""结合你的感受，你其实希望对方如何去做？"

2. 用"下切"技术引导男人多体会感受

"下切"则是指通过细节，把抽象问题变得更加具体，具体到时间、空间、人物，弄清楚对方话语的更多细节。很多男性来访者，会直接和我说"结论"，一上来就说："我老婆太喜欢翻旧账了，烦死

了。"我就会用"下切"引导他进一步说出心里话:"你老婆经常会翻哪方面的旧账?之前发生什么事情,让她心里一直过不去呢?你老婆是每天都会翻旧账,还是在哪些情况下喜欢翻旧账?你老婆翻旧账的时候,你的感觉是怎样的?你认为你老婆的感觉是怎样的?"

很多来访者,会觉得和我沟通非常舒适,感觉我非常懂他们。事实上,我只是善用了"上堆"和"下切"的沟通技巧,"投其所好"来配合来访者。当我的来访者遇到沟通问题时,我也会经常推荐这两个技术,当然,在实际沟通过程中,并不需要"上堆""下切"这么专业,我们只需要:

<u>提醒丈夫,在沟通时尽可能多说"细节",关照妻子的情绪和感受。</u>

<u>提醒妻子,在沟通时尽可能先表达"结论",让丈夫明白你的想法后,再疏解自己的情绪。</u>

有一位女性来访者,她是位大学老师,非常优秀,工作很努力,这个学期获得了"先进工作者"。本是很高兴的事,但意外的是,因为这个荣誉,夫妻竟然大吵了起来。两人来找我的时候,都很气愤,但又都觉得自己委屈。

事情是这样的:

妻子回家迫不及待把好消息告诉丈夫:"我评上先进工作者啦。"

丈夫的反应很"淡定",轻飘飘回了句:"挺好。"

这种"不在意"一下子激发了妻子的愤怒,她瞬间提高嗓门:"你什么意思?干吗冷嘲热讽的语气,你明明知道我准备得有多辛苦,我熬了那么多夜,你都知道我中间还生病,我都没放弃,你说你到底什么意思……"

面对妻子突如其来的争吵,丈夫也很懵:"我有什么意思?我不是说挺好了吗?别闹啊,我不想吵架。"

妻子更火冒三丈："是我要和你吵吗？是你自己有问题好不好？你每次都这样……"

妻子越说越觉得委屈，情绪激烈地又把以前的委屈吵了出来，丈夫留下一句"神经病"，摔门而出。

我们来分析下这个案例，很显然，女性来访者会觉得这位丈夫不解风情，但男性来访者会觉得这位妻子太莫名其妙。实际上，这对夫妻都觉得自己委屈，丈夫的委屈是"我都回应'挺好'了，她为什么还生气？"而妻子的委屈是"我付出了那么多才得到这个荣誉，他一点都不重视。他知道的，我为了这个先进工作者，天天熬夜，尤其是最后那几天，熬了三个大夜，发言稿改了无数遍，拍视频拍得嗓子都哑了，他连夸我一句都不愿意？"

其实，这对夫妻感情很好，会吵起来，完全是因为"不同频沟通"。在乎"感受"的妻子，她想和丈夫分享的并不只是得到"先进工作者"这一件事，而是想和丈夫"共鸣"这一件事引发的诸多情绪：辛苦、委屈、艰难、付出努力后得到的成就和兴奋……在妻子看来，丈夫看见并接纳了她的这些情绪，才是正确的沟通方式，才是爱她的表现；但对"结果导向"的男性而言，他的关注点在"你得到了荣誉"的结果上，在他看来，"挺好"就是表扬和肯定。所以，当妻子愤怒地说出更多"细节上的委屈"时，他是真的感觉"莫名其妙、不理解"："我都回应你了，你为什么又不高兴？你到底想要什么？"大家理解了吗？男性女性天生的不同，导致两人就同一件事有了"不同频"的理解。这个时候，我们就需要让丈夫和妻子都适当地朝对方靠拢，找到"同频"点。

男人可以这样调频：

妻子："我评上先进工作者啦。"

丈夫回应："太好了，真是不容易，那些夜没白熬，努力没有白付出，真是辛苦了，为你高兴。"（通过"细节"感受妻子的"情绪"）

妻子红了眼眶。（情绪"被看见"＝觉得被丈夫理解）

女人可以这样调频：

妻子："我评上先进工作者啦。"

丈夫："挺好"。

妻子："老公，我很高兴获得这个荣誉，我也想得到你的肯定。你知道的，我准备得有多辛苦，我熬了那么多夜，中间还生病了……"（通过"上堆总结"归纳出观点，直接让丈夫知道"我要什么"）

丈夫拥抱妻子："老婆你确实辛苦了，你付出了那么多，现在获奖了，为你高兴，你真的很棒。"（知道妻子"要什么"后的"正面回应"）

妻子红了眼眶。（情绪"被看见"＝觉得被丈夫理解）

这个章节，我们需要了解的是，夫妻吵架未必是感情不好，而是男女不同频引发的"误会"。经营婚姻的关键，就在于在这些磨合里，我们慢慢学会理解对方的需求，正确表达自己的需求，女性多"归纳总结"，男性多"感受细节"，通过刻意调频，让沟通更到位。如此，夫妻就能真正实现推心置腹的交流，让亲密关系蜜里调油，触及心灵。

思考与练习

1. 你和老公的沟通存在怎样的"不同频"？
2. 试试用两大引导术来调频，把过程记录下来。

了解女人的三大渴望，让她不说"你不懂我"

前文我们讲到夫妻沟通难和男女天性不同有关，伴侣无法从对方视角去感同身受，这就导致双方都会有种"你不懂我"的感觉。网上有个很火的段子，说的就是"你不懂我"的故事。

情人节，妻子因为没收到花而生气。
丈夫知道后，赶紧弥补，马上去买了束花送给妻子。
妻子不但没有开心，反而更生气了。
丈夫摸不着头脑："你不是说要花吗？我送了你怎么还生气？"
妻子也气："告诉你我想要了你才买，那你之前为什么不买呢？我不想因为你知道我想要花才送我花，我想要你是因为想送我花才送我花。"
丈夫听完更是一头雾水："你要我就送了，送了不就可以了？怎么还不乐意？"

妻子的这段话很拗口，"直男"甚至会觉得矫情，但这句话的背后藏着的就是"你不懂我"的伤："你主动送"是丈夫心里有我，"我开口要"那是要来的，不是爱。丈夫没理解妻子的意思，就导致了"不懂我"的大冲突。女人为什么总说"你不懂我"，其实是因为渴望没有被满足。

<u>人本主义心理学家马斯洛告诉我们，安全感是人类最基本的心理</u>

需求之一，特别对女性而言，是否能体验到安全感，直接影响到她的生活状态。如何让女性体验到安全感？核心就是让女性在关系里感受到重视、安全和宠爱。

丈夫做好"家庭排序"，满足妻子被"重视"的渴望

很多婚姻，看似夫妻是主体，但他们的关系里还会夹杂孩子、长辈，甚至亲戚朋友的各种关系，导致以"感受为导向"的妻子就会觉得自己被"忽略"，被丈夫排到最后一位！这个时候，就需要丈夫做好"家庭排序"。

最健康的家庭排序是：亲密关系＞亲子关系＞父母关系。也就是说，任何一段婚姻，夫妻才是彼此最重要的人，父母、孩子必须排在夫妻关系后面。书籍《爱的序位：家庭系统排列个案集》明确指出："唯有当我们洞察这些秩序，爱才能成功，当真正的爱使我们知道并且尊重这些秩序时，爱会散发着安详的气息并具有治疗的效果。"

小刚和小美正在筹备婚礼，却因为一件小事吵得不可开交，小美觉得小刚不懂她，甚至连婚都不想结了。小刚看小美这个态度也慌了，赶紧"挂急诊"找我咨询。

原来，婚前亲戚见面时，小美穿了件很时髦的及膝中短裙，小刚妈妈觉得裙子不够大气，就让小刚跟小美说换下来。但那条裙子其实是小刚建议小美穿的，他觉得小美穿得很漂亮。可小刚还是听了妈妈的话，让小美换了条长裙。小美当时不情不愿地换了衣服，但事后越想越不舒服："明明是你帮我选的衣服，怎么你妈说不行，你就那么听话？你是'妈宝男'吗？那我以后还能有穿衣自由吗？我的老公连穿衣服这样的事情都不能保护我？还能保护我什么呢？"

小美越想越悲观，觉得小刚这样的态度会让她以后的日子会很难过，于是对结婚产生了犹豫。

这个案例非常有代表性。很多婚姻里，男性会把父母排在妻子前面，女性会把孩子放在首位，这些都是错误的家庭排序，会给伴侣带来非常多的委屈，让婚姻岌岌可危。

小刚和小美的矛盾，看起来是"一件裙子"引起的，但根本原因其实是小刚没有正确做好家庭排序，他的做法是欠妥当的。两人结婚建立"新家"，就需要从生理和心理上都脱离"老家"，把亲密关系放在首位。这样，小美才会觉得"我在你心里是最重要的，你在我心里也是最重要的"，这样的家庭排序才是健康的。

这一点，我有个来访者就做得很好，他说："当我妈和我媳妇发生矛盾的时候，我要站在我媳妇这边，因为我妈旁边有我爸，我如果不站在我媳妇这边，我媳妇旁边就没有人了。"

事实上，很多婆媳矛盾，并不是因为婆媳有多少问题，而是"男人"在里面和稀泥，没有正确进行家庭排序。当丈夫把妻子放在首位，感觉到"被重视"的妻子，会更尊重丈夫和长辈，婚姻和家庭也才能真正和谐健康。

同理，把丈夫放在首位的妻子，也更能得到丈夫的重视和宠爱，亲密关系更加甜蜜。

丈夫凡事有交代，满足妻子对"安全"的渴望

过日子，总是会有很多计划之外的意外，这很正常，但确实会让女性缺乏安全感。这时候，如果丈夫能凡事有交代、有预告、有回复，比如说，出门前告诉妻子"我今天大概要去哪儿"，晚回家提前告诉妻子"今晚去应酬，不用等我吃完饭"，妻子就能在丈夫的告知里，全然相信丈夫"心里有我"，她就能从婚姻里构建出内心的安全感。

小晴生病了，丈夫答应她第二天下午陪她一起去看病。但到了第二天中午，丈夫一直没消息，小晴就主动打了电话，丈夫反问："需要我陪你一起去吗？"小晴心里就不舒服了，明明昨天答应得好好的，怎么又这样问？她有点赌气，故意说："也不一定，我自己也可以。"

丈夫马上就说："那好呀，我正想和你说呢，刚才老板说下午开会，那你就自己去吧。"

小晴"哦"了一句就直接挂了电话，之后自己去了医院。晚上，丈夫回家比较晚，一回来就说"开了一天会累死了"，也没有问小晴看病的情况。这事就过去了，但接下来几天，小晴都很不高兴，丈夫一开始还没发现，后来感觉不对劲，才问小晴："怎么了？"小晴带着情绪说："没什么。"

丈夫又问："是不是之前去医院的事不高兴？"小晴说："病早就好了。"丈夫也就不在意了，彻底忘记了这件事。但小晴越想越难过，她非常苦恼，觉得老公完全不在乎她。

小晴和丈夫来找我做咨询的时候，丈夫还认为，小晴是因为他没有陪着去医院而生气，因此觉得小晴太矫情了。事实上，小晴在乎的并不是丈夫有没有陪她去医院，毕竟她一个成人，也能自己去，她生气的点在于，丈夫不重视她！"需要我陪你去吗"这样的问话，在小晴看来是非常没有诚意的；"因为要开会不能陪"的临时通知，回到家不闻不问的这些行为，都让小晴认为，这是丈夫不重视她的表现。因此，她觉得这段婚姻不安全。

<u>但其实，丈夫只需要做到"凡事有交代，有预告有回复"，妻子就能在"可控的行为"里获得安全感。</u>

（1）能做到的，尽量主动关心陪同。

（2）不能做到的，及时沟通表达到位。

例如，我建议小晴丈夫这样回复："老婆，我有一个很为难的事要跟你商量一下，我下午特别想陪你去医院，你生病了，一定希望我能陪你在一起，我也真的想陪着你，照顾你。可是，刚才老板通知开会，还专门说要我一定参加，我真的挺为难的，我怕我不去你会感觉到我不重视你，但老板这边我不方便请假，所以想跟你商量下，怎么办比较好，你是建议我请假，还是让老妈陪你去医院，然后我这边会议结束，第一时间赶过去？"

这样表达，小晴马上就表示，非常理解丈夫的难处，而且一点都不会因为"不陪"而难过，甚至还因为丈夫的"凡事有交代"，觉得自己在丈夫心里很重要，很有安全感。丈夫顾念妻子的忐忑，妻子心疼丈夫的为难，双方架构起让彼此安全的稳定感，婚姻自然也就稳定又安全。

丈夫大事做到位，满足妻子对"宠爱"的渴望

想让丈夫事无巨细地宠爱妻子，这确实不太现实。但事实上，丈夫只要在大事上做到位，妻子就觉得很受宠爱。这些大事包括但不限于：女人怀孕生子、坐月子、生老病死等。

有人说"月子仇，记一辈子"，这话虽然夸张，但有一定道理。毕竟，大事你都不站在我身边，小事还有希望？我的很多来访者都屡次表示，曾经在怀孕生子、坐月子的时候受到很多委屈，这种"不被重视、宠爱"的不安全感，会让女人十几、二十年都记挂在心里，每次说起来都眼泪汪汪，影响到生活的方方面面。同理，但凡丈夫在大事上做到位，妻子会因此挂念、感恩一辈子。

小眉和老公，经常因为"孩子的教育"闹矛盾，但矛盾归矛盾，她每次只专心解决当下的问题，内心非常坚信丈夫是爱她的。我好奇她的笃定从何而来？她解释："我生孩子的那几天，他一直在忙活我

的事,生产前,我每隔几分钟就疼得要翻身,他一整夜没睡,不厌其烦地给我拿垫腰的枕头帮我翻身;后来孩子出生,他也没有只顾孩子不顾我,一直一心一意陪在我身边,我产后排了好几天恶露,也是他一遍遍给我擦洗身体,很细心、很仔细,我那时候又感动又有点不好意思,但他一点都没有不耐烦的感觉,当时全病房的人都羡慕我,夸我嫁了个好男人。这事我一直记到现在,哪怕后来也有几次吵架吵得很凶,但我一直念他的好,知道他心里有我,所以我们从没想过分开。"

女人都是感性动物,要的也很简单,只要丈夫心里有她,懂她对安全、重视、宠爱的渴望并满足她,她会千万倍地反馈给丈夫,回馈给婚姻。所以,为人丈夫,但凡把妻子放在首位,凡事有交代,大事做到位,妻子一定会觉得,你是世界上最懂她的人,婚姻关系也会越来越稳固、甜蜜。

> 思考与练习
>
> 1. 丈夫什么地方不懂你,最令你生气?
> 2. 思考一下,用什么技巧引导丈夫理解你的渴望?

满足男人的核心需求，让他离不开你

婚姻关系是夫妻两个人共同的修行，男性需要懂得并尽量满足女性的渴望，女性也需要理解并尽量满足男性的核心需求。互相满足彼此的需求，亲密关系才能越发健康甜蜜。

在实际生活中，女性的渴望是比较外显的，但以"结果为导向"的男性，很少如女性般情绪化地表达需求，很多时候，男性甚至会因为"男人有泪不轻流"将需要刻意隐藏在心里，看起来，这是男性不太注重心理需求的表现，但，这并不代表他不需要。

举个例子。

下班回家的男人，如果迎接他的是柔和的灯光、温柔的妻子、开心的孩子、喷香的饭菜，这时候不管男人在外面受了多少气，这个当下他都会由衷地觉得幸福和开心，也会觉得在外面的奋斗是有意义的。但如果辛苦一天回到家的丈夫，看到的是满脸怒气的妻子、对他视而不见的孩子、一桌残羹冷炙，哪怕在外面收获再多的工作成绩，这一刻心情也会变得沉闷，以后也会变得越来越不愿意回家。

可是，男性并不会如女性般喜欢絮絮叨叨地把自己的"情绪"宣泄出来，而会把"负面情绪"往内心积攒，一旦他的需求被忽视太多，爆发起来就很难挽回。这也是为什么，女性动不动就说离婚，但很少真正行动；而男性平时不声不吭，一旦出现出轨、离婚等行为，就九头牛都不容易拉回来。

其实，这就是男性需求没有在婚姻里得到满足的反应，和女性"哭闹挽留"不同，男性一般会选择"逃离"，出现得过且过、出轨、离婚等行为。注意，我们并不是为男性出轨找借口，不管出于什么原因，出轨都是不道德的，任何一个成人都需要为自己的行为承担后果。只是，值得注意的是，婚姻里的男女应该有"居安思危"的思维，提前了解并满足伴侣的需要，而婚姻里的妻子，更需要用心去理解丈夫的"三大核心需要"。

男人的三大核心需要：尊重、欣赏、性

1. 比起爱，男人更需要面子里子里的"尊重"

国际知名的婚姻问题专家艾默生·艾格里奇在畅销书《男人需要尊重，女人需要爱》中提出：尊重是男人的天空，缺少了它，男人就无法飞翔；爱是女人的氧气，缺少了它，女人就会窒息。没有感受到丈夫的爱，妻子就会拒绝尊重丈夫，丈夫就会拒绝付出爱，以示反抗。久而久之，大量夫妇沦陷在这个疯狂的怪圈中，无法自救。

很多女人对丈夫特别好，好到日常起居、一日三餐伺候得特别精心。但付出的同时，她们完全不懂得"尊重"丈夫，甚至把丈夫当作孩子来"管教"，会下意识否定老公的想法、做法和能力，对丈夫的工作指手画脚，有些过分的甚至会在大庭广众之下指责丈夫"没钱、没能力，干点啥都不行"。

这是非常致命的，男人可以不在婚姻里感受到爱，但失去"尊重"太久，男人就很容易通过出轨、离婚等方式来逃离。就算不逃离，被亲密爱人过多否认的男性，要么会"内耗"，性格变得唯唯诺诺；要么会"外暴"，通过冷暴力、争吵等极端的方式来反抗，从而导致婚姻生活陷入困境。

尊重丈夫，请一定记住：

（1）尤其要在外人面前，给丈夫足够的面子。

（2）人前人后都多多地赞美和支持丈夫。

（3）尊重丈夫的想法、做法，即便不同意，也要注意先尊重丈夫，再沟通讨论细节问题。

2. 男人越被"欣赏"，就越能成长

除了人前人后给丈夫尊重，妻子在细节上给丈夫"欣赏"也非常重要。张爱玲就曾说过，男人要被崇拜才快乐。很多妻子会把丈夫当成孩子来照顾，却很少在语言和行动上欣赏丈夫，但这恰恰是"从小被教育要强大"的男性最需要的鼓励，他们会认为，我的付出被妻子看见，我的能力被妻子欣赏，从而获得精神上的快乐和满足。

欣赏丈夫，可以从细节着手：

（1）通过眼神、表情、语言来欣赏丈夫。

例如丈夫出门上班，妻子带着欣赏的眼光，帮丈夫整理衣领，夸他帅，丈夫绝对一天都神采奕奕，自信满满。

（2）看到男人在工作、家务上的每一点点努力，用语言不断肯定、欣赏丈夫。

例如丈夫洗碗没洗干净，妻子一定不要嫌弃指责他没洗干净，我们可以换个角度肯定丈夫的态度："亲爱的，你今天主动来洗碗，我很开心。"很多女性会觉得这样的"夸奖"太虚情假意，经常会不自觉地站在为对方好的角度指责丈夫。但越肯定，男性越受鼓舞；越指责，男性越反抗。肯定的话语传达的是你对丈夫的欣赏和爱意，感受到关爱的丈夫，内心也就能得到正能量的满足，从而开启更多正能量的行为。

如果说尊重是男人在亲密关系中重要的支柱和底线，欣赏则是积极向上的原动力，促使着他去维护这段关系的方方面面，从而让亲密关系走向更好的结果。

3. 满足男人的"性需求",这是他不可或缺的部分

女性是先爱再性,但男性却是先性再爱。有研究表明,男性每28分钟就会有一次性幻想,而女性则是51分钟。从这个数据中我们就能发现,男性从生理角度来看,对性的需求是远远超过女性的。

另外,男性需要整天集中精力工作,事业的繁忙和压力,很容易让他忽略爱情的感觉,这种前提下,男性就经常会需要性的强烈刺激帮他们找回爱情的感觉。总之,"性"是男性表达和接受爱情的重要方式。

此外,常被妻子忽略的一点是,男性是视觉动物,这是天性使然,会让他在外出期间关注到不同女性,这种视觉反应积压到内心,就需要他回到家用性来疏解,如果妻子持续不能满足,丈夫就容易去外面寻找刺激。

被满足需要的男人,不会舍得离开你

我们先来看一个案例。

我的案主里,有一对结婚10年的夫妻,阿伟和小芳。阿伟家境困难,高中毕业,后来白手起家,成为企业老板。小芳家境不错,父母都是公务员,自己研究生毕业,在高校任职。两人是高中同学,虽然在学历上、家境上有比较大的悬殊,但结婚以来一直过得挺平稳。

意外的是,一天晚上,阿伟手机上的一条信息,打破了他们平静的生活,信息上写着:"亲爱的,很开心和你度过了美好的晚上,期待与我的男神下次相聚。"显而易见,阿伟出轨了,小芳犹如晴天霹雳,没想到多年的感情会变质。阿伟出轨被发现后,也很紧张,各种道歉、保证、承诺,但小芳都不能接受,坚决要离婚。无奈之下,阿伟提出做一次婚姻咨询,给这段婚姻做一次复盘,再来决定离婚

第1章 读懂两性：解读思维差异，重新认知伴侣

与否。

咨询后，阿伟承认自己的所作所为伤害了妻子，也非常有诚意地愿意补偿，并愿意做一切修复行为。具体来说，阿伟把婚前买的一套房子，过户到小芳名下，也承诺，以后家里的家务、孩子的教育，全部由他负责。

在咨询过程中，我意识到两个人的沟通模式非常有问题。小芳对阿伟说话非常不尊重，动不动就对阿伟进行人身攻击，指责和批评都是常态。我询问："小芳这样沟通和表达，是在出轨事件之后，还是以前一直如此？"阿伟叹了口气说："以前一直都是这样的。"随着咨询越来越深入，我发现，阿伟之所以会出轨，和他们的相处模式关系很大。

小芳一直觉得自己不管在家境上，还是学历上、工作上，都比阿伟优越，她很是看不起农村出生、高中毕业、干个体户的老公，所以，平时说话做事，总是高高在上，经常嘲讽阿伟。常年被妻子数落的阿伟，为了家庭稳定也只能忍气吞声，后来，他的事业越做越大，身边出现了很欣赏他、崇拜他的女性，常年在妻子身上得不到尊重和欣赏的阿伟，觉得在外面才像个真正的男人。一边是在外面被奉为男神，一边是回家低三下四，这个心理落差，让阿伟很失衡，但小芳完全没有注意到丈夫的心理变化，反而变本加厉地挖苦："别以为你赚了几个臭钱了不起，当初要不是我看上你这个没有学历的穷小子，你能有今天？别赚了个钱，尾巴就翘起来。"

再说到夫妻生活，阿伟也一肚子委屈，每次他主动，都被小芳各种理由拒绝，偶尔小芳赏个脸，也是各种挑剔，说阿伟这不好那不好，弄得阿伟完全没了兴致，夫妻生活慢慢地就从"周例会"到"月度会"，再到"年终会"了。

咨询到这里，我们会发现，出轨的阿伟其实是被妻子"推出去"

的，他长期无法在妻子处得到尊重、欣赏和性，而这恰恰是男性最想从亲密关系中获得的。阿伟的需要无法在家里得到满足，在外面遇到"尊重和欣赏"他的人，就很容易被诱惑，做出伤害婚姻的事。阿伟出轨固然有错，需要承担后果，但小芳也有做得不对的地方，需要调整行为。

首先，妻子不可以嘲讽、挖苦丈夫，不能对丈夫进行人身攻击，要给丈夫起码的尊重和欣赏。

其次，丈夫也要多陪伴，多承担，给妻子安全感、宠爱和重视。

还有非常重要的一点，保证性生活。夫妻需要共同审视婚姻，积极交流解决，如果确实存在问题，要积极寻求性心理咨询师的帮助，积极配合治疗。性不是婚姻关系的全部，但缺少性，会成为夫妻感情淡化的导火索。

多年咨询，我发现，绝大部分出轨案例，都是因为以下一点或者两点问题造成的：

（1）无法在婚姻里获得精神需要（尊重、欣赏、崇拜）。

（2）无法在婚姻里获得生理需要（性）。

注意，我并不是为出轨者辩解，出轨者有需要可以理解，但在婚内以伤害伴侣的方式去满足自己的需求，这肯定是不对的。只是，婚姻需要经营，妻子要注意满足丈夫的三大核心需要，否则亲密关系很容易出现裂缝，虽然出轨会受到道德谴责，但妻子受到的伤害会更大，对婚姻的破坏也是实实在在的。与其等事情发生后，我们站在道德角度去谴责出轨者，不如在一切没发生之前，好好经营婚姻关系，不让别人有机可乘。

思考与练习

1. 回忆一下，你日常是否会不经意伤害到丈夫的自尊？
2. 思考一下，可以通过什么方式表达对丈夫的尊重和欣赏？

| 第1章 | 读懂两性：解读思维差异，重新认知伴侣

理解男女"性差异"，让关系亲密无间

我们在上一章节提到，"性"是男性非常重要的核心需求之一。性在婚姻中占据非常重要的位置，美国著名心理学家约翰·沃森说："性应该是整个婚姻中最关键、最重要的事情。很多对婚姻关系进行过研究的人都发现，性是导致婚姻失败的最主要的原因。"

老公竟然找小姐！阿君完全崩溃了，她怎么都想不明白，曾经对她那么好，人品满分的老公怎么会做这种事？！阿君和老公是一对人人称美的夫妻，两个人在一起十几年，经历了风风雨雨，一直相濡以沫，日子过得平静又幸福。尤其是阿君的爸爸得癌症那三年，住了12次医院，大大小小做了几十次手术，每一次都是阿君的老公跑前跑后，在医院陪床。有一次阿君的爸爸病重进了ICU(重症监护室)，阿君的老公正在外面出差，知道消息后，马上赶了回来，陪着在IPU待了8天，直到阿君的爸爸转危为安出院，才继续出差。他心疼阿君："医院你一个女人待着不合适。"后来爸爸去世，也是阿君的老公全权处理，如果没有老公，阿君都不知道自己怎么面对！在阿君看来，老公一直是帮她遮风挡雨的天，所以老公找小姐，对她的打击特别大，不止让她怀疑爱情，更让她三观崩塌。

事情被知晓后，夫妻俩都无法面对，便来找我做咨询。深入咨询后，我发现，虽然他们一直相爱，但在性方面一直不和谐。一方面，阿君比较保守，从小被教育女孩要矜持，所以她有很多性方面的限

制，让她在夫妻生活中放不开，更无法投入和享受；另一方面，有了孩子以后，阿君把注意力都放在孩子身上，每天也很累，开始拒绝过夫妻生活，在她看来，夫妻生活就是女性服务于男性，但她带孩子已经很累了，觉得丈夫应该理解和配合自己，所以，即便有时候她知道丈夫的渴求，她还是会找各种理由拒绝。时间久了，老公很压抑，也尝试多次和阿君沟通，但阿君一直拒绝。有一次被阿君拒绝后，老公很生气地说："以后我出去找小姐你可别怪我。"阿君也不以为然，觉得这是老公随口说的气话，一点也没放在心上。直到老公真的被朋友带着去找了小姐，阿君才慌了！

幸运的是，阿君和丈夫感情基础深厚，也很顾念彼此。咨询过后，阿君的老公真诚地向她道歉，承认自己满足性需求的方式是错误的，是伤害阿君、破坏家庭的方式，愿意接受阿君的任何惩罚。阿君也向老公道歉，承认是自己忽略了老公的正常性需求，才导致老公犯错误。之后，夫妻两人同时做了一段时间的性辅导，阿君纠正了很多自己对性的误解，两个人的夫妻生活有了从未有过的好体验。后来阿君的老公感慨："如果我们早能这样，就不必受这些苦了，老婆，以后我再也不会犯错了，无论是身体还是精神，永远属于你一个人，我说到做到。"

阿君的案例，其实非常有代表性。很多人会认为，婚姻里有爱就好，但实际上，性在婚姻中的比重非常大。同时，男女之间的性差异也是非常大的，像爱一样，性也需要磨合。

婚姻中最重要的"性"，男女差异大不同

在大众眼里，性话题是个很敏感、隐私的话题，哪怕是夫妻，也经常不好意思沟通，即便遇到问题，也会敷衍了事，这就容易导致夫

妻都压抑住对性的渴望，形成一层无形的隔阂，让彼此无法融入对方的内心情感世界。

但伴侣如果能大方谈性，反而会因为这个私密话题带来更多生理和心理上的亲密感觉。当然，在聊性之前，夫妻需要先了解男女之间的性差异，才能知己知彼，具体问题具体分析。

1. 男人的性需求，比女性高很多

书籍《女人的小心思：两性那点事》里提到这样的男女性需求频率，在性需求上，男女之间本就有着不同的节奏。通常，女性在每个月的月经周期中会有2次性欲高潮，一次是在经期到来之前的2~3天，一次是在经期结束后的8~9天；而男性的性欲望，除了会在冬季稍微渐弱和春季稍有增强之外，其性欲望周期一般很短（与年龄无关），一般2~3天就会有一次比较强烈的性欲高潮。所以说，男性的确是随时都有性生活的能力和欲望的。

2. 男人先性后爱，女人先爱后性

佛罗里达州立大学的社会心理学家在一项比较男性和女性的研究调查中发现，男性的自发性唤起更频繁，并且幻想更频繁、更多样化。也就是说，男性很容易被外界的某些东西唤起自己对于性的欲望。例如手机、电脑、广告等上面看到女性比较暴露的形象，或是与性有关的话题，都会让其产生性幻想。之所以存在这种差异，是因为男性大脑中与性有关的区域比女性大两倍，这导致男性对于性的事情会特别敏感。所以男人要比女人更加渴望性生活，当这个需求无法得到满足的时候，他就会通过其他手段来获得，完全可以为了性而爱，即便是和一个完全不爱的女人发生关系时，也能达到高潮。

但女人完全不同，我们在前面的章节讲到，女性是非常在乎感受和情绪的，她们更在乎的是"他是不是爱我才和我在一起"。所以，当她们感受到愉悦的气氛、甜言蜜语、肌肤接触，先有了爱的感受，才会愿意进入性。如果丈夫不顾念妻子，忽略前戏，无法通过营造被爱的氛

围激发妻子对性的渴望和感受，妻子是会从心理上抗拒性关系的。

3. 男人无性会暴躁，女人则更追求心灵伴侣

男性被剥夺性生活时，很容易会变得阴沉，脾气暴躁。这是因为男性在社会职责上承担的压力很大，他的压力排出口非常有限，更多是通过身体来释放，而性就是他的主要排出口，所以男性一旦被妻子"禁止"过性生活，他很容易产生愤怒的情绪和行为。

但女性很少会这样，相比男人要的只是性，女人更在意的是心理感受。因为女性是以感受为主，除了性之外，她还有很多别的情绪发泄口，只要她感受好了，就能把压力释放出去。

夫妻大方谈"性"，顾念彼此的需要

男女之间巨大的性需求差异，确实容易让男女的性节奏不同，需要彼此为对方迁就，但迁就其实就意味着要牺牲另一方的需求。比如说，妻子会因为追赶丈夫的激情而无法尽兴，丈夫则会因为照顾妻子的情绪而失去耐性，如果双方不能顺畅地沟通，就只能小心翼翼地试探，很容易令彼此产生沮丧心理，慢慢失去性爱的欲望和激情。

所以，把性当作夫妻间的小仪式、私密话题，多多沟通，对亲密关系就非常有益处。

1. 夫妻大方谈性，多坦白能促进亲密关系

研究报告指出，在性关系上，如果夫妻能够互相坦白，就能很好地促进他们的关系。坦白什么呢？就是告诉对方，我需要你对我怎么做？你怎么做我觉得舒服？你需要我为你做什么？我这么做你舒服吗？

我曾经为一对无性婚姻的夫妻做过咨询，两人长达6年都没有性生活，但他们又深爱彼此，所以才来找我咨询。后来我发现，这对夫妻的观念都很传统，对性羞于启齿，以前偶尔的性生活也是按部就班，敷衍了事，性体验很差，久而久之，夫妻甚至对这事有所抵触。

后来，我建议他们大胆去聊这个话题，在开始性生活之前喝点红酒营造下气氛等等。在回访的时候，这对夫妻反馈，他们的亲密关系改变很大，感情更好了。

2. 绝对不要把"性"当作惩罚手段，容易伤人伤己

我遇到很多女性客户，会把性当作和丈夫谈条件的筹码，或者把性当作惩罚丈夫的一种手段。在丈夫提出需求时，妻子会提出要求，"逼迫"丈夫答应后才配合；又或者因为在其他事情上生气，用拒绝性来惩罚丈夫。

这是一种非常不尊重丈夫的举动，很容易引起丈夫的反感，长此以往，丈夫会逐渐对夫妻生活失去热情，要么刻意回避，要么寻求别的解决方式，严重的可能还会造成男性身体上的伤害。当丈夫的需求未得到满足时，自然也无心去满足妻子的需求，婚姻很容易出现问题，最终伤人伤己。

小赵和小丽因为夫妻矛盾找到了我。问题并不复杂。他们的矛盾是，小丽经常和男同事聊天，小赵完全不能接受。我看了小丽的聊天记录，并不出格。小丽也解释，他们只是工作上有很多交集，那个男同事本来就是个暖男，偶尔会有点小关心，比如加班了提醒注意休息，她出于礼貌也会回应几句。

但小赵觉得很不舒服，他认为小丽很乐意关心别人，却一点都不关心自己的老公。小赵怨气如此之大，小丽也觉得很莫名其妙，她觉得自己对丈夫已经非常好了。

经过咨询，我们才发现，小赵的怨气其实来自于"夫妻生活"。原来，小丽经常借口工作累、身体不舒服等原因，拒绝和他过夫妻生活。有时候，如果两人闹了矛盾，小赵想亲热一下缓和关系，小丽就会骂他"臭流氓"，甚至有一次还把他踢下床。被拒绝的次数多了，小赵就怀疑小丽是不是不爱自己了？所以当他看到小丽的聊天记录，就非常生气。

但同样的问题，小丽完全是另外一种理解。在她看来，小赵可能并不爱她，每次过夫妻生活总是很简单粗暴，不管小丽有没有准备好，他需要的时候就直接来。小丽也试过侧面提醒小赵，希望他注意一下，但没什么效果。这导致每次过夫妻生活时，小丽都觉得很煎熬，一点都不享受，偏偏事后小赵还会埋怨她不投入，搞得夫妻两人每次都不高兴。

说到闹矛盾后小赵想亲热的事，小丽就更生气了："明明我们两个还在吵架，他就想来占便宜，这是把我当工具人吗？工具还需要维护呢，这还吵着架，就来干这事，他完全不尊重我嘛。"正是因为每次过夫妻生活都闹矛盾，小丽拒绝的频率越来越高，生起气来也会用性惩罚老公，还会骂老公是流氓。

很显然，这对夫妻的矛盾，看似是"同事聊天"引起的，实际上，根源却是"性生活不协调"。小赵和小丽存在的主要问题是缺乏沟通，未理解男女双方性需求的差异。

男人先性后爱，女人先爱后性。男人是在有夫妻生活之后更爱妻子，女人则是需要先感受到爱才愿意有夫妻生活。就像小赵，他会在夫妻闹矛盾时，试图通过亲密行为来改善彼此的关系，他认为亲热之后，两人更愿意敞开心扉拉近距离，但对小丽来说，她更需要丈夫的甜言蜜语、爱的氛围烘托，情绪来了才愿意发生亲密行为。

了解男女性需求的差异后，小赵和小丽能顾念彼此的需求，坦白自己的需求，很多问题就迎刃而解了。俗话说，夫妻没有隔夜仇，床头吵架床尾和，其实暗喻的就是：当两个人在亲密行为上和谐了，哪怕有吵架的分歧也会容易解决很多。

思考与练习

1. 回忆一下，你日常是否用性惩罚过伴侣？
2. 思考一下，你和伴侣是否有性观念上的差异？

结婚后TA变了，是不是不爱我了？

很多女人都会有这样一种感觉，丈夫在婚后好像变了一个人？简直和当初蜜里调油追求自己的那个男人完全不一样。事实上，不少男人也同样认为，妻子似乎没有婚前那么"温柔似水"了。女性的情感体验更细腻，所以抱怨会更直接："我跟你是爱情，你跟我是亲情。"而男人更习惯逃避问题，得过且过，会认为："你跟我在说相声，我跟你在过日子。"

他为什么跟婚前不一样？

我协调处理过的婚姻咨询中，"TA为什么和婚前不一样了"是很多夫妻的核心矛盾点。

阿文和小云结婚才两年多，但小云觉得婚姻越发没意思，老公阿文对她越来越差，和当初追她的时候完全不同。想当初，还在读大学的阿文是个穷学生，却会为了给小云过生日，提前半年多开始兼职赚钱，不但给小云准备生日大餐，还特别用心地送了99朵玫瑰。

还有一回，小云肺炎住院，阿文在医院不眠不休地照顾了她三天三夜，心疼得恨不得自己生病。那时候的阿文，除了用行动表达"我爱你"，还特别浪漫，特别会说甜言蜜语。小云曾问阿文："怎么证明你对我的爱？"阿文抱起小云，跑到学校后山，一口气从山脚跑到山顶，到了山顶，阿文气喘吁吁但眼神坚定地告白："这辈子，只要你抱紧我，不放开我，我就永远不会放开你。"小云感动得一塌糊涂，也彻底爱上阿文。

可这么美好的爱情，也在结婚后"变了味"。小云过生日，大餐和礼物早就没影了，阿文想起来就随意丢个520元的红包，有时候别说红包，连生日的日期都忘了。不说生日，日常生活中也越来越敷衍，阿文事业越来越成功，也越来越忙，有时候一出差就要十天半个月，家里什么事都指望不上他，孩子生病经常都是小云一个人白天黑夜地照顾。

小云偶尔会跟阿文抱怨："你是不是不爱我了？为什么不像当初对我那么好了？"一开始，阿文还会安慰一下她，说自己太忙了，确实忽略了小云。但小云抱怨的次数多了，他也就不耐烦起来："我在外面那么忙，压力那么大，你不理解就算了，还一天到晚抱怨，烦死了。"

慢慢地，小云只能半夜对着阿文默默流眼泪。小云很迷茫，不过结婚两年而已，阿文的爱是消失了吗？当初的誓言还在耳边，人明明还是那个人，怎么又好像一切都不同了呢？

这样的场景，是不是会让很多婚姻内的人很有共鸣？事实上，阿文和小云来找我做婚姻咨询的时候，都觉得自己很委屈，小云觉得丈夫不再爱自己。阿文也很委屈，他非常肯定地说，自己对小云的感情没有变，还是非常爱她，但随着孩子出生、父母老去、事业不景气，他的压力非常大，回到家满脑子都是工作、生意和客户，经常焦虑得半夜都睡不着觉。一开始他也试图和小云说这些压力，但小云完全无法理解，还总吵架，说他变了，他也很无奈。

实际上，阿文和小云的感受并不是个案，小夫妻存在"婚前婚后的差异"是很正常的，主要体现在以下几方面。

1. 满足需求的方式不同

男人是理智的，女人是感性的，男女双方对于爱情和婚姻的感受会随着阶段性的目标而不同。婚前，男人的目标在于"成家"，他会投入100%的感情来完成"成家"的目标，但婚后男人的目标变成"立业"，老婆孩子对于男人的比重就只占到五分之一，剩余分可能包括四个部分：事业赚钱、兄弟朋友、兴趣爱好、学习提升。

女人则恰恰相反，婚前的生活重心也包括以上五部分，但在婚后则会慢慢只剩下老公、孩子和柴米油盐了。所以，婚姻里的女人，很容易会认为"丈夫不再爱我了"，而男人则容易认为"女人变黄脸婆了"。

2. 生活习惯的不同

生活习惯是婚姻里最直接的差异，却也是最容易引发冲突的矛盾。两个人拥有不同的家庭环境、教育背景，即便相爱也需要经历不同生活方式的碰撞。例如，我的一对客户，妻子喜欢早早洗澡休息，丈夫却习惯深夜洗澡，并顺便清理浴室卫生，两人每天都因为这件事吵架，谁也无法理解对方的做法。

3. 三观的不同

三观里藏着原生家庭的秘密，更藏着对世界、对人生的不同思维认知。如果说生活习惯，或许会随时间来调整，而根深蒂固的三观往往会成为夫妻婚前婚后差异的最大矛盾。我接待过的一对夫妻，他们离婚的原因就是，丈夫和原生家庭的关系很淡薄，逢年过节也很清冷，但妻子习惯热闹的家庭时光，婚后也每天回娘家吃饭。夫妻谁也说服不了对方改变，也无法适应对方的生活，只能以离婚收场。

有差异，才能产生爱情

婚前婚后的差异如果没有处理好，确实容易导致亲密关系的破裂。但其实，夫妻存在前后差异是必然的；而且，在爱情萌芽的初期，恰恰是因为有差异的存在，才能产生爱情。

1. 差异才是伴侣当初相互吸引的点

从心理学的角度来说，没有人喜欢千篇一律的生活，更不喜欢找个和自己"很像的人"交往，那只会更让生活乏味和无趣。每个人喜欢的，或者说潜移默化被吸引的，恰恰是自己所缺失的，或者和自己的个性完全相反的，毕竟，有差异才容易引起好奇心，才能激发起探索对方的欲望。

这也是为什么，很多听话的"乖乖女"，反而容易被桀骜不驯的"坏男孩"所吸引，因为对方的世界和自己经历的世界完全不一样，在对方的身上打开了一扇新认知的大门，这种差异性会让爱情拥有致命的吸引力。

这其实就是"差异化吸引"，是能激发出蓬勃爱情的。只不过，这种差异也是婚姻里需要磨合的"矛盾"。

2. 荷尔蒙让爱情理想化

爱情是非常有意思的，男女渴望对方的时候，会源源不断地分泌荷尔蒙让这种渴望持续下去。也是因为荷尔蒙，热恋的浓度会越来越高，让情侣陷入无法自拔的状态，甚至看不到对方的缺点，或者"情人眼里出西施"，看对方觉得哪里都"完美"。遗憾的是，科学数据表明，荷尔蒙是会慢慢消散的，最多持续两三年。

我接待过的一个女性客户，谈恋爱的时候和男友如胶似漆，连男友抽烟的样子都觉得特别帅。但当男友变成丈夫，随着荷尔蒙的消散，她变成了很讨厌丈夫抽烟的妻子，既担心孩子被二手烟伤害，更对丈夫不顾惜身体生气，吵起架来，她还会把丈夫抽烟的问题上升到"对家庭不负责任"上，弄得丈夫非常郁闷："以前你还主动给我买烟抽，现在怎么天天骂我？"

所以，差异化会让男女相爱，荷尔蒙则在一定阶段会蒙蔽伴侣的双眼。

这一点，在婚外情中表现得淋漓尽致，当丈夫对妻子没了感情，往往会对第三者无比眷恋，把第三者当作"完美情人"，不顾一切也要和第三者在一起。但真的在一起后，就会发现，所谓的完美情人，其实并不完美。

合理处理差异，爱情反而能在婚姻里历久弥新

夫妻之间，婚前婚后存在差异是非常正常的。如果不妥当处理，确实是会激发矛盾，给婚姻带来很多困扰的。但是，如果我们能合理地处理这些差异，反而能让爱情在婚姻里更加美好。

怎么合理处理"差异"，让它继续成为爱情的膨化剂呢？

1. 从理论上理解差异只是不同，没有对错

差异会成为矛盾的导火索，往往是因为夫妻想要在差异里掰扯出对错，甚至会把问题上升到"你如果爱我，就一定要承认你是错的，我是对的"的层面。其实差异只是夫妻双方不同的思维方式而已，本身没问题，有问题的是夫妻对待差异的态度。如果夫妻能先不论对错，多了解、接纳对方的想法，差异或许还有机会变成"情趣"。

2. 从行为上接纳差异带来的正向价值

我们在前面提到，差异才是伴侣当初相互吸引的点。很多人在谈起为什么会爱上对方时，理由会是：

"我很自卑，但他看上去很自信。"

"我很内向，他却很外向。"

"我比较无趣，但她却有趣可爱。"

爱情来临的时候，我们会因为对方身上有我们没有的"特质"而迷上对方，即便婚后会因为差异出现生活上的矛盾，但如果我们能以

包容、接纳、欣赏的态度去看待差异，其实可以通过亲密关系把伴侣的特质融合在一起，吸收扩展出彼此新的特质。所以，有些差异其实能寄托我们克服缺陷、超越自我的希望。

我们用一个案例来详细阐述。

沐沐和伟强是一对高知夫妻，谈恋爱的时候，两人都拥有硕士学位。不过，沐沐是名校硕士，伟强则是一般学校的在职研究生，含金量差了一些，但总体来说，两人还是很相配的。

但婚后，两人的差距越来越大。结婚15年，伟强一直在国企做中层小领导，一直不上不下，伟强对自己的状态倒还很满意，朝九晚五，工作之余就刷刷手机，打打球，过得很惬意。沐沐却一直在努力进步，她一边工作，一边还在生孩子那年进修了博士，事业发展得越来越好。

沐沐觉得伟强不应该安于现状，要努力晋升。但伟强觉得，他在单位已经到头了，没什么上升空间。沐沐又出主意，让伟强再去学点什么或者考个博士，不行就换个工作。伟强非常不愿意，还是按自己的节奏慢悠悠地生活。这让沐沐非常不满，对伟强的抱怨也越来越多。

实际上，伟强也很郁闷，沐沐读博士、忙事业，家里的事都是伟强在负责，伟强因为爱，从来没有怨言，觉得只要沐沐开心就好，但沐沐对他依旧只有抱怨和挑剔。而且，沐沐每天都很焦虑，一会焦虑房价太贵，买不起学区房，一会焦虑退休后的生活，不但把折腾自己，还把家庭氛围搞得很紧张。

伟强觉得，婚后的沐沐和以前也不一样了。伟强说，沐沐再也不是当年那个温柔可人的她了。想当初，他带沐沐出去旅游，沐沐眼里的惊喜他到现在都还记得，但现在，他一提出去旅游，沐沐就很暴躁："玩玩玩，你就知道玩，满脑子都是玩。"伟强觉得沐沐可能不爱他了。

很显然，这对夫妻的矛盾点就在于，妻子求上进，丈夫则喜欢安稳的生活。但这个差异并不是不可调和的。他们来做咨询时，我问沐沐当初为什么喜欢伟强。

沐沐说，当初伟强先参加工作，赚钱也早，知道很多好玩的地方，会经常带她去吃好吃的，玩好玩的，跟伟强在一起特别放松，不像自己从小就被父母教育一定要努力学习，严格要求自己，所以她每天生活都过得很紧张。认识伟强以后才知道，人可以活得这么轻松，每天该吃吃，该玩玩，学习也没差到哪里去。

沐沐还说了一件印象深刻的事。那一次，伟强单位要年终考核，又恰逢在职研究生要期末考试，但沐沐说了句想去大理，伟强二话没说就订了机票，带她去玩了五天，沐沐当时都震惊了，如果是她的话，是肯定不敢在这时候出去玩的，她一定会待在家里紧张地备考到最后。与此同时，沐沐也感受到伟强对她的重视和爱，也正是那次，她深深被伟强打动，爱上了那个潇洒自在的小伙子。

说完这些，沐沐叹了口气："没想到他现在是这样的，越来越不是我当初眼中的他了。"

我追问："他变了？你看现在的他跟过去的他差别大吗？那个对待事情松弛、更重视人的舒适的部分变了吗？"

沐沐愣了一下，说："好像是没变……"

是的，在这段亲密关系里，伟强的"特质"并没有变化，他一直拥有不焦虑、不紧张、放松又自在的状态，这也是当初打动沐沐的点，是沐沐身上所缺乏的。遗憾的是，这种"当初引发爱情"的差异，在婚后变成了令沐沐讨厌的点——"安于现状，不奋斗上进"，但这两个特质在本质上其实是一个点。

事实上，沐沐可以做出改变：能从理论上理解，伟强的"不上进"和她的"上进"一样，只是不同的生活方式，并没有错；从行为上接纳，像伟强接纳她的"奋斗"一样，她接纳伟强的"悠闲"，彼此享受到差异的正向价值。那么这个差异就会是这段婚姻里很好的"互补"，沐沐能适当激发伟强的"事业心"，伟强能很好地缓解沐沐的紧绷感，左右权衡，让家庭达到幸福的平衡点。婚前婚后有差异是事实，但是，千万不要把差异等同于"不爱"，接纳差异反而能让爱情走得更远，婚姻走得更稳当。

思考与练习

1. 思考一下，伴侣在婚后和婚前有什么不同？
2. 现在的你，和婚前的你，是否也不一样了呢？

第2章

允许差异：打破心理错觉，如实看待对方

总是为钱吵架？
背后藏着"金钱人格"的秘密

都说贫贱夫妻百事哀，再恩爱的夫妻也会谈钱伤感情，但从心理学的角度分析，其实，金钱和感情一样，也有"金钱出轨"一说。著名的《消费者研究杂志》发表过一篇非常有价值的学术论文《爱、谎言和金钱：亲密关系中的金钱出轨》，里面这样解释"金钱出轨"：

第一，你用钱的方式，你明确地知道你的另一半肯定会反对。

第二，你会刻意隐瞒，想方设法不让对方发现。

值得思索的是，明明是婚姻中最亲密的两个人，为什么会出现金钱出轨呢？

"金钱出轨"的背后，藏着金钱人格的概念

我在网络上，看过这样一个故事，妻子因为丈夫用私房钱偷偷买了一包80元的烟而勃然大怒，甚至上升到吵架离婚的地步。这件事引发了非常多人的讨论，有人指责这位妻子的做法太过夸张，有人则认为这都是穷惹的祸。夫妻为钱吵架，看似是"穷"引发的问题，但实际上，吵架只是表面现象，深层矛盾永远是夫妻双方思维方式的不同，"金钱出轨"的背后，并不仅仅是"爱不爱""穷不穷"的问题，而是每个人都有不同的金钱人格，也就是每个人对钱有自己的独有观念和情结。

在书籍《谈钱不伤感情》中，将金钱人格归纳为以下5种：

1. 省钱王

有本能的省钱冲动，每笔支出都精打细算，花钱越少越骄傲。

2. 消费狂

奉行"今朝有酒今朝醉"的消费模式，只要花钱就无比兴奋。

3. 冒险家

花钱是为了刺激，只要满足冒险的欲望，就没有不可行的消费。

4. 求稳者

追求稳定安全，性价比是考量的核心指标。

5. 随性者

对钱没有任何规划，甚至认为因为金钱浪费精力和时间得不偿失。

值得注意的是，金钱人格和性格一样，没有对错好坏之分：

（1）每个人的金钱人格都不止一种，主要的金钱人格之外，还会有一到两种次要的金钱人格。

（2）不要因为金钱人格给伴侣贴标签，否则真的容易谈钱伤感情。

对照一下，你和伴侣都是什么金钱人格？

如果夫妻两人的金钱人格相差很大，总是出现"金钱出轨"的现象，总因为钱吵架，婚姻是不是就一定会分崩离析呢？答案是否定的，犹如我们在第一章节所说，有差异不可怕，只要处理得当，差异反而能激发爱情。当然，良好结果的前提是，我们得知己知彼，才能理解、应对伴侣的金钱行为。

5种金钱人格特色（参考《谈钱不伤感情》）

人格特色	特点或优势	注意事项
省钱王	1.会有省钱的本能冲动。 2.在财务方面有条理、负责任、值得信赖。 3.极少冲动性消费，会搜索各种优惠活动。	1.沉湎于省钱，会让伴侣觉得无趣。 2.过度关注财务目标反而容易因小失大。 3.容易小气，伤害到人际关系，影响社交。
消费狂	1.活在当下，很懂得享受生活。 2.享受消费带来的价值感，很喜欢给别人买东西。 3.沉浸在消费快感里，是典型的月光族。	1.消费冲动，想买什么会不管不顾地下手。 2.消费狂欢时，往往先斩后奏，不和伴侣沟通。 3.消费冲动之后，会因为没钱而异常痛苦。
冒险家	1.雄心勃勃，关注宏观，过度自信，最爱画大饼。 2.像赌博的刺激感，通过以小博大获得价值感。	1.太快做决策，而缺乏精细度。 2.容易出现财务风险和危机。
求稳者	1.喜欢做研究，凡事爱提前做攻略。 2.稳扎稳打，不冲动，不冒险，不易被诱惑。 3.居安思危，一点点风险就会马上撤出。	1.过于保守和消极，容易失去机会。 2.喜欢按规划、攻略执行，人生缺乏乐趣。 3.缺乏探索精神，会扼杀创造性。
随性者	1.对生活的满意度和金钱无关，再穷也不在意。 2.觉得管钱麻烦，希望伴侣管钱。 3.在乎人际关系，金钱对他们没有奖惩作用。	1.比较被动，家庭出现问题时无选择权。 2.缺乏处理金钱的各种问题的技能。 3.可能缺乏条理，对生活的承担能力弱。

找到彼此的金钱人格,选择合适的相处方式

了解自己和伴侣的金钱人格后,我们就能知道伴侣在钱方面是怎样的思维方式,与自己的差异在哪里,就可以寻找合适的相处方式,和伴侣针对性地沟通交流,这时候,谈钱反而有利于感情了。

1. 用"计划"搞定省钱王

省钱王天生对消费就很紧张,每天努力削减支出,也会用这个目标要求伴侣,很多争吵就是这么来的。和省钱王最合适的相处方式是留出专项预算。比如逢年过节、生日等重要时期,如果突然让他们花钱,会非常困难,但如果提早提出,一起制定预算,提前有心理准备,钱花起来就不会那么"肉疼",也不用因为"省钱"而争吵。

2. 用"享受当下"和随性者相处

随性者花钱没规律,也不喜欢计划和约束。和他们相处需要尽可能掌握主动,例如出门旅游,一定要提前表达清楚你的计划和花钱预期。一般来说,你设定了标准后,他们会比较愿意配合。非常值得注意的是,随性者的伴侣需要多体会"享受当下"的生活态度,和伴侣一起多享受即兴,就不会因为"花钱太意外"而争吵。

> 我的一对案主,因为结婚纪念日礼物而闹离婚。
>
> 结婚20周年那天,阿志在香港给丹丹买了件两万多的名牌大衣当礼物,但丹丹不但不高兴,反而勃然大怒,让他马上退掉,后来因为无法退货这事不了了之。令阿志意外的是,丹丹居然在朋友圈打折出售这件大衣。
>
> 这可是他送的结婚周年礼物啊!这事彻底伤了阿志的心,夫妻感情出现裂缝。
>
> 其实阿志早知道丹丹很节省,丹丹最爱买打折品,买面包都要选

快过期的,她这么做并不是没钱,而是省钱让她有种成就感。但阿志不一样,买水果永远买高端水果,出差住酒店,公司报销标准是400元,他一定会自己加钱住五星级。他们以前也经常因为钱吵架,丹丹经常抱怨阿志乱花钱,阿志则会反击丹丹是个"守财奴"。

但这一次阿志会闹离婚,是因为丹丹卖衣服的行为让他觉得很没面子。其实,他这次会买这么贵的礼物,是因为他觉得丹丹这些年太省吃俭用,所以想在20周年买次奢侈品,省得每次朋友聚会,丹丹都穿得很寒酸,让他没面子。他从来不在意钱,但他非常在意人际关系,以前丹丹自己节省,他可以视而不见,但这次丹丹在朋友圈卖衣服,让他觉得丹丹对他的感情还不如省钱的狂热,这种"丢脸"让他非常生气和伤心。

显而易见,丹丹是典型的省钱王,她天性爱省钱,所以老公送她奢侈品,她不但不开心,反而觉得是浪费,完全不能忍,这种金钱人格确实容易给伴侣带来"人际困扰"。但阿志恰恰是典型的随性者,他对钱没概念,也未必有钱,但他花钱凭感觉,高兴就花,他的随性常让他"负债"并找丹丹要钱,他不在乎穷,但非常在意人际关系。

这次闹离婚,就是因为丹丹省钱让阿志没面子,丢了人际关系。但20年的婚姻,他们是有感情基础的,在我的调解下,他们理解了彼此的金钱人格,调整了相处方式:丹丹的省钱不影响到阿志的面子,阿志花大钱时提前和丹丹一起制定预算。庆幸的是,两人磨合一段时间后,没有再提离婚的事。

3. 用"主动"搞定消费狂

消费狂一花钱就刹不住车,不但容易引发争吵,还可能带来债务危机,应对消费狂的最好方式是"主动"。例如,妻子是位消费狂,双11消费的预算是1000元,但一买起来可能花1万元都不止。对此,伴侣最好的办法就是"主动"设置预算。值得注意的是,这个"主动"非常有讲究。例如，丈夫可以对预算1000元的妻子这样说："我知道双11快到了，我们花2000元买些必需品吧。"消费狂最喜欢的就是获得"伴侣赞同我花钱"的满足感，这种满足感会有助于她遵守你们共同制定的预算，夫妻就不会因为"花钱太多"而吵架。

4. 用"价值"搞定求稳者

求稳者，跟省钱王类似，但他们更关注"钱花得值不值"，这背后隐藏着对未来的焦虑，所以与求稳者相处，要注意通过切实的预算让他明白，花出去的钱是值得的，帮助他们打消忧虑，避免因为"不值当"而吵架。

冰儿和浩宇，是我的一对非常养眼的案主。冰儿特别漂亮，看着像琼瑶剧里的女主角，浩宇也很帅气，重要的是浩宇还是个"霸道总裁"，家里生意很大，年纪轻轻就当上一家规模数亿企业的董事长。

两人感情也很好，但浩宇有一点小烦恼，因为冰儿花钱非常大手大脚，就拿买包为例，爱马仕、香奈儿、CD……名牌包包全都有，一年下来光买包的费用都要超过7位数，还不算买衣服、化妆品、珠宝首饰等其他消费。最近一个月，冰儿没有同他商量就刷了三十多万信用卡，浩宇很头疼，就批评了冰儿，冰儿也有点不好意思，但被浩宇批评也很不高兴，两个人冷战了好多天。

浩宇说："我也不是不愿意给她花钱，毕竟她是我老婆，她高兴我也高兴，但有的钱真的没必要花，包包需要那么多吗？好多包买回来都没有背过。我做生意，钱是要放在公司周转的，公司还有很多爸爸的老部下，也要注意影响，我跟她说过，每个月消费不超过十万，有结余我年底还可以奖励她，没想到她一个月就花了三十万，不知道后面她还会花多少？"

显然，冰儿是典型的消费狂，购物会让她无比兴奋，常常会花得没有节制。浩宇属于求稳者，花钱有规划，该花的钱可以花，过分的花钱要注意，而且要注意平衡人际关系。后来，冰儿和浩宇商量出了"商量预算"的方式，浩宇"主动"提高预算让冰儿感觉到满足感，冰儿遵守预算，并且让浩宇看到她买的有些包包是可以有一定的保值效果，有的限量款还增值了，打消了浩宇的忧虑，两人不再因为钱而伤感情。

5. 用"创意"搞定冒险家

冒险家追求的不是花钱本身，而是刺激、新奇好玩，但他们也不是非花不可。所以，这就需要伴侣想出一些既有创新性又比较经济实惠的点子，就能做到好玩与省钱兼顾了，夫妻也不会因为"刺激花钱"而争吵。例如，我的一个客户非常喜欢投资，胆子大到借钱50万元去投资一个不熟悉的项目，他和妻子说投资肯定能一本万利，半年能赚回100万元，被妻子反驳后，很久都没有搭理妻子。后来妻子就了解了些小本创意投资项目，主动和丈夫交流，两人反而因为有了共同话题而感情升温。

思考与练习

1. 你是什么金钱人格？伴侣呢？
2. 思考一下，你们是否有"金钱出轨"的现象？如何应对？

为什么伴侣给的爱不是我想要的？
用"爱的语言"让TA如你所愿

　　来访者倩倩很浪漫，经常被影视剧里的爱情感动到哭。令她困扰的是，她的丈夫阿军却是个"钢铁直男"，一点都不懂浪漫。情人节之类的特殊节日，两人一定会吵架，原因就是阿军总会忽略节日，更别说给她惊喜。更气人的是，倩倩主动送礼物给他，他的反应也很平淡，连句谢谢都没有，更不会觉得要为倩倩做什么。

　　倩倩气得不行了，阿军才会勉为其难地买来花，或者买点零食搪塞过去。这"要来的"礼物更让倩倩生气，她怀疑阿军心里没有自己，不爱自己了。有意思的是，阿军也觉得委屈，在他看来，两人结了婚踏实过日子，努力工作，照顾好老人孩子，偶尔出去玩一玩，就很好了，什么情人节、"520"都是商家的噱头，没必要过。但即便他不愿意，也会配合倩倩去过节，可倩倩还是生气，动不动就说自己不爱她。

　　阿军很无奈，他觉得自己对倩倩已经够好了。倩倩不会做饭，一日三餐都是他做；倩倩不愿意坐公交车，阿军专门买了车天天接送。他很疑惑："难道这些都不是爱吗？非要整那些没意义的事，送些华而不实的东西才是爱？"

　　倩倩和阿军的案例非常有意思，阿军认为自己已经很爱妻子了，但妻子却认为丈夫心里没有自己，为什么会这样呢？原因是，阿军的"爱的语言"不是倩倩想要的。这就像喜欢吃苹果的妻子，每天收到丈夫送的一车梨，丈夫说一千遍"我爱你"，妻子也不会相信丈夫是爱她的。

天造地设的爱情，需要"爱的5种语言"成全

那么，什么是爱的语言？什么又是伴侣要的爱的语言？美国著名婚姻专家盖瑞·查普曼博士在《爱的五种语言》中这样解释"爱的语言"：每个人都有一个情绪的爱箱，只有当这个爱箱填满了的时候，亲密关系才能发展，但是，不同人的爱箱需要用不同的爱语来填满。两性间许多误解、隔阂、争吵都是因为不了解或者忽略了对方的主要爱语造成的。当夫妻双方主动选择使用伴侣的主要爱语时，就能够很好地发展彼此的亲密关系，并积极地处理婚姻中的冲突和失败。查普曼博士认为，亲密关系主要有5种爱的语言。

1. 肯定的言辞

顾名思义，肯定的言辞指鼓励、表扬、肯定、赞赏等正面的语言激励。显然，如果你的伴侣喜欢的爱语是肯定的言辞，那你在相处的时候，就需要特别注意，多使用"肯定语言"。例如你想让丈夫扫地，就可以这样说："老公，我觉得都是扫地，但不知道为什么你扫的地就特别干净。"这话一说，被肯定的老公屁颠屁颠就自己去扫地了。

这就是说对爱语的力量。

2. 精心的时刻

精心的时刻的中心意思，是指你把所有的注意力全部放在伴侣的身上，全身心地和伴侣分享身心灵都在一起的高质量陪伴时间。我的一个案主，经常被妻子抱怨心不在她身上，他来找我抱怨："我每天晚上都陪她散步，她还要怎样？"事实上，虽然他"陪妻子散步"，但人在心不在。他散步的时候，不是一个人快步走在前面，就是拿着手机玩，既不和妻子聊天，也没有任何的肢体接触。显然，如果妻子的爱语是精心的时刻，他明显不过关。

爱的五种语言

3. 用心的礼物

如果伴侣的爱语是接受礼物,那么,你就可以成为送礼物的高手。值得注意的是,礼物未必一定是贵的、购买的,它其实更多表达的是"带着心意的礼物",例如路边采的一朵专门送给伴侣的花、为伴侣精心写的一封信……

我在网络上看过这样一个视频,妻子喜欢一个名牌包很久了,丈夫偷偷买来送给她,看到礼物的妻子,先是兴奋地尖叫,打开包装盒后又高兴地转圈,拿出包以后又疯狂地抱着包亲了好几口。观众们隔着屏幕都感受到了妻子的开心和快乐。有人评论说:"果然女人都爱名牌包。"其实这话不中肯,准确来说,这位妻子的爱语就是接受礼物,当她收到丈夫用心买的礼物时,比起喜欢很久的包,那种被丈夫放在心里的感觉,更让人感受到爱!

4. 服务的行动

服务的行动,是指做伴侣想要你做的事,比如说做家务,为伴侣按摩。当然,核心依旧是:通过为伴侣服务使TA高兴,借着为伴侣做事来表达你对TA的爱。当然,这个过程要带着爱和时间的付出,如果妻子想要丈夫洗碗,丈夫不情不愿地做了,嘴里却念念叨叨、不乐意,服务的行动就是失败的。

5. 身体的接触

简单易懂,如果伴侣的爱语是身体的接触,那么你就可以多牵手、拥抱、亲吻、摸摸头发和撒撒娇。

值得注意的是,每个人身上并不只有一种爱的语言,有些人会有一种主要爱语,有些人会同时渴望两种爱的语言,这恰恰也是爱情的魅力,值得夫妻在亲密关系中多多探索。

找到彼此的主要爱语,投其所好填满伴侣的爱箱

既然爱的语言在亲密关系中这么重要,那么,我们该怎样找到彼此的主要爱语呢?我们可以通过专业的测试题,帮助自己找到主要爱语,也可以先通过简单的问题自行探索。

1. 3个问题,探索出你的主要爱语

这3个问题,来自查普曼博士的建议:

第一,你的伴侣做什么事或者不做什么事,伤害你最深?跟这件事相反的,可能就是你的爱的语言。

第二,你最常请求你的伴侣的是什么?你最常请求的事,可能是最能使你感觉到爱的事。

第三,你通常以什么方式向你的配偶表示爱?你表示爱的方法,也许显示它会使你感觉到爱。

当你找到自己的主要爱语,也就会理解"为什么伴侣的有些行为会让我特别高兴?有些行为会让我特别生气?"我们就可以有针对性地告诉伴侣:我的主要爱语是什么?以后请尽量多给我想要的爱语。当然,除了了解自己的主要爱语,了解伴侣的爱语也非常重要。

2. 沟通出彼此想要的爱语,投其所好满足伴侣

发现彼此的爱语很重要,但根据伴侣想要的爱语,夫妻能真正投其所好才是"践行爱语"的核心。如果夫妻能互帮互助,通过回忆彼此的恋爱、争吵等,一起找出彼此的爱的语言,这会非常有利于亲密关系的提升。遗憾的是,很多丈夫比较固执,不愿意相信专家的观

点，也不愿意为了婚姻学习，这种情况就需要妻子多辛苦一些，找到自己的主要爱语，直接告诉丈夫"我想要你做什么"，同时也推测出丈夫的爱语，投其所好地让他感受到爱，当他越感受到爱的美好，也就越愿意接纳学习爱的语言。

李伟和甜甜是研究生同学，结婚10年，有一个8岁的女儿，两人都在知名的设计院工作，收入很高。双方父母也都是公务员退休，没有经济压力。按理说这样的家庭应该是幸福美满的，两人有感情基础，知根知底，没有经济困扰。但两人都觉得很不幸福，到后来，两人连话都不说，回到家也就是分别和女儿说说话，然后分房睡。

李伟说，两人也没什么大矛盾。但就是觉得甜甜对自己的埋怨和挑剔越来越多，辛苦一天回到家，甜甜总是发脾气，经常给他摆张臭脸。他加班回来晚了，她就冷嘲热讽说："去外面过夜好了。"他刚坐上沙发看下手机，她就说："你和手机过日子好了。"他也主动干过家务，甜甜又说他笨手笨脚。他有心想照顾下孩子，甜甜又觉得他的教育方法不行。生了女儿后两人分房睡，他有时候想亲热一下，甜甜也会拒绝，还抱怨他不懂得心疼人，自己那么累了，他还一心只想着那种事。李伟非常郁闷，感觉自己做什么都错，觉得甜甜不爱自己，也不知道婚姻该怎么继续。

但在甜甜这头，我听到的却是另外一个版本的故事。甜甜每天又要上班又要带孩子又要做家务，累得不行，但李伟总是找各种理由加班。好不容易等到他回来，本来想好好聊会天，他却连吃饭都看手机，头也不抬，甚至和她说话时，耳朵里还塞着耳机听有声小说，甜甜只能把想说的话咽回心里。

李伟偶尔做家务，但总按自己的想法做，经常帮倒忙，他做完的事，自己还得重新做一遍。带孩子就更别提了，他并不关心孩子的内心想法，就是看到问题就直接批评，经常把孩子弄得连哭带闹，她还得花不少时间安抚。

到了晚上,甜甜想聊天说说心里话,李伟啥也不回应就直接要亲热,他一天到晚只顾自己舒服,她当然不愿意。在甜甜看来,李伟心里只有他自己,没有她和孩子,肯定是不爱了。

很显然,他们婚姻最大的问题就是没有给出彼此想要的"爱语",通过李伟讨厌和想做的事,我们可以分析出,他的主要爱语应该是"肯定的言辞"和"身体的接触",所以,当甜甜不断指责李伟、拒绝过夫妻生活的时候,他会强烈地感受到"不被爱"。而甜甜的主要爱语则是"精心的时刻",她一直在意的是两个人能聊聊心里话,看似她抱怨李伟不帮忙做家务,但核心其实是在抱怨李伟不愿意花时间和她沟通,所以,甜甜也没在婚姻里感受到爱。

他们的婚姻该如何调整呢?最直接的办法就是,建议李伟每天下班后,一定和甜甜至少沟通20分钟,通过甜甜想要的爱语,一点点填补甜甜的爱箱;建议甜甜也按李伟想要的爱语,尽量以鼓励和肯定的言辞沟通。一周的回访,我明显感觉到,他们的爱箱比以前满当,李伟也开心地表示,他们不再分房睡了。

掌握彼此的爱语,并不能让婚姻一劳永逸,但因为我们能用爱语表达爱,又顾虑到伴侣对爱的需求,及时补充好彼此的爱箱,这就能让我们的亲密关系具备足够的抗风险力量,帮助我们把婚姻维系得甜蜜又稳妥!

福利领取

扫码添加助理,回复"爱语",获得"爱的5种语言"专业测试,帮助你更清楚地了解自己的主要爱语。

为什么我越想跟他沟通，他越逃避？

红梅和建军是一对中年夫妻，两人都是公务员，建军还是个领导，但红梅一提起他们的婚姻就眼泪直流。他们的儿子高考结束后，建军更是第一时间提出离婚，红梅无法接受人到中年却要离婚，死活不答应。为此，两人争吵了很久，问题一直僵持着，于是，红梅拉着建军找到了我。

红梅说，近二十年的婚姻，她也很压抑，从来没感受过幸福，因为建军完全拒绝沟通。她说："老师，你知道吗？你跟他说话，就像在跟一个墙壁说话，连个回声都没有。他看起来每天都在家，但感觉他就是个活死人，不管你干什么，他从来都不回应，任你哭闹，都不会抬眼看你一下。"

我问："他一直是这样吗？当初为什么和他结婚？"

她说，建军一直都话少，但那时候觉得他稳重、踏实、很独立，话少，还不会拈花惹草，没想到结婚以后，建军话越来越少，而且红梅越想跟他沟通，他就越躲避，后面发展到在家连话都不说，几乎把红梅逼得发狂。红梅说："我有时候故意想激怒他、骂他、打他，甚至有一次，我恨得不行，直接把他的手抓起来咬了一大口，结果他把手甩开，一句话没都说，直接走了，真的完全把我当空气。我真的希望哪怕他跟我吵，跟我打都可以，他这样冷暴力，比用鞭子抽我还难受。"说着说着，红梅又哭了起来。

后来，我跟建军沟通，气氛确实也是很沉默，经过很长时间的破冰，建军才倒豆子似的一点点说出自己的想法。他说，红梅让他窒息，做什么都要管。他不想吃的东西，红梅觉得好吃就非逼他吃；他有时候不想说话，红梅就一边骂一边逼他说话。每天一到下班点，红梅的电话就来了，如果他不接红梅就会一直打。有一次，他跟哥们去喝酒，手机静音，红梅竟然给他身边一圈的人都打了电话追问他的行踪。后来他看手机，才发现红梅竟然不间断地给他打了58个电话，直接把他手机都打关机了。身边人都知道他有一个"妻管严"老婆，不想让自己惹麻烦，都疏远了他。没有朋友、没处可去的建军，每天在家都很窒息，他就像木头人似的，装着"听不见"红梅的话，煎熬地等着暴风雨过去……要不是怕影响儿子高考，他早就想离婚了。也因此，高考一结束，他第一时间就提出离婚，一分钟都不想再忍了。

我问了他同样的问题："你当初喜欢红梅什么？"

建军的回答是，红梅当年很活泼、开朗、有活力，跟她在一起很放松，很开心。自己在跟人交往的时候确实有些被动，但红梅会比较主动，他觉得也挺好，只是没有想到结婚以后红梅越来越暴躁，越来越喜欢控制他，让他无处可躲。

建军和红梅的相处方式，我听起来都觉得特别令人窒息，一想到他们20年都在受这种"你追我逃"的苦，就觉得特别心疼。其实，这样的亲密关系，并不是单纯的爱不爱的问题，也不是简单的沟通问题。这背后其实藏着"依恋模式"的伤，建军和红梅的依恋模式正是夫妻关系中最容易产生矛盾的"依恋模式"，而他们又因为不了解模式，找不到正确的方法去应对，才导致婚姻出现如此问题。

TA不想沟通，可能是"依恋模式"的问题

依恋模式，是指一个人对另一个人长久持续的情感状态，主要是

受童年时期的影响形成的模式类型。依恋模式最早是由英国精神分析学家约翰·鲍尔比提出的,不同专家对依恋模式的解释不同,但总的来说依恋模式主要有以下4种:

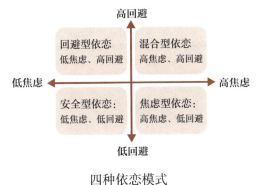

四种依恋模式

1. 安全型依恋模式

安全型依恋模式对自己、他人都始终保持非常安全的情感状态。安全型是最合适的伴侣类型,他总是能找到你最喜欢的方式去回应你、配合你、引导你,共同营造出舒适的亲密关系。这类模式的人,在童年时期被安全地回应和关照过,所以,成年后他也有关照和回应自己和他人的能量。

与安全型依恋模式相反的,是不安全型依恋模式,具体细分为焦虑型、回避型和混合型,这三种类型在亲密关系中有不同的表现形式,但有共通的地方,那就是会让伴侣感觉到高频率的被指责、被忽视、被攻击等不安全感。

2. 焦虑型依恋模式

焦虑型依恋模式是亲密关系中最常见的依恋模式,这类模式最明显的表现形式是,会通过讨好、哭闹、作天作地等极端的方式去强行获得伴侣的关注和照顾,一旦得不到就会出现变本加厉的焦虑行为,他们内心的情感模式是:"我只有不停地难过,我的感受才能得到回应和照顾。"

焦虑型的人一般成长于无法给出一致情感回应的家庭，父母有时候会安抚孩子，更多时候是不及时、冷漠或者挑剔的，这种不一致的对待方式会让孩子变得困惑和焦虑，也才会养成用"作"来获取关注的依恋模式。焦虑型的人总是很黏人，总是需要不停地和对方保持联系，也总会对对方进行无微不至的关注和照顾，在感情上很投入。

前面案例中的红梅，就是典型的焦虑型依恋模式。她出生在一个重男轻女的家庭，父母把大部分注意力都放在弟弟身上，父母总说姐姐要照顾弟弟，很忽略她，只有她生病了，才会给她一点点关注。也因此，这种模式下的红梅在亲密关系中不断逼迫建军，以此获得建军的关注。

3. 回避型依恋模式

回避型依恋模式的典型特征是"回避"，内在情感模式是：我的感受不重要，我的表达是没办法得到回应的。回避型的人通常成长于情感被忽视的家庭，在童年时期，他们的需求被父母忽略，孩子从主动提需求到不再提需求，慢慢就形成不向他人提出情感需求，也不需要对方回应自己的情感需求的模式。

前面案例中的建军，就是典型的回避型依恋模式。建军的父母都特别内向，家人之间沟通特别少。在他的印象里，家人都是各忙各的，家里永远静悄悄，他也从来没看见过妈妈笑，只记得妈妈从早忙到晚，干完农活干家务，睡前还坐在床上织毛衣，织着织着就睡着了，也从来不管建军睡不睡、几点睡。所以建军从小就很"独立"，但独立背后是典型的回避型依恋模式，这让他在婚姻里，既无法提出自己的需求，也无法回应红梅的需求，也就不懂"沟通"。

4. 混合型依恋模式

混合型依恋模式是焦虑型和回避型的混合体，同时具有焦虑和回避的特质，和这类伴侣相处会很辛苦，因为上一秒你还感觉他热情似火，下一秒他就拒你于千里之外。体现在亲密关系里，这类人就会显得很缺爱却又特别"无情"。

混合型的人，是因为童年时期经历了时而会被很好地满足、时而自己的各种诉求完全不被理会的情况，所以在成年后，时而焦虑时而无助，时而渴望时而无情，时而依赖时而拒绝，不相信自己，也不信赖他人，对关系严重缺乏信心。

这4种依恋模式中，焦虑型和回避型是亲密关系中最常见的依恋模式，在我受理咨询的大部分问题婚姻中，很大一部分夫妻矛盾就在于焦虑型不断地"逼"，回避型不断地"逃"，从而引发婚姻的崩溃分离。接下来，我来重点分析，当焦虑型碰上回避型，这样的婚姻该如何增进"沟通"，甜蜜相处。

掌握应对措施，拯救夫妻关系中的"追逃模式"

婚姻关系中，我们会很渴望伴侣为我们改变，但事实上，让别人改变是一件不容易的事。相对来说，"谁有需求谁改变"会是更合适的处理方式，当然，最好的方式是争取夫妻一起学习。比如，我们了解依恋模式，本质上也是为了更了解自己、认识自己，以便有意识地在生活各方面扬长避短，获得和谐相处的亲密关系、人际关系。

1. 确认彼此的依恋模式，理解伴侣的"无能为力"

很多人不理解，为什么"焦虑型"和"回避型"如此不合拍，当初还会爱上？其实这就是我们第一章节的内容，恰恰是因为"差异"，才会产生爱情。荷尔蒙散发的时候，回避型的人会被焦虑型的充沛感情吸引，焦虑型的人则会爱上回避型的稳定和独立，这都是他们在原生家庭中缺失的，所以会特别渴望在爱情中获得。

但在一起后，鸡飞狗跳的琐碎里，原来吸引彼此的"差异"遇到原生家庭的"依恋模式"，固有的情感模式和新的情感模式产生矛盾，如果又缺乏合适的应对，就很容易引发伴侣内心缺失的安全感。

缺乏安全感的焦虑型，渴望回避型能温暖她，也因此会愤怒，你为什么不回应我？爱我就应该关注我！但回避型的伴侣并不是因为不爱所以不回应，而是他自己都自顾不暇，内心比你还脆弱，焦虑型的人还敢去"索取"，回避型的人却只能通过"逃避"来自我保护，两个同样缺乏安全感的人，会让焦虑和无助再次加倍！

也正是因为如此，我们需要了解确认自己和伴侣的依恋模式。

如果你是焦虑型，你的伴侣是回避型，你要知道：

（1）TA的童年是被忽视的，内心是很没有安全感的；

（2）TA的逃避，不是因为不爱，而是因为本能地害怕；

（3）TA非常害怕吵架；

（4）TA渴望被你认可；

（5）TA不敢说出自己的需求，也不敢回应你的需求；

（6）TA需要你给TA足够的个人空间去喘息。

如此，焦虑型的伴侣也就会理解，伴侣回避我，不是因为不爱，而是TA也"无能为力"，我们需要彼此扶持。

如果你是回避型，你的伴侣是焦虑型，你要知道：

（1）TA的童年是非常焦虑，没有安全感的；

（2）TA粘你、逼你的各种"作"其实只是为了吸引你的关注；

（3）TA非常害怕你不回应；

（4）TA非常渴望和你沟通；

（5）TA希望你多多表达爱；

（6）TA并不想给你压力，TA只是很想确认"你到底爱不爱"。

如此，回避型的伴侣也就会理解，伴侣之所以"作"，不是因为不爱，而是TA也"无能为力"，我们都需要爱的救赎。

2. 先学会爱自己，再引导伴侣来爱自己

廖一梅说过这样一句话："人的一生中，遇见爱，遇见性，都不稀奇，稀奇的是遇见了解。"亲密关系里，当我们了解伴侣的"无能为力"，并能产生共情时，"TA不爱我"的怀疑就会降低很多，"我不值得"的念头也会逐渐消散。很多时候，我们和伴侣的关系、人际的关系、社会的关系，其实就是我们自己和自己的关系。所以，原谅伴侣的"无能为力"后，我们要把更多的时间精力放在自己身上。

回到开头的案例，我们也就理解了红梅和建军的无奈，建议红梅这样调整：

（1）学会更爱自己。比如培养自己的爱好、和闺蜜约会，为自己买份期待了很久的礼物，去看场欢喜的电影，等等，学会自己处理自己的需求，自己满足自己的需求。

（2）伴侣无奈"逃避"的时候，选择尊重。给伴侣足够的时间和空间，努力放下自己期待回应的心，等TA调整后主动来联系你，TA自己完成了"自洽"的环节，会更愿意来与你继续沟通。

（3）当你放下患得患失的心，当伴侣能从"逃避"中稍微"独立"出来时，再积极回应、正面反馈。

同时，也建议建军这样调整：

（1）关注并理解对方的需求。伴侣哭闹、谴责、发脾气并不是为了逼迫你，也不是不爱你，那只是TA害怕你离开、不知道如何爱你的表现，在你选择逃避、不回应之前，请从心态上先尊重、理解并接纳伴侣的"缺乏安全感。"

（2）提前和伴侣说出你的需求："我需要一些独立的空间，等我过一会再来沟通""我想要自己待一会，等会我主动去找你"，让伴侣理解，你不回应不是因为"不爱"，恰恰是因为太爱太珍惜，但你需

要自洽的时间。

（3）培养和伴侣共同的爱好。如果无法用语言回应伴侣，那么就通过行为来表达你对伴侣的爱和关注。

愿我们都能借着亲密关系，成长出属于我们自己的"安全型依恋"！

🎁 福利领取

扫码添加助理，回复"依恋"获得"依恋类型"测试，更精准地了解自己的依恋类型，并获取有利于亲密关系的专业建议。

很简单的事，为什么TA就是做不好？

莫愁和云飞刚结婚，就开始频繁吵架，主要原因是莫愁觉得云飞的生活能力实在太差！

云飞做事很慢，而且完全没有计划，常常是事到临头或者时间过了才匆匆忙忙去做。就说早上吧，别说起来做早饭，就连莫愁做好的早饭他都没时间吃，还总是拖拖拉拉，经常迟到。

家里大部分家务已经都是莫愁承担了，云飞只是偶尔洗个碗，但不是经常忘记擦桌子就是忘记抹灶台。更气人的是，两人去度蜜月，莫愁安排了整场旅游攻略，云飞自告奋勇地说他来订机票。结果，返程机票订错了日期，到了机场才发现！只能临时改期，导致两人的上班时间都耽误了，两人都扣了不少工资。

莫愁就不明白，这么简单的事情，云飞怎么就做不好呢？还是说，是因为结婚了，所以云飞就对她不上心了？甚至，莫愁还担心，这么简单的事情都做不好，他能干好工作吗？能赚钱养我吗？能承担起这个家吗？

我很能理解莫愁的担心，荷尔蒙散去之后，情人眼里不再出西施，很小的问题也会被无限扩大，女性又天性敏感，很容易在"行为"上衍生出"不安全感"，小事都做不好，怎么赚钱养家？莫愁的这种心理，在婚姻中也很常见，我遇到过不少丈夫，抱怨自家妻子做的饭难吃，担心妻子无法成为贤妻良母；也遇到过不少妻子抱怨丈夫连"准时"这么一件小事都做不好,怎么当一家之主?事实上,能力本就有高低之分,核心在于,我们用什么样的心态应对。

能力有高低

我们必须要承认,风景千千万万,有高大的树、娇弱的花、坚韧的草,能力本就有高低不同。想要把事情做好,其实是需要几个条件的:

1. 意愿

即做事人的主观意愿,是积极做事还是消极罢工?当人做事的积极性很高,不管能力大小,也能发挥出自己所有的能力把事情尽量做到最好。这也确实在一定程度上影响着能力大小。

2. 能力

事情做到什么程度的核心因素,确实在于能力的大小。例如,对于上面案例里的莫愁来说,做家务是很简单的事,但对于云飞来讲就会做得又慢又不好,云飞在这方面的能力不如莫愁,这是客观现实问题。

3. 环境

环境有时候对事情也会有影响。比如说,妻子用自家的锅做饭还不错,但去别人家展示厨艺的时候就不太给力,这可能就是陌生环境带来的影响,但总体来说,在"有意愿+有能力"的前提下,环境的影响因素就会小一些。

如果伴侣是因为"意愿"消极怠工,那是我们需要沟通调整的动机。但如果伴侣是因为"能力"无法达到理想状态,这就需要我们自己调整心态,毕竟,能力有高有低,能力提升需要时间。

就像开头案例的云飞,和他交流后就知道原因了。他有个非常强势能干的妈妈,家里大大小小、里里外外的事都是妈妈包办的,妈妈不同意的事,云飞想去做也不行,在家里,云飞和爸爸只有听妈妈安排的份。

所以，在云飞的原生家庭，在生活方面，他是不需要发展计划性和时间观念的，服从安排就可以。妈妈从来不让云飞做家务，所以他以为洗碗就是洗碗，在他的常识里，他是真的不知道洗碗还包括擦桌子、抹灶台，即便莫愁提醒他，但因为十几年的原生家庭习惯，他是需要时间调整的，很难一下子就改过来。

莫愁则完全相反，她出生在农村，父母从早到晚忙农活，常常留她和弟弟在家。除了照顾自己，她还要照顾弟弟，很小就开始帮着父母做家务，亲戚朋友都夸她懂事，小小年纪什么都会干，后来到城市读书、找工作、找对象、结婚，都是莫愁自己独立决定的，所以她无法理解，丈夫怎么做不好简单的事呢？

云飞的生活自理能力差，确实是因为能力的问题，需要慢慢地成长、锻炼，但他的意愿很高，是值得肯定的。这时候，妻子莫愁的态度是能决定云飞自理能力的走向的。

用鼓励允许能力慢慢"长"出来

当然，谁都渴望遇见一个"完美爱人"，但很多婚姻矛盾，恰恰来源于这种错误的想法。每个人都有缺点，这才是人生常态，理性看待自己和伴侣的优缺点，亲密关系才能更顺畅。更重要的是，伴侣的态度确实会影响另一个伴侣的能力增长。

1. 允许能力不足

从心理学角度分析，能力高低没有好坏之分，就像情绪一样，伤心、难过和开心、幸福是一样的，并不能单纯地用正面、负面情绪来形容，它们都是我们抒发心情的方式。同理，能力也一样，高低大小，都是我们独有的一部分。

能力不足引发系列问题，大多时候都是因为"不接纳"造成的，因为不接纳,所以紧绷对抗,导致情绪低落,引发矛盾。但当我们选择接纳,心态平和地允许,能力不足就只是一个"行为"而已,不会引发其他伤害。

2. 用鼓励等待能力慢慢"长"出来

能力是可以培养锻炼的,只是需要时间和意愿。就像云飞,他积极为小家努力的意愿是非常宝贵的,如果莫愁能够积极鼓励,肯定能激发出他更多的积极性,假以时日,他做家务的能力就能够得到提升。但如果莫愁始终是谴责、否定的心态,会大大打击云飞的意愿,如果连意愿都失去了,能力就更没法提高。

认识我的朋友都知道,我老公非常会做饭。我经常在朋友圈发老公做的大餐,天南海北的特色菜、鲍鱼龙虾等,就没有他不会做的菜。但事实上,5年前,我老公是完全不会做饭的,而且,他的家人朋友都觉得他在家里应该是甩手掌柜。有一次,他的同事来家里玩,看到他在厨房洗水果都惊呆了:"老大,你竟然还会洗水果?"

我心里暗笑,他可不但会洗水果,还会做大餐呢。

5年前,我们基本都去两边父母家蹭饭,加上老公单位有食堂,家里几乎不开火。有一回,老人们出去旅游,我就买了菜准备自己做一做,当时他觉得好玩也来厨房晃荡,看到我做毛豆的方法不太对,就在边上指导我。我说:"难道你会做这个?"他说:"这有什么难?我来试试。"结果他一做,出乎意料地好吃,我就非常热烈地夸奖了他。

从那以后,他时不时就想尝试做点菜,其实刚开始的时候,他的菜也经常翻车,酱油放多了菜都变成黑色,煎鱼把鱼肉都煎碎了,海带忘记泡水做的汤齁咸……

但不管他做成什么样,我都能找到好的地方夸奖他。比如酱油放多了,我就说我喜欢酱香味下饭;鱼肉煎碎了,我就说鱼肉浸到汤里,更入味;海带汤咸了,我就说再加点水可以吃两顿,第二天我还可以带饭到公司……

而且，我每次都尽可能地把饭菜多吃些，还会把好看的菜发朋友圈，发家族群，可劲地夸他。后来，老公的积极性就越来越高，就这样爱上了研究各种菜谱，成为爱做饭的"厨神"。

有人可能会说：羽仟老师，你这不是忽悠吗？那么难吃你还夸，太虚伪了吧？

其实不是的。因为我在那个当下，真心觉得老公"有意愿做"比"不做"强，至于他做得好不好吃，我是没有期待的，他愿意做我就已经很开心了，我是带着欣赏的心去鼓励他的。而且，评价一件事的标准本来就有很多面，比如说做菜，你可以从颜色来看，可以从味道来看，可以从营养来看，还可以从"用心"来看。

只要我们有一双善于发现"好"的眼睛，拥有一颗欣赏伴侣的心，伴侣总有地方是值得肯定的。

当我们允许伴侣暂时做不好，又能给予肯定和鼓励时，就能增加伴侣做这件事的"快乐感"，一个人在做事的时候获得好的体验感，就会越来越想做，也就越来越有机会做好。最终，受益的还是我们，是亲密关系。

所有人都喜欢被表扬，尤其是男人，接收到"老婆肯定"的他，会变得非常骄傲，为家人服务的心也更有意愿，也就更愿意花时间做饭，时间久了，练习多了，厨艺自然就增长了。而比厨艺更重要的是，他知道他有一个永远支持鼓励他的妻子，也就愿意反馈给妻子更多的爱和关注，两个人的婚姻也就越发亲密了。

思考与练习

1. 思考一下，你不能接纳伴侣的哪些不足？不足的核心原因是什么？
2. 如果要你鼓励肯定伴侣的不足，你会怎么夸？

要求伴侣懂我，
过分吗？

梅子是我的一个来访者，二婚，带着"找怎样的人才能幸福"的疑问找到我。

第一段婚姻，前夫是梅子的大学同学，非常猛烈地追求梅子，梅子被他的坚持和深情打动，在同学们羡慕的眼神里谈恋爱并进入婚姻。但婚后，梅子渐渐发现前夫能力很差，生活能力一般，工作能力一般，工作也一直不得志，收入还不如梅子的一半；结婚七年，家里的大小事都是梅子操心，前夫还时不时地给她惹点麻烦，比如：带孩子出门把孩子脚弄伤了、开车出门撞到人……

承担了很多责任的梅子，心态越来越失衡，觉得自己吃亏了，她内心是想要被照顾的，结果总是她在照顾人，每一次付出后，她就会指责前夫对自己不够好，抱怨、发泄脾气，最终一步步让婚姻走到尽头。

离婚三年后，梅子遇到了现在的老公刚子，刚子经营两家效益不错的公司，工作能力和生活能力都特别强，刚开始梅子还是很满意的，自己终于可以不像个"女战士"，可以享受被老公照顾的感觉了！但日子久了，梅子又感觉不对味了，刚子特别忙，特别"直男"，每次梅子不高兴，刚子都后知后觉不知道她生气了，更不知道她为什么生气，梅子想和刚子谈心，刚子要么沉默不语，要么就显得很烦躁，还指责梅子别胡思乱想。每次过生日，刚子也只会说："要什么自己去买。"梅子抱怨刚子不用心，刚子也很不理解："不是给你钱了吗？"

这种敷衍，让梅子不由想起前夫的"好"，以前她过生日，前夫虽然钱赚得不多，但至少会花半个月的工资提前给她买很用心的礼物。这份对比让梅子的心更难过。梅子叹息："刚子很多方面都好，就是不懂我的心。唉！老师你说，我想他懂我的心，过分吗？"

每个人都渴望找到心有灵犀的伴侣，我心里想什么、要什么，不用说他就知道。而且，很多陷在感情的人，也容易有种错觉，认为：如果伴侣真心爱我的话，他就一定能懂我。"希望伴侣懂我"当然不过分，因为这背后藏着的是每个人渴望被伴侣呵护的内心。

就像梅子，在她的原生家庭里，爸爸常年在外地工作，在家的时间特别少，父母感情也不好，爸爸难得在家的日子里也经常吵架，妈妈指责爸爸没能力、不管家，爸爸回家也没心思和梅子培养感情。从小梅子就缺乏父爱。所以，在她内心深处，她一直渴望能找到一个愿意陪伴自己、宠爱自己，并且有能力的"理想父亲"。

在前夫那里，梅子找到了陪伴和宠爱的感觉，她想要的被宠的感受，前夫都能满足，但前夫能力不行，又不足以给梅子安全感；第二段和刚子的婚姻，梅子感受到了丈夫的能力和保护，但丈夫又不懂她，没时间陪伴她。单纯看梅子的故事，会觉得她要的太多，但追根溯源，她想要找一个懂她的丈夫，并不是贪心，而是她太缺乏安全感。

希望伴侣懂自己的人，其实都是想填补内心的匮乏。

<u>被懂的背后，藏着一种"想有人把我当成世界中心"的匮乏。</u>

希望伴侣懂我，并不过分。但是，确实是件不容易的事情！

为什么找个懂我的人那么难

梦想很美好，现实很骨感。随着年龄的增长，我们会发现，连生养我们的父母都未必懂得我们，原生家庭未能满足的期待想通过爱情实现，在某种程度上是件很艰难的事情。

1. 渴望伴侣无条件地懂我，是种执念

心理咨询师丛非从曾说："被懂得是人潜意识里想要逃避生活之苦的一种方式。生活越是苦，就越是渴望有人懂我，渴望有个人可以带领我、陪伴我、保护我、帮助我。让我可以重新像个婴儿一样生活，被宠的感觉就是被宠得像个孩子，婴儿是最渴望妈妈能懂的，因为婴儿对生活无能为力，全方位都需要依靠妈妈，婴儿无法言语，所以妈妈用天生的敏感和亲子之间的默契来发现婴儿的需求，并无条件地满足婴儿。这种感觉如此美妙，以至于我们在潜意识里形成了一生都想要过这样生活的念头。"

问题是，妈妈无条件地关爱婴儿，是母爱天生的使命和本能。回到现实世界，你自己都想逃避的苦，为什么他人会愿意承担？"爱我就要懂我"是种执念，很多爱情可能会让相爱的人在短时间内被吸引，可能短时间能"心有灵犀"，但大多数人需要漫长的时间才能懂你，更少的人能在懂你之后做到无条件地满足你。

或许你认为这太悲观？世界上当然有心有灵犀和为爱付出的伴侣，但前提是，婚姻需要修行，好的伴侣也需要修行，在"被懂"的这条路上，最好的伴侣应该是"先懂自己"，再"有能量去懂别人"的人。

2. 沟通方式的误导

带着执念去沟通的亲密关系，是很容易把伴侣劝退的。就像梅子的第一段婚姻，每次受到委屈，梅子会抱怨前夫"对自己不够好"，其实这里有两个问题：

一个问题是，梅子更多是在发泄情绪而不是在解决问题，所以她吵架表达自己的不满，前夫也只能接收到她的不满，不知道她为什么突然生气？两人自然很难解决遇到的实际问题。

另一个问题是，梅子自己也不懂自己，她也不清楚自己到底要什么？所以，只能含糊地抱怨"你对我不够好"，但这会让前夫更难懂："我已经对你足够体贴足够好了，还要怎样？"自己都不太懂自己，自然无法清楚沟通"自己想要什么"，也就无法期待"知心爱人做到心有灵犀。"

当你越来越懂自己，伴侣也就越能懂你

回归到本质，我们会发现，想让伴侣"懂我"的核心，其实是自己弥补自己的匮乏，做到自己先懂自己，这是解决所有问题的根源。当然，和伴侣相处，确实也可以通过一些爱情的方法，让亲密关系尽可能"亲密无间"。

1. 完善你们的爱情地图，让伴侣多一些"懂你"的机会

约翰·戈特曼在《幸福的婚姻》里这样解释"爱情地图"：是指大脑中存放所有关于伴侣的相关生活信息的地方，夫妻间为婚姻制造的大量认知空间。他们记得对方人生中的重要事件，当伴侣世界中的事实或者感受发生变化时，他们会及时更新这些信息。

伴侣通过爱情地图，可以尽可能多地熟悉彼此的想法和性格特点，也就能越来越"心有灵犀"。

说个我自己的故事。我和先生刚认识的时候，每天都会花大量的时间，介绍我们未认识之前经历的各种人事物，讲述我们经历的骄傲和自豪，也讲述我们人生中遇到的黑暗时刻，也聊我们会因为怎样的评价而开心，会因为什么事情而焦虑。我最喜欢的食物、音乐，我最欣赏的人、害怕的事等，我们经常一聊就聊五六个小时，有一次竟然连续聊了十一个小时，真的有说不完的话。

后来，我了解到爱情地图这个概念，我才知道，我们那时候聊过

的每一句话，互换过的每一份感情，都是在建设我们彼此的爱情地图，正是因为有了这份"彼此交融"的爱情地图，我们再遇到快乐的事情时，两人总是能会心一笑，当我们遇到困难的时候，我们也总是能在第一时间共情到对方的情绪并接纳和安慰。

后面的这些年，我们依旧保持着"深入聊天"的传统，我们会就生活、工作中遇到的人事物进行交流，发表自己的想法，了解彼此的所思所想，随时更新我们的爱情地图，以此保证我们越来越了解彼此。

爱情地图包括的方面非常广泛，包括但不限于：

比如，最喜欢的朋友、音乐、书、作家、电影，我在哪里出生、生日，喜欢的花、颜色、食物，喜欢的礼物、运动、动物、餐厅、甜点，喜欢去哪里度假……

当然，情绪层面的信息不可少：

会害怕什么、会为什么开心，最难过的事情、童年最美好的事情是什么，骄傲的事情是什么，喜欢的亲密方式是什么，有哪些秘密，最喜欢什么人、最不喜欢什么人，童年最糟糕的经历是什么，什么时候会让你感觉到尴尬等。

有一些是精神层面的：

有没有梦想，对生活有什么期望，比较在意谁的看法，有哪些方面想去提高；生命中发生过哪些重要的事件，如何看待这些事件；希望自己未来变成什么样子，有什么样的故事，你希望你离开这个世界后别人怎么评价你？

在合适的时间、合适的场合，我们多聊一些"深入"的内容，交换彼此大量的信息，把属于我们的爱情地图尽可能完善详细，当爱情地图的吻合度越来越高的时候，矛盾冲突就会越来越少，你也就会感觉他很懂你。

当然，通过一定的沟通方法和技巧，可以让伴侣越来越懂你，但"懂"的核心依旧是自己去满足自己的匮乏，自己去找到那条"被懂"的路。当我们懂得自己，也才能更好地完善爱情地图，让伴侣更"懂你"。

2. 让别人懂我的核心，是自己懂自己

"认识你自己"是苏格拉底一生哲学研究的核心命题。

很多人认为自己很了解自己，但其实是不够了解的。例如，我们现在试试问问自己：你真正爱好的是什么？到底想找什么样的伴侣？你希望自己成为什么样的人？你的梦想是什么？让你的情绪产生的真正原因是什么？

是不是不一定能清楚地回答出来？我们自己都未必懂自己，又如何要求伴侣能懂自己呢？所以，"懂我"的核心其实是，自己懂自己，当我们自己越发懂自己，才有机会让伴侣懂我们。

在心理层面，这是一个很大的话题，涉及原生家庭、心力、能力等。但在亲密关系里，我推荐一个简单可实操的方法——觉察。在处理事情的时候看看自己的起心动念，看里面蕴藏着怎样的线索。

比如，当我们产生情绪的时候，去看看是什么引起了自己的情绪？是信念的差异，还是情绪按钮？后面隐藏得更深的东西是什么？如果自己无力探索，也可以借用一些外力，比如找咨询师、成长团体、心理学课程等，都可以帮助自己了解自己。当我们清楚地知道自己的需求和匮乏，并努力自己去填满的时候，我们也就完成了一次新的"成长"。

懂自己的过程，其实就是"长大"的过程，成熟的过程。我们终将以"成年人"的眼光看待自己，不再幻想世界会出现一个人无条件承担自己的生命和脆弱，因为，我们已经可以自己满足自己。

同时，当我们自己弥补了内心匮乏，当我们不再发泄情绪而是解决问题，我们也就能清晰地向伴侣表达需求，需求清晰了，爱情就能茁壮成长！这时候，放下让伴侣"懂我"的执念，爱情反而更有机会"心有灵犀"。

> **思考与练习**
>
> 1. 你和伴侣有持续地更新你们的爱情地图吗？还能如何去改善？
> 2. 思考一下，你内心最渴望被懂的点是什么？如何与伴侣清晰地沟通？

第 2 章　允许差异:打破心理错觉,如实看待对方

你越接纳自我,
就越接纳伴侣

　　来访者诗雅是位大学老师,目前正在评副教授职称,她的丈夫阿昌在一家普通国企上班,两个人经济收入方面相差不大,但诗雅非常不满意阿昌。

　　一方面,是诗雅觉得阿昌太不上进,上班朝九晚五,下班就打麻将,在家不是刷视频就是"葛优躺"着看电视。诗雅则完全不同,上班努力工作,在家除了照顾孩子、做家务,一有时间就看书学习,每年能看100本书,她也会把看过的好书推荐给丈夫,但阿昌看书最多开个头,一年连一本书都看不完。

　　另一方面,是诗雅不喜欢阿昌一碰到事情就去找父母帮忙,从来不自己想办法。让阿昌做饭,他就说去父母家吃,不用做还不用洗碗;让他做家务,他直接让父母定期在他们上班时间来家里做卫生;让他带孩子,他也直接把孩子丢到父母家,自己去打麻将。诗雅非常看不惯他的做法,她自己从初中开始就住校,很独立,遇到事情从不和父母说,都自己解决,一路从高中、大学到研究生,都是自给自足,没让父母操一点心。所以,她无法接受阿昌动不动就找父母帮忙,觉得他太"妈宝"了!

　　咨询中,我问诗雅:"你羡慕阿昌吗?"

　　诗雅一开始是否定的,摇头说不羡慕,人不能像他那样。但说着说着,她突然沉默了,她低下头,过了一会儿低声说:"其实,我……挺羡慕他,他可以活得那么没心没肺,无忧无虑,遇到什么事都

有父母帮忙。我就不行。"

我们会发现，婚姻中，很多伴侣是无法接纳对方和自己相反的一些特质的，比如说上进的诗雅，无法接纳丈夫不上进，凡事靠父母。但有趣的是，我们讨厌的东西，或许并不是它讨厌，而是我们没法拥有。就像诗雅，面对自己内心的她坦诚，她其实很羡慕丈夫的状态。

为什么会这样？

其实，我们对伴侣的很多不接纳，大多是源于我们自己内心深处的恐惧，源于我们对自己的不接纳。

不接纳伴侣的背后，藏着"不接纳自己"的伤

我在咨询的过程中，遇到过各种不接纳伴侣的场景。这些事情，看起来是因为伴侣的某种"不足"引发的矛盾，经过梳理，我们却发现，其实是这些"不足"引发出挑剔者的"恐惧"。

场景1：丈夫很节约，当妻子花钱买贵的东西的时候，丈夫就会很不高兴，哪怕妻子自己赚钱自己付钱，丈夫依旧不同意，依旧会因为这件事吵架。看起来，是丈夫气妻子乱花钱，但事实是，节省的丈夫看到妻子买贵东西时，会激发起丈夫对买华而不实的东西的恐惧，丈夫不接纳的其实是"自己"。

场景2：丈夫做事很有规划，出去旅游时，妻子临时起意改变行程，丈夫就会发脾气。看起来，丈夫是气妻子打乱了自己的计划，但事实是，有规划的丈夫碰到改变行程的妻子，会引发丈夫对失控的恐惧。

场景3：妻子很讲礼貌，当丈夫对别人不热情时，妻子就会开始埋怨丈夫没礼貌。看起来，是妻子气丈夫不注意礼貌，但深挖根源，

是讲礼貌的妻子看到丈夫对人不热情，引发了妻子怕没礼貌别人会不喜欢的恐惧。

<u>总结一下就是，我们对伴侣的不允许、不接纳，归根结底来源于我们内心深处"不接纳自己"的恐惧。</u>

心理学有句名言："讨厌某个人的缺点，是因为从中看到了自己的影子。"

这是心理学上的"投射现象"，当我们看不惯一个人的行为、性格时，其实是我们将内心中对于自己缺点的不接纳，投射到了别人的身上。比如说，当一个人在某方面有不足，遇到一个在同样方面有不足的人时，他不会因为"同命相连"而想要靠近这个人，反而会生出一种"被戳到痛处""恨铁不成钢"的感觉，而对这个人产生厌恶之情，但他本人并没有意识到，他其实讨厌的是"自己"。

我们回到开头诗雅的故事，用投射现象来解释为什么"诗雅不接纳丈夫"，其实是"不接纳自己"。

经了解，我发现，诗雅有一个非常严厉的原生家庭，她的父母很严厉，父母从小就教育诗雅，小孩子要懂事，别给大人添麻烦。诗雅上小学的时候，被后桌小男生扯头发，认真听课的诗雅回头跟他说不要弄了。但小男生不听，继续调皮地扯诗雅的头发。诗雅就数次回头叫他别弄了。

结果老师看到诗雅总是回头，就认为诗雅上课开小差，把诗雅和小男生都叫去谈话，诗雅跟老师说明情况，小男生却撒谎说自己没有扯诗雅的头发，是诗雅一直回头和自己说话。诗雅气极了为自己争辩，老师却觉得她上课不认真，认错态度还不好，就把诗雅妈妈也叫到学校。

妈妈一到学校，完全没问具体情况，不问青红皂白就承认错误，批评诗雅；回到家嘱咐她上课不要开小差，还批评她女孩子要检点，不要丢父母的脸，不要给父母添麻烦。诗雅听了妈妈的话，非常伤心，也非常绝望，也是从那次开始，她遇到任何事情都不会再和父母说，学习也特别努力，不允许自己有任何放松，在她看来，只有拿回第一名的好成绩，父母才会露出一点点肯定的笑容。

显然，诗雅是不允许自己放松，不允许自己不上进的。所以，阿昌不好好学习，会激发起她"不努力就会落后，就不被爱的恐惧"，她就会非常生气，非常不接纳丈夫的不上进。

另外，她也不允许自己不独立，不允许自己给父母添麻烦。所以，阿昌让父母帮忙，会激发她"麻烦父母就是给父母丢脸，甚至不孝顺"的感受，她就会非常生气，不接纳阿昌求助父母的行为。

有朋友会说，诗雅的想法也没错，人就应该上进独立，阿昌做得本来也不对。我不否认上进是好的，独立是对的，但人生是不是只有独立上进一条路呢？每个人都有自己的人生选择，对阿昌来说，他的工作并不需要那么多的学习，只要能保证工作效率，在8小时内完成，为什么不可以用其他的时间来放松呢？如果有一天，阿昌换了工作，需要增加新知识的学习，他自然也会去努力。至于"求助父母"，阿昌的父母都还很年轻，也非常乐意在自己有能力的时候帮助小夫妻分担一下生活的压力，而且，在"帮助儿子"这件事上，父母都是非常乐意的。那这种情况为什么不可以让父母来帮忙呢？当然，如果这个过程中产生了两代人之间的矛盾，那是另外一个问题。

不上进就"不被爱"，遇到事找父母就"会被嫌弃"，这些是诗雅的"内心恐惧"，不是阿昌的，阿昌自然无法像诗雅一样，被恐惧驱使着去上进，去与父母"分离"。

经过咨询后，诗雅也逐渐意识到，确实是因为她对自己的不接纳、不允许，导致自己对阿昌的不接纳、不允许。

2个技巧，接纳伴侣从"接纳自我"开始

许多亲密关系会发生问题，都是由于对彼此的不接纳和批评。当我们接纳自己，也就可以接纳伴侣，对伴侣有更多的宽容，能欣赏他们的独特性，不再去批判伴侣，亲密关系也就顺畅了。

1."必须"替换成"可以"，降低对伴侣的要求

亲密关系中，我们常会要求伴侣"必须要""应该要"。他过节应该送我花，他出门必须要给我一个拥抱；她应该要给我做一日三餐，她必须要对我父母好。当内心产生这种"必须"做的事情时，人是很难有力量平静地对待问题的。因为"必须"容易让人产生抗拒，会对自己和伴侣产生非常负面的影响。

在这里，我为大家推荐一种简单可行的调整状态的方法——把"应该"替换成"可以"：

他必须要上进——他可以上进；

他必须睡前抱我——他可以睡前抱我；

他必须要送我礼物——他可以送我礼物；

他必须要在我生气的时候主动来找我——他可以在我生气的时候主动来找我。

平静自己的心，沉浸在"可以"的语境里，感受一下，是不是觉得"他可以睡前抱我"的宽容度多了很多。他有时候可以抱我，他有时候也可以不抱我，我想抱他的时候可以抱他，我不想抱的时候也可以不抱。当问题有了灵活的空间，我们也就有了宽容的心境，对伴侣的要求低一些，对自己的接纳也就多了一些。

2. 接纳不能改变的，改变能改变的

人生的很多困扰其实在于我们"抗拒"的态度，比如说，因为不接纳原生家庭和父母，所以把自己的日子过得拧巴，但真正的自我接纳，是在发现自己的不足时，在发现自己无力改变什么时，不自暴自

弃,更不自怨自艾,带着平和的心去允许不足的存在,然后用成长的心态和行动,去改变自己能改变的,接纳自己不能改变的。

比如,我们无法改变原生家庭和父母。

父母和原生家庭是不能改变的,所以我们先接纳自己不能改变的:先选择放下对抗,不再质问为什么我的父母不爱我?为什么他们要伤害我?是的,我接纳我的父母有些行为让我们感觉不到爱,我被原生家庭伤害过。

不再把情绪放在抗拒、内耗上,集中力量去改变我们能改变的:去分析我们现在的问题和原生家庭有什么关系,是否会影响到我的现有生活,我可以通过什么方式自我疗愈。阅读心理书籍?寻找咨询师?学习心理学课程?学习放下伤害,学习接纳自己,学习自己爱自己……

就像诗雅,我给她的建议是:

(1)把"你应该上进"变成"你可以上进",降低对丈夫的要求。

(2)通过学习、咨询的方式,直面她自己的内心恐惧,一点点学会自我接纳。

经过专业咨询师的疏导,她不再认为"不上进=不被爱",甚至慢慢像老公一样,开始享受父母的帮助。

最后,送大家一句来自幸福力导师海蓝博士的名言:"生活不易,人人如此。幸福不是如何得到你想要的,而是如何与你不能改变的一切和平相处。爱上不完美的自己,改变能够改变的,接纳不能改变的。那么不管人生如何跌宕起伏,我们都能活得宁静和谐。"

小测试

你的自我接纳度如何呢?可以通过《自我接纳测评量表》的测试来看看,扫码添加助理微信,回复:自我接纳。获得测评量表。

第 3 章

管理情绪：读懂情绪语言，看清真实需求

3步走出抑郁的怪圈

很多女人经常会陷入一种情绪怪圈，总是容易心情不好，情绪低落，也说不清为什么突然就不高兴，但大概率最后会归因为"我这里不好，那里也不好"，而且很容易"用别人的错来惩罚自己"。这种情绪不但容易影响人际关系，更容易给亲密关系带来伤害。更可怕的是，如果不能及时处理这种抑郁情绪，是很容易转化成抑郁症的。

"老师，刚才我又哭了。"案主小西在微信里向我求助。

我问："你这会是在上班吧，发生什么事了?"

小西："也没发生什么事，就是刚才想起昨晚他说的话，很难受，我不想离婚，离婚了我和孩子就完了，心里堵得慌，就没办法工作了，刚才去卫生间哭了一顿，现在眼睛都红了，好怕同事看出来。"

我："嗯，心里难过，哭一下也是可以的，哭完了人会舒服一点，等会洗个脸，补下妆，还是美美的你。"

小西："哪有啊，我觉得镜子里的自己好丑，如果我够好，他怎么会做那样的事。"

我："我能理解你现在的难过，他现在痴迷于那个女人，让你很有挫败感，但小西你要知道，他做这样的事，跟你好不好没有直接的关系。这样吧，你下了班过来咨询，我们好好聊聊。"

小西："好的，老师，昨天差不多一晚没睡，下了班来找您，要不我真的撑不住了。"

小西是一名公司职员,她的老公是名医生,前不久,她发现老公出轨了同医院的一名护士,出轨被发现后,老公只出现了短暂的紧张、求和,但没过几天,就公然跟小西叫板,说他很喜欢那个护士,护士年轻漂亮、温柔体贴、身材好,哪哪都是优点,他要离婚和护士在一起。

小西又气又急,气的是老公出轨不仅没有愧疚心,还公然表达对第三者的爱意和对家庭的去意,而急的是自己面临失去婚姻、家庭破碎的危险。在被出轨、被逼离的双重打击之下,小西受到了很大的刺激,一个多月来,她每晚都失眠,最多只能睡三四个小时,吃不下饭,瘦了十几斤,总觉得生活没有意思,常常想哭,工作也无法投入,每天都想着老公是不是跟小护士混在一起,老公不接电话,晚回家,都让小西抓狂。有一天,小西站在公司顶楼的天台上,突然很想往下跳,吓得小西出了一身汗,她意识到自己不能再这样下去了,于是在网上搜索,找到我咨询。

这个案例是常见的婚内出轨案例,这类出轨案例一样,有一个明显特征——"不管丈夫为什么出轨,妻子都会认为是因为自己不够好才导致丈夫出轨,并会因此情绪内耗伤害自己"。

大多数妻子遇到这样的问题,确实会异常痛苦和难过,陷入抑郁情绪中。在咨询过程中,我发现小西更严重,她已经有了明显的抑郁症表现,但问题已经出现,为了自己和孩子,她必须找到最能保护自己的方式。我建议她一边去医院精神科就诊,改善抑郁症状和睡眠,一边坚持来找我做情绪疏导,协助她解决婚姻问题,并进行认知重建。

借由小西的案例,我想和大家分享三点:了解抑郁情绪,探求抑郁原因,以及重点学习怎么通过"自我调整抑郁情绪"来解决婚姻问题。

如何区别"抑郁"和"抑郁症"

抑郁是常见的情绪之一,最直观的表现是心情和情绪的波动。比如,谈恋爱失败、被喜欢的人批评、丢了一笔钱等等,都很容易导致自己在一段时间内很不开心,心情抑郁,做什么事情都打不起精神。抑郁情绪,在亲密关系中尤其常见,通常是伴侣吵架的时候,往往会因为一句无心的话或者一件小事引起。

被丈夫背叛的小西,没有逃过抑郁的魔咒。可怕的是,如果抑郁情绪没有合适的渠道疏解,且自己没有意识去调整心态,是很容易发展成"抑郁症"的,小西就是这种情况。

和抑郁情绪不同,抑郁症是一种心理疾病,除了情绪上的波动,还会出现精神状态的异样,如果出现以下情况,就需要特别注意,尽快寻找专业人士的帮助:

(1)兴趣丧失,没有愉快感;

(2)精力减退;

(3)精神运动性迟滞或激越;

(4)自我评价低,自责,产生内疚感;

(5)联想困难,思考能力下降;

(6)反复出现想死的念头或自伤行为,甚至自杀;

(7)睡眠障碍,失眠,早醒或睡眠过多;

(8)食欲降低或体重明显减轻;

(9)性欲减退。

抑郁症严重,会给本人造成很大的痛苦,给自己和家人带来很多可怕的后果,所以一定要特别警醒,关注好自己的情绪状态。就像小西,在遭遇婚姻危机的过程中,既痛苦于老公的背叛,又对自己和孩子的未来感到焦虑,在无法排解的痛苦和纠结中,不断"用丈夫的错来惩罚自己"，就很容易转变成抑郁症。经精神科诊断，她确诊为中度抑郁。事实上，在我的咨询案例中，小西这样的案主并不是个例，经历过伴侣出轨的妻子很多都有"抑郁症"症状。

抑郁的根源，其实是非理性的认知——用别人的错惩罚自己！

我们会发现，同样是遭遇背叛，有些妻子很快能走出来，重新开启新生活；但有些妻子就会像小西一样，陷入抑郁症的痛苦里，无法自救。其实，这是很正常的，因为每个人的家庭背景不同，成长环境也不同，思维方式更不同，自然会出现不同的结果。一般来说，容易抑郁的人，大多是因为认知非理性。

1. 绝对化要求的认知：我应该、我必须

自我要求过高的人，很容易出现"我应该要优秀""我必须要成功""事情就只能这样"的执念。在他们看来，做得好是理所当然的，但结果一旦不能达到预期，就很容易陷入情绪内耗，为什么我会出现这么糟糕的问题？这不可能发生在我身上！我不能接受事情不按我的要求执行！我的生命中不允许出现我不能接受的波动！

由此认知带来一系列的精神内耗，把所有的力气都陷在自己和自己较劲上，就很容易消耗心神。

就像小西，我们先不讨论她的婚姻问题该如何解决。我们先来看小西出现抑郁症的核心——非理性认知。她就是绝对化地认为：女人是不应该离婚的，女人应该为了孩子不离婚；老公背叛了我，我绝对没有可能过好生活。

2. 以偏概全的认知：事情没做好都是我的问题

这种认知常见于性格自卑的人，这类人遇到问题，很少能理智分析原因，反而会一股脑地认为都是自己的问题，是自己不够优秀，是自己付出不够多，是自己没做好。很容易以偏概全，走上极端。

我在咨询中经常遇到这一类妻子,她们在婚姻中已经受到非常多的伤害,但她们很少去思考不幸是怎么来的,只会一味认为是自己不好,所以才会不幸。就像小西,她就认为,老公出轨是因为她丑、她不够好。

3. 灾难化的认知:如果……我就完了

讨好型性格的人很容易出现灾难化认知,当她被"恐惧"包围的时候,无力自救的她,会选择躲避,既拒绝面对,也放弃抵抗,只希望能躲一天是一天。

在我咨询的案例中,有非常多被丈夫伤害的妻子,宁愿被丈夫得寸进尺地伤害,也不愿意直面问题去解决。她们会认为:"老公爱上了别人,我的婚姻就完了。如果离婚了,我这辈子就完了,我的孩子这辈子也完了。"

可怕的是,问题不是躲避就能迎刃而解的。越害怕越躲避,越躲避越害怕,事情形成恶性循环,就走向抑郁。

离婚是件牵一发而动全身的事情,但注重结果的男人习惯解决问题,关注感受的女人习惯发泄情绪,所以,相对来说,男人是更容易走出离婚伤痛的,但离婚会给女人带来一场无法估量的重创,关注感受的女人,会从离婚这件事上衍生出"我不行"的撕裂感。就像陷在情绪内耗里的小西,她所有的思想都聚集在"我不能接受、我有问题、我的人生就完了"上,这样的她,是没有力量去面对问题、解决问题的。所以,亲密关系出现问题,我们更需要先解决自己的内心问题,积攒起力量,才能更理智地寻找解决问题的方法。

走出认知偏差,创建积极生活

面对丈夫出轨,妻子是有几条路可走的:

第一条路:丈夫变心不珍惜这个家,妻子也不想委屈自己,干脆彻底放手离开，重新开始新生活。

第二条路：对丈夫还有感情，暂时放不下他，也相信他是一时糊涂，愿意给时间，帮助丈夫回归家庭。

第三条路：丈夫变心了，自己也想离开，但不愿意成全第三者，暂时留在婚姻里，想离开时再离婚。

以上哪条路，怎么选都无可厚非。关键在于，这些路都属于"放下情绪去解决问题"，不再拿别人的错误惩罚自己的理智做法。怎么才能放下抑郁情绪，理智解决问题呢？

1. 给情绪一个出口，学会释放情绪

情绪是不能积压的，一旦积压过重，人是无法承受的。所以我们需要找到自己的情绪出口，将负面情绪及时宣泄出来，例如大哭、大笑都是很好地发泄情绪的方式。我们还可以通过观看励志电影、运动、旅游、心理疗愈的方式，将情绪释放出去，给心灵留下轻松的空间。

当然，如果像小西一样已经出现抑郁症问题，就一定要及时寻求专业医生的帮助。

2. 阻断非理性认知，转化自我认知

我们当然没办法一下子改变认知，转换观念，但我们可以通过"觉察—停止—转变"的方式来刻意练习阻断非理性认知。比如，当小西下意识认为"是我丑，是我不够好，老公才出轨"时，她可以：

（1）先觉察到自己陷入非理性认知：我又怪自己了。

（2）刻意训练，停止错误想法：这是不对的，他出轨不是我的问题。

（3）刻意训练，转换自我认知：长得漂亮的人，老公就不会出轨吗？有的明星很漂亮，老公也出轨了。

刻意阻断"非理性认知"，逐步让自己具备"理性认知"的能力，也就能让自己从情绪内耗中走出来，理智看待问题，积极解决问题。

当然，肯定还会有伤痛，但也就有了带着伤痛成长的力量。

3．积极的生活状态

积极的生活状态是调节情绪最有效的手段，把"我很穷"的念头转换成"我可以赚到钱"，把"我不行"的念头转换成"我试试"，把"我难过"的念头转变成"我要笑"，积极的想法带动积极的行为，生活也就能越来越向上，情绪也就能越来越好，从而形成良性循环，获得活在当下的喜悦感，也就有了"积极解决问题＋合理宣泄情绪"的能力。

我在为小西疏导情绪的过程中，也逐步帮她重新搭建起了正确认知，她意识到：

（1）每个人都可能被人喜欢，也可能不被人喜欢，他不喜欢我，不代表我不好。

（2）老公出轨可能我有责任，但主要责任不在我，是他选择了背叛婚姻，他要对出轨负主要责任。

（3）离婚会对我和孩子有影响，但不是无法克服的，我可以找到方法和资源面对、解决这个问题。

（4）我要为自己而活，不是为了婚姻而存在，也不是为了孩子而存在，我有权利也有能力过上好生活。

当小西搭建起强大的"自我认知"，她也就丢掉了恐惧，具备了无畏面对未来的勇气。

思考与练习

你是否会有些非理性认知？写出来，思考下原因。

忍不住向伴侣发火？
4个方法帮你管理愤怒

"忍不住向伴侣发火"是亲密关系中最常见的问题，我在咨询的过程中，遇到过非常多愤怒吵架的案例。

阿昌和佩佩是我的一对夫妻案主，两人的婚姻没什么原则性的问题，但夫妻俩经常因为一些小事暴怒吵架，准确来说，是佩佩很容易愤怒，脾气一点就着。

在咨询室里，他们给我讲述了他们前一天周末吵架的一些片段。

早上起来，阿昌想着给佩佩煮个面，还特意弄了个荷包蛋，没想到佩佩不但不感谢，一看到荷包蛋就怒了："谁家荷包蛋用油炸呢？别人都是煮或者煎，你居然炸？会不会干活啊。"阿昌平时不怎么做饭，一早上在厨房忙活半天，却被这么指责一通，也很不爽，就说："你爱吃不吃吧。"

佩佩看阿昌这个态度，更气得不打一处来，干脆自己去厨房弄吃的，到了厨房一看一片狼藉，又发现阿昌把炸完鸡蛋的油倒回了平时放油的油碟里，就更生气了，便把阿昌叫过来，又是一顿吵骂。

吃完饭后，佩佩洗头，因为头发太长不好吹，就叫阿昌过来帮忙。阿昌想着大周末也别一直闹别扭，既然佩佩给台阶下，他就下吧，于是就去给佩佩吹头发。吹着吹着，阿昌不小心把佩佩的头发扯到了，佩佩有点疼，大叫："你怎么吹头发的，你会不会吹啊，能不能用点心？"阿昌听着佩佩嫌弃的声音，也很是烦躁："我又不是专业

83

理发师,给你吹就不错了。"佩佩更大声地反驳:"你不是理发师,你去过那么多次,看也看会了啊,你就是干什么都心不在焉,干什么都不行。"两人又因为这吵了半天,气得都不说话了。

短短一个早上,吵架就吵了3次,两个人都很泄气,这日子怎么就过不好呢?

有意思的是,在阿昌讲述的时候,佩佩在旁边就多次想打断,是我及时阻止,才让阿昌讲完。等阿昌终于讲完,佩佩迫不及待地说:"老师,我和你说,他真的是太没常识了,鸡蛋怎么能用油炸呢?用完的油怎么能倒到油碟里呢?用过的油都是不健康的,我们家都是直接丢掉的。还有吹头发,能怪我说他吗?他去洗发店吹过多少次头发了,怎么可能不会吹头发,他就是不想好好给我吹……"说着说着,她自己又来气了。

佩佩和阿昌的故事非常有代表性,很多夫妻明明很恩爱,但就是会因为一些小事莫名地嫌弃伴侣,忍不住就向伴侣发火,这背后的原因当然和原生家庭、伴侣个性有关,但为什么容易愤怒,却和情绪ABC理论有关。

了解情绪ABC理论,寻找愤怒根源

很多时候,我们会认为,我们之所以生气愤怒,是因为我们的情绪受到某个人或者某件事的影响,但实际上,真正触发我们产生情绪的是我们内心构建的故事。也就是说,我们对于某件事或某个人的认识和看法决定了我们会有怎样的情绪,这就是著名的情绪ABC理论。

情绪ABC理论是由美国心理学家阿尔伯特·埃利斯提出的,A、B、C三个字母分别对应三个英语单词:

A——activating event(激发事件)

B——belief（信念）

C——consequence（结果）

阿尔伯特·埃利斯认为，事件A并不是引发情绪和行为C的直接原因，它们中间还有一个至关重要的因素，那就是个体对激发事件A的认知和评价而产生的信念B。换句话说，悲伤、快乐、内疚、愤怒、嫉妒、骄傲、焦虑、厌恶等情绪的出现，并不直接取决于发生的事件，而是取决于我们对这些事件的解读。

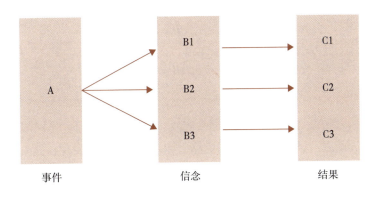

我们用佩佩和阿昌的案例，来解释情绪ABC理论的运用。

首先，我们来看"鸡蛋"事件，佩佩和阿昌的不同解读：

事件A：用油炸鸡蛋	佩佩的看法B1：鸡蛋都是煮和煎，炸是不对的，炸鸡蛋是没有常识、不用心的表现。	佩佩的感受C1：生气、愤怒
	阿昌的看法B2：在抖音直播间上看到炸鸡蛋，想尝试一下，是有创意的表现。	阿昌的感受C2：开心

再来看"倒油"事件，佩佩和阿昌的不同解读：

事件A: 用过的 油倒回 油碟里	佩佩的看法B1: 用过的油应该丢掉,不能倒回来,倒回来是没有常识、不用心的表现。	佩佩的感受C1: 生气、愤怒
	阿昌的看法B2: 用过一次的油是可以再用来炒菜的,倒回去没关系。	阿昌的感受C2: 平静

最后,再来看看"吹头发"事件,佩佩和阿昌的不同解读:

事件A: 吹头发 被扯到	佩佩的看法B1: 你经常去理发店吹头发,应该会吹头发,你没有给我吹好,就是不用心。	佩佩的感受C1: 生气、愤怒
	阿昌的看法B2: 我吹过头发,不见得我就应该会吹,我给你吹了,态度这么好,你还指责我?	阿昌的感受C2: 生气、愤怒

通过情绪ABC理论,我们会发现,同样一件事情,不同的人会有不同的看法,由此产生不同的感受和情绪。我们会发现,佩佩有很多对事情的"应该"限制,比如,鸡蛋就必须是煎或者煮、用过的油就必须倒掉、看过别人吹头发就必须自己也会吹头发……这其实就是我们在前一节中提到的"非理性认知"的表现,佩佩会认为,如果我认为应该的事情,你做不到,你就是错的,你就是不用心的,你就是不爱我。

换句话说,佩佩很绝对化地给阿昌贴上了标签——没有常识、不用心。

事实上,这也是夫妻容易产生矛盾的主要原因:

(1) 认为我的想法是对的,伴侣的想法和我的不一样就是错的。

(2) 既然我的想法是对的,伴侣就"应该"听我的。

(3) 如果你跟我总是不一样,我就给你贴上"标签"。

一旦贴上标签,在类似的事情上,我就会强化这个标签,而不去思考有没有别的可能性。就好像佩佩就是认为阿昌是没有常识的、不用心的、不爱我的，所以不会好奇去了解阿昌的"创意"，也就错过了亲密关系的甜蜜互动。

找个方法缓解愤怒，与伴侣甜蜜沟通

虽然通过情绪ABC理论，了解了愤怒的来源，但如果就是很容易失控愤怒，该怎么缓解呢？

1. 阻断你的愤怒情绪

阻断愤怒情绪，有一个简单的方法——深呼吸。当你感觉自己要愤怒得爆炸的时候，迅速一边深呼吸，一边数5个数，只需要做几次深呼吸，就可以达到阻断愤怒的效果。推荐一个"4-7-8呼吸法"，它是美国哈佛大学医学博士安德烈·韦尔发明的，原理是通过调整呼吸速率，来达到放松身心、减少压力的效果。具体而言，"4-7-8呼吸法"是在4秒钟的时间内吸气，然后暂停7秒钟，再在8秒钟的时间内呼气。通过不断重复这个呼吸周期，可以帮助身体放松。当你感觉自己愤怒得要爆炸的时候，迅速做5次"4-7-8"呼吸，可以达到阻断愤怒的效果。

如果你发现做了好几个5次深呼吸，还是很愤怒，你就可以做一个深呼吸并数10个数，以便大脑的供血充足，能帮助你将愤怒情绪拉开一点距离，让情绪平静下来，这时候，你被愤怒占据的思维也就能一点点收回来。

愤怒的时候，很多话是伤人的，但当你看见自己的愤怒并刻意阻断时，你是可以压制住情绪，找回理智沟通的。

2. 认知重评，拒绝标签

通过情绪ABC理论，我们会知道，发生的事情本身并不会让我们愤怒，引起愤怒的是我们对这件事的看法，愤怒是我们对这件事的"主观评价"引发的。所以，如果我们可以重新去评价这件事，换个角度看待这件事，愤怒就有可能消失，也就没有必要给伴侣贴标签。

比如，丈夫辛苦赚钱一年，把钱交给妻子后，发现妻子大手大脚买了好多东西，丈夫非常生气，觉得妻子一点都不心疼自己赚钱难，如果是这样的认知，丈夫可能会给妻子贴上"败家"的标签，自然会很愤怒，可能会大吵一架。但如果他发现，妻子虽然买了很多东西，但都是给长辈、孩子和丈夫买的，他就不会觉得妻子不心疼自己，也就不会产生愤怒情绪，甚至会感动地抱住妻子，感叹妻子的付出和不容易，彼此感谢后带来更甜蜜的夫妻关系。

这就是认知重评，我们在遇到某件愤怒的事时，可以尝试去理解他们背后的行为，重新认知"他们的意图"，当他们的行为不像我们想的那样带有"攻击性"时，情绪就容易平和，沟通就变得顺畅。

3. 去觉察你愤怒背后的心理需要

容易愤怒的人，往往是因为从小遭受到忽视、不公平的待遇，内心是匮乏的，所以容易情绪失控。他们的愤怒，表面上看起来，是对方没有达到自己的心理需要，但归根结底，其实是对自己的不满。

我服务过不计其数的夫妻案主，他们常常会因为一件小事而愤怒吵架，其实就是因为伴侣的某些行为没有达到自己的心理预期，从而产生愤怒的情绪："你怎么可以不爱我？不重视我？"

在此，我非常建议容易愤怒的你，可以在冷静的时候，去觉察自身愤怒背后的心理需求。这个功课能帮助你把对外界的愤怒和关注，重新放回到自己身上，看清自己的内心需求。当我们自己努力满足自己，愤怒是会消失的。

4. 彼此都清晰表达自己的需求和边界，杜绝发泄愤怒情绪

当然，愤怒是自然情绪，是无法杜绝的，但我们可以适当缓解，并且尽可能寻找到与愤怒和平共处的模式。例如，在沟通的时候，我

们尽可能不发泄指责的情绪，而是通过"表达我们的边界"和"表达我们的需求"来指出伴侣让我们愤怒的"问题"，沟通"我的底线"，寻找你"想得到的对待"。如果伴侣很珍惜你们的关系，在你清晰的需求表达中，他就能明白自己的问题出在哪里，也就会想方法修复对你造成的伤害，慢慢地磨合出让你舒适的相处方式，至少以后会尽量避免犯同样的错。

例如，在前面的案例中，阿昌给佩佩吹头发，弄疼了佩佩，佩佩可以换种沟通方式："你扯到我头发了，疼死我了，我会觉得你不用心帮我吹头发，你是在敷衍我，你不爱我，我感觉要气死了，我想要你温柔一点。"

反过来，阿昌可以说："对不起，我帮你吹头发，没注意把你弄疼了，我很抱歉。另外，我既然给你吹了，也是想帮你吹好，但是在我无意中没吹好的时候，你这样批评我，我也会感到生气。"

表达"我愤怒的原因"，说明"我的底线和边界"，表达"对对方的需求"，用柔和及理智应对愤怒，多练习，我们就会发现，愤怒也是可以被管理和驾驭的。

> 思考与练习
>
> 1. 伴侣做什么事情，会让你产生无法控制的愤怒情绪？写下来并思考背后的需求。
> 2. 如果你的伴侣很容易愤怒，你可以如何应对？

我经常焦虑不安，
该如何缓解？

我看过一份关于焦虑的调查，数据报告显示，96％的人们心中都有焦虑的事。工作压力的不断加大、生活节奏的不断加快、社会竞争的不断加剧……带给人们非常多的未知和不安。造成人们焦虑的事情有很多，它既可以是某件突发的大事件，比如突然失业，也可以是生活中的烦心琐事堆砌而成的压力。

在做婚姻咨询的过程中，我也发现几乎所有夫妻都各有各的焦虑，一般来说，女人的焦虑更多来自情感和家庭，会突然对当下的感情不自信，甚至怀疑自己和伴侣；而男人的焦虑更多来自外部，例如工作压力、人际交往等，通常，这些"莫名其妙"的焦虑，会让夫妻把一些小事放大，导致亲密关系受损。

小刚和小玲结婚多年才有孩子，他们特别疼爱孩子。

孩子马上要小升初，小玲每天都很焦虑，考虑怎么给孩子选个好初中，因为她很担心初中没选好，会让孩子无法顺利升入高中。她在投行工作，工作压力特别大，她觉得兼顾工作和孩子升学很难，权衡之下，她忍痛放弃了工作，回家专心陪娃。辞职后，工作压力没了，小玲却更焦虑了。选哪所学校，报什么补习班，如何兼顾校内校外的补习？孩子成绩不好，一不盯着就贪玩，怎么办？作业太多孩子睡得晚，影响健康怎么办？每件事她都很焦虑……

小玲的生活也完全以孩子为主，每天陪着孩子学到半夜12点；早上5点多起来，给孩子准备营养早餐；把孩子送去学校后，她就查各种资料，请教专家、老师和其他家长；等孩子放学后安排孩子吃饭，盯着孩子学习，孩子做作业总是不专心，小玲就忍不住吼孩子，家里总是鸡飞狗跳。

小玲紧绷焦虑的情绪也给小刚带来很大的压力，他每天回家都心惊胆战，一是总看见小玲把孩子骂得哇哇哭，二是每次他劝小玲别给孩子那么大压力时，小玲就会把怒火发泄到他身上："你整天啥事都不管，下班回来还对我说三道四，你对孩子一点都不上心。"

这样弄得小刚也很烦躁，上班赚钱本就压力大，忙得要死，哪有时间管孩子："你当全职妈妈，倒是好好管啊。"

小玲更生气："一天天上班那么积极，也没见带多少钱回来，上的什么班？"

两人因为这事大吵一架，孩子手足无措，吓得直哭。如此恶性循环，两人之后就互相看不顺眼，三两句话就爆炸，家庭氛围非常沉重，导致孩子情绪也很紧绷，小玲就更焦虑，三口之家没一个笑脸。

小刚和小玲的"焦虑"情况其实非常有代表性，几乎存在于每个家庭。

因为女性更在乎感受，所以，相对来说，女性的焦虑更容易外显，而男性则更容易内化。但是，焦虑会传染，如果妻子外显的焦虑遇到丈夫内化的焦虑，就很容易引发争吵。

我们来看下小玲的焦虑链条：

孩子学习习惯不好→考试成绩差→考不上好初中→上不了高中→没机会大学→没有前途→找不到工作→孩子的人生完了→我辞职带娃没价值→我作为妈妈是失败的。

再来看小刚的焦虑链条：

我工作不好→能力不行→我是个失败者。

家里吵架→我没能力处理→我是个失败者。

大家发现没有,不管焦虑的起因是什么,焦虑的核心根源都是——对当前的行为不满引发了"我不行"的焦虑。换句话说,焦虑的根源其实是:对自己不满意,所以遇到工作和生活的压力时,会爆发出更紧绷的焦虑情绪。

控制尺度,适度焦虑反而有好处

我的很多案主,来找我的时候都特别焦虑,因为他们把"焦虑情绪"看得很重,在他们看来,是焦虑导致他们的问题越来越严重。确实,焦虑会带来坏心情,让整个人非常紧绷,这种感觉不但会伤害到自己,更会影响身边的人,尤其对伴侣、子女、父母、朋友的影响非常大。从某种程度来讲,这是个恶性循环:焦虑→小事变大事→更焦虑→小问题变大问题。

但是,焦虑和其他的情绪略为不同,只要我们能控制好尺度,适度的焦虑可以让我们做事时精力更集中,更能激发创造性,更有可能获得成功。早在1908年,哈佛大学心理学家罗伯特·耶基斯和约翰·多德森就提出"耶基斯—多德森曲线",这个曲线测试的是焦虑与工作业绩的关系,数据证明:过度焦虑和不焦虑状态下,业绩都不好;而处于中间状态,也就是适度焦虑,业绩明显就好很多。

这个理论用到亲密关系里也是一样的道理。过度焦虑容易让情绪紧绷,小问题变成大问题,家庭陷入沉重氛围,这个是大家都可以理解的。但让大家意外的是,其实大家追求的"完全不焦虑"往往会让人太过顺其自然,更加无所适从,在外部压力的积压下,反而导致家庭出现迷茫问题。我的一些案主夫妻闹离婚,就是因为妻子对什么事情都很"佛系",一点焦虑感都没有。她们被父母保护得太好,在心智上并不太成熟,结婚后,不管是对工作还是与家人的亲密关系,都丝毫不在意。比如说，家庭出现经济问题，丈夫焦虑得不行，妻子就像孩子一样，没有任何情绪波澜，只等着丈夫解决，并且，并不会以此为戒，为下次未雨绸缪。这种情况往往也会影响夫妻感情。

所以，我们完全没必要惧怕焦虑，只需要掌握方法，适度地缓解焦虑，把焦虑控制在适度范围内，反而可以保持一定的警觉，但又不会给情绪造成太大的压力，让家庭可以集中精力在亲密关系的成长上，反而更有利。

3个拿来就能用的方法，有效控制焦虑

如何把焦虑控制在适度范围内呢？为大家推荐3个实用的方法。

1. 无须刻意抑制焦虑，转移注意力即可

美国社会心理学家丹尼尔·魏格纳做过一个"解决焦虑"的实验。

实验要求参与者不要想象一只白色的熊，结果参与者的思维出现强烈反弹，反而不受控制地在脑海中浮现出一只白熊的形象，这就是著名的"白熊效应"。实验证明，人们越想忘掉、抗拒的事，反而无法拒绝，这也就解释了为什么那些被焦虑困扰的人，越想控制自己的焦虑，反而越焦虑。

"白熊效应"启示我们，不需要刻意去抑制焦虑，焦虑的时候，我们只需要关注当下。比如说，去喝杯咖啡、买束鲜花、做个断舍离，或者就是简单地晒晒太阳，看看电影，转移注意力，心情反而更容易变好。

2. 放低要求，放下"我必须很优秀"的执念

焦虑的核心根源在于很多人对自己的要求太高，对自己不满意，由此衍生出对过去的焦虑，对现在的不满，对未来的迷茫，从而恶性循环，陷在"我不优秀，人生就完了"的情绪沼泽里。

把"我必须优秀"转念成"我可以不优秀",把"孩子必须成绩好"转念成"孩子可以成绩好",把"家庭必须很有钱"转念成"家庭知足常乐就很好",适度地降低要求,得到自由的是自己的心。

3. 焦虑具体化,并针对性制定计划

如果说前面两点是从心理层面进行自我疗愈,那么把焦虑具体化并有针对性地制定计划,则属于实操性的技巧。

把焦虑具体化,就是指把问题的前因后果全部细化出来,比如,前面提到的小玲,可以把焦虑的事情全部详细地写出来,焦虑的是孩子什么成绩不好,具体是哪个科目、哪次考试,什么学习习惯,什么知识点……

把焦虑具体化,可以帮助我们将问题看得更具体透彻,当我们把大大小小的问题都罗列出来后,就会发现事情有了更多的可控性,感觉更安全踏实,焦虑情绪就会得到缓解。

更重要的是,焦虑具体化,可以帮助我们有针对性地制定计划。孩子晚睡晚起的学习习惯不好,怎么针对性调整?孩子的语文知识点匮乏,怎么针对性补课?针对具体的问题制定具体的计划,解决方案准备得越充分,可控性就越高,就越有助于缓解焦虑情绪。

和大家分享一个我的故事。

我曾经有段时间也是特别焦虑,那是创业的第一年,公司盈利状况一般,时亏时赚,亏损的时候,我焦虑得整晚整晚睡不着觉。那年快过年的时候,公司要办客户答谢会,要安排节目,也要安排一些销售环节,销售的结果关系到公司来年第一季度甚至全年的营收,非常重要。

当时我们的人手、时间和资源等条件都不太有利,要取得好成绩是非常困难的,偏偏这时候,我的一个很重要的合作伙伴生病住院了,公司很多事情都压在我身上,我焦虑到了极点,整夜睡不着,每

天都像个火药桶似的，一点就着，小伙伴的一点小失误也会让我大发雷霆，弄得团队氛围也很紧张。

转机发生在一个早上。

那天早上，又是失眠一整夜的我，非常疲惫和无力，一想到要去公司就觉得喘不过气来，我想那就洗个澡吧，让自己精神一点。我强撑着去洗澡（转移注意力），洗着洗着，我头脑中突然冒出一个声音，声音说："你可以是不优秀的。"我被这句话震惊到了，也是那句话，突然让我醍醐灌顶，是啊，我是可以不优秀的……

"是的，我是可以不优秀的！"（放下执念）

我持续地念了不下100遍，每念一次，我都觉得自己的力量回来了一些，人精神了一些，一个澡洗完，我感觉自己精神抖擞，充满力量。

曾经的我，一直要求自己优秀。"你不能不优秀，如果你不优秀，你会没有好工作，没有好婚姻，没有好未来，人生就会很失败。"所以，多年来，我一直对自己有较高的要求。求学期间，我的成绩一直很好；工作期间，我得到众人赏识……但也因为我总想让别人觉得"我是优秀的"，我常常会在取得阶段性成绩后突然换工作，甚至换行业，因为我每次的成绩都是拼尽全力获得的，如果需要再上一个台阶的时候，我会很害怕自己"不能再优秀"，我不能面对，所以我要主动回避。

后来，我自己创业，逃无可逃，我必须面对我无法承受的压力时，我的焦虑就到达了顶点。

但洗澡时头脑中出现的那个声音，彻底拯救了我，也让我彻底解脱："最差会怎样？就是面对失败，面对我不优秀，但既然我是可以不优秀的，我是可以失败的，还有什么可以焦虑的呢？"

到公司后，我向小伙伴们坦承了公司目前遇到的问题、具备的条件、离目标的差距，我们可以如何做，做到什么程度，如何接受和应对可能出现的失败（焦虑具体化并针对性制定计划），并真诚地向伙伴们表示感谢，还为之前的焦虑暴躁情绪道歉。

后来，那年的答谢会虽然没有很完美，但也没有很差，甚至比我想象中的最差结果好很多很多，大家也很满意。但对我来说，我除了对结果感到欣喜，更对自己战胜了恐惧感到骄傲，因为从那时候开始，我得到了自由，不再要求"我必须优秀"，而是带着"我可以不优秀"的轻松感，去追求我的事业。

这些年，我也常遇到困难，当然也会有焦虑的时候，但我接纳自己是可以失败的，承认自己能力的局限性。我反而发现，事情好像也没那么可怕，因为无畏，也就对未来充满信心，自然就不那么焦虑了！

很多时候，焦虑是自己给自己的。当我们焦虑的时候，问问自己，我们到底在焦虑什么？得到最差的结果又会如何？把注意力从"害怕最差结果发生"，转移到"我能具体做什么"上，焦虑反而会减轻很多。

心灵的解绑，会让我们得到自由，也就有了应对的力量。

思考与练习

1. 你会因为什么事情焦虑？详细地写出来。
2. 你的焦虑背后藏着什么样的"匮乏"？试试和伴侣开诚布公地聊一聊。

妻子动不动就嫉妒？
丈夫这么做能让妻子安心！

在我咨询的诸多案例中，因为"嫉妒"出现矛盾的婚姻不计其数。嫉妒是亲密关系里普遍存在的一种消极情绪，包含了憎恨、羡慕、愤怒、伤心以及悲痛的复杂情感，会给亲密关系带来非常多的困扰，严重影响安全感。

倩倩和丈夫闹翻了，原因是丈夫在"三八"妇女节给女下属每人送了一束花。

倩倩的丈夫是财务部负责人，大家都知道，财务部基本是女人的天下，倩倩的丈夫的部门就更夸张了，除了他一个男领导，其他全是女员工。他平时和女下属也没什么共同语言，很少组织团队活动，就想着趁"三八"妇女节，给每人送一束花，增加一下团队凝聚力。其中一个女下属收到花特别开心，专门在朋友圈秀了鲜花照片，配文："男神送的鲜花，好开心"，还专门"艾特"了倩倩的丈夫表示感谢。

偏偏那天，倩倩正好用丈夫手机查东西，突然看到这条朋友圈，差点没气疯，更可气的是丈夫也没送花给她。为这，夫妻俩大闹了一场，吵了一整夜。倩倩的丈夫觉得自己是为了工作，倩倩作为家属不支持还拖后腿，实在令人生气。倩倩就更委屈了，她觉得丈夫送了所有人鲜花，单单不送自己，这不是心里没有自己的表现吗？再说，就算为了工作，为什么别的女下属不发朋友圈，就这一个女下属发，还叫他男神又专门"艾特"他，没有暧昧关系干吗这么发？

这个案例非常有代表性,站在丈夫的角度,我们也能理解他的无奈,他送鲜花是为了工作,个别女下属发朋友圈称他是男神,他确实也无法控制,从理性的角度来说,这些都无可厚非。但婚姻和爱情往往最不需要理性,所以我们也能感同身受地理解倩倩的委屈——"你给大家都送了鲜花,为什么就我没有?为什么就她发朋友圈还叫我老公男神?"

倩倩的嫉妒情绪来源于对丈夫的爱,更来源于丈夫"忽略她的行为",换句话说,在"丈夫送花给下属"的这件事里,倩倩觉察到被忽略、不安全、委屈、害怕,她开始对丈夫和这段感情产生不信任感。

为什么丈夫解释得那么清楚,妻子还是会委屈,会产生嫉妒心理呢?这涉及两个知识点。

嫉妒源于"爱",善妒的妻子很爱你

嫉妒的危害确实很大,不但会影响当事人的心理健康和对生活的满意程度,更容易因为不信任给亲密关系带来不可估量的伤害,但回归到本质,嫉妒其实是来源于"渴望爱",妻子会善妒是因为她渴望被丈夫关注和保护。

1. 嫉妒的原因之一,和自己有高相关性

我们很少会对"和自己没关系的人"产生嫉妒,比如电视明星再美,陌生人再有钱,我们也不会衍生嫉妒心理。嫉妒的本质其实是一种个人主观的不公平感,当事人会默认与自己相似的人,应该和自己取得相似的成就。如果当事人发现,和自己相似的人取得的成就超过了自己,就很容易打破内心的平衡,产生"凭什么"的嫉妒感。所以,我们很容易嫉妒与自己"高相关"的身边的亲戚、朋友、同事。

2. 嫉妒的原因之二，爱的独占性

爱的独占性非常好理解，在亲密关系中，伴侣都会把对方当成独属于自己的"私有物品"，也默认自己是对方独一无二的存在，就像划地盘一样，不允许别人踏足自己的地盘，这是一种自我保护和攻击外敌的方式。尤其是注重情绪感受的女性，非常需要通过男性的保护，来获得心里的"独有地盘"，以此获得更多的安全感。如果男性无法满足女性心里的"独有地盘"，女性就会产生巨大的不安全感，嫉妒心理加重，甚至做出过分举动。

通过以上两点，我们就会理解倩倩的嫉妒从何而来。

一是高相关性，我的老公，送花给别人，不送给我，还不和我商量！凭什么？

二是爱的独占性，男神是我的，爱和鲜花也是我的，爱的表达只能和我有关。

理解了伴侣的嫉妒是出于"爱"，而不是"无理取闹"，我们就有机会通过一些方法，让亲密关系更顺畅。

掌握3个宽慰技巧，让嫉妒变成"亲密关系"的调剂品

我们很难做到"完全不嫉妒"，例如，"羡慕朋友工作好、婚姻好"是人之常情，缓解嫉妒的重点不在于"单纯地不允许嫉妒"，而是了解嫉妒的来源，寻找对应方法，让自己带着小小的羡慕，更认真地过好自己的生活。

1. 接纳，嫉妒是种合理的情绪

嫉妒，和开心快乐一样，是一种合理的情绪，是人的本能情绪，不可能切断，也无须切断。出现嫉妒情绪时，没必要指责自己"心眼

小",也不需要评判它,毕竟它只是心理的产物,我们需要做的,是接纳嫉妒的情绪。当我们开始接纳,也就能正视情绪,从而知己知彼,百战百胜,寻找到应对方式。

同理,在亲密关系里,当伴侣嫉妒的时候,我们先接纳嫉妒背后的"爱",再来有针对性地缓解嫉妒。

2. 探究嫉妒背后的心理需要

每一种情绪背后都有着不同的需求,比起阻断情绪,更必要的是,我们可以把情绪当成了解自己的机会,去尝试探究、解读自己情绪的来源,看看我们的内心到底是因为什么有了嫉妒。

例如,"嫉妒别人比我优秀"。我们可以用"垂直向下提问"和"自由联想的方法"来想一想,这个嫉妒背后的心理需求触动了心里的哪些部分:

是因为什么感受到了不公平?

嫉妒别人比我更有能力?又或者是对自己的某部分不满意?

这种嫉妒的感觉在过去跟哪些人、哪些事里面的体会类似?

我希望对方满足我们什么样的需要?

当我们知道了自己的需要,就能有针对性地去弥补需求,就能把"嫉妒"转换成"正面激励"。

同理,如果婚姻中,我们发现伴侣常出现"嫉妒"心理,千万不要认为伴侣是在"作",我们一定要去了解伴侣嫉妒之下的内心想法。

例如,倩倩嫉妒丈夫送花给女下属,并不是因为她不支持丈夫的工作,而是期待丈夫能"与众不同"地来表达对她的爱,让她感受到丈夫的独一无二的重视。

如果倩倩的老公能提前告诉妻子自己的想法,并在给女下属送花的同时,能专门送倩倩一份独一无二的礼物,很多的误会是不会存在的,感受到安全感的倩倩,甚至也就能把"女下属称老公为男神"当玩笑看待。

3. 表达重视，宜疏不宜堵

出现嫉妒情绪，需要引起重视，调整心态，及时沟通，最好邀请伴侣辅助解决。夫妻之间，明确表达自己的内心想法和需求，把问题说开，把嫉妒情绪疏解开。

例如，丈夫在工作上与异性有过多接触，妻子因为高相关性和爱的强占性，产生嫉妒心理，如果她不表达"嫉妒的原因"，如果丈夫缺乏理解，不做解释，认为事情一过就没事了，就很容易会因为"不够交心"，进一步导致误解和更深层次的嫉妒，从而造成不信任感，对亲密关系造成严重伤害。

亲密关系中，用"沟通"对伴侣说出"心里话"，嫉妒反而能变成亲密关系的调剂品。

和大家分享一个"疏导嫉妒情绪"、促进亲密关系的正面案例。梅梅和阿伟是再婚夫妻。阿伟和前妻除了孩子的事，基本不联系，梅梅还比较安心，但最近发生了一件事，让梅梅的内心涌起了很大的波澜。

事情是这样的，前不久，阿伟的妈妈去世了，因为前妻和阿伟妈妈关系不错，办丧礼期间，前妻来了好几次，阿伟也没有拒绝。第一次还好，第二次、第三次再出现时，梅梅心里就很不舒服了。但家里在办葬礼，阿伟也很疲惫，梅梅觉得不能再跟阿伟闹，给阿伟再添烦恼，就压抑在心里什么也没说。

办完葬礼好几天后，梅梅找了个机会，向阿伟表达自己的感受，以下是他们的对话过程：

梅梅："有个事我说了你可能会不高兴，甚至会觉得我有些无理取闹，但这个事确实让我心里很难受，憋了几天了，不说出来，我怕会影响我们之间的关系。"

阿伟："什么事，你说。"

梅梅："好，那我说了。前几天，妈妈过世，她（前妻的名字）来了，而且还来了好几次，可能她只是想过来帮帮忙，但我心里还是很不舒服的，毕竟现在我是你的妻子，她也在那里帮忙，很奇怪，我那时的感觉是有吃醋的，但我知道那时候你很难过，事情又多，我就没有跟你表达，现在也可以不说的，但我不说出来，心里会很难受，甚至觉得，她不会还想跟你再续前缘吧？当然这是我的猜想。"（表达心理需求：我想要确认自己的妻子身份）

阿伟："亲爱的，我能理解你的心情，我也想找机会跟你说说的，她要来，我确实不好拒绝，说让她别来。她怎么想我不知道，也没有交流过，但我和她已经是过去式了，我也不会让她有这方面的错觉。现在我们日子过得这么好，你对我这么理解和体贴，我会珍惜，我也很爱你，不会让其他事情来影响我们的关系的，你放心好吗？或者，你想想，我怎么做会让你舒服一点，我愿意去做。"（表达对妻子的重视，疏解开嫉妒，给予信任感和安全感）

梅梅听了阿伟的话，又想起阿伟平时确实很注意边界，心里的阴霾一扫而空，对阿伟更加体贴。

或许你会觉得，怎么会有"阿伟"这么善解人意的丈夫？或许有丈夫会认为梅梅是在"无理取闹"，觉得婆婆去世，前妻多拜访几次是礼貌和尊重，不把这事当回事。但人心都是肉长的，被呵护过的情绪才有机会转变成更温柔的感情。

阿伟接纳并理解了梅梅的"嫉妒"，更看到了她背后的需要，是想要得到阿伟更多爱的表达，当阿伟给予了梅梅爱的表达和行为，抚平了梅梅的不信任感和不安全感，梅梅的嫉妒就消失了，他们的关系就更甜蜜了。

思考与练习

1. 学以致用,如果你是倩倩,你会怎么"表达"嫉妒背后的真实需要?
2. 如果你是倩倩的老公,思考一下,怎么做,能补足倩倩的安全感?

为什么很小的一件事，
她却突然情绪爆发？

我在咨询的过程中，遇到很多案主，尤其是男性案主，都会问我这样一个问题："为什么明明是一件小事，她的反应会那么大？情绪爆发到闹离婚的地步？"这个问题需要具体问题具体分析，一般来说，亲密关系里，相爱的两个人是可以大事化小、小事化了的，但有一种"情绪按钮"的情况，容易被"小事"激发起"过去的伤痛"，从而影响当下的亲密关系，这就需要特殊处理。

李翰和张文结婚五年，关系一直不错。李翰工作比较忙，经常出差，但收入很可观；张文工作比较自由，上班还能兼顾孩子。家庭幸福和谐。

最近，他们却因为很小的一件事闹离婚，起因竟然是杨梅。

事情是这样的，李翰去江浙某地出差，那个地方的特产是杨梅，客户邀请李翰去当地的杨梅采摘园参观，李翰还给张文拍了照片，张文当时就说自己挺喜欢吃杨梅，让李翰带点回来，李翰回答说："好，看情况。"

几天后，李翰出差回家，两手空空什么也没带。张文问："杨梅呢？"李翰说："没买。"张文一下就炸了："不是跟你说要带吗？你不是答应我了吗？为什么没买？你完全不在乎我，我在你心里一点都不重要……"

看到张文这么激动，李翰也怒了："杨梅有那么好吃吗？你至于吗？这么小题大做，上纲上线。"

张文见李翰不但不解释原因，还反过来说自己小题大做，心情更是完全崩溃，她一边哭一边喊："你心里根本就没有我，你心里就只有你自己，我跟你算是倒了八辈子霉，当初怎么瞎了眼找了你这么个自私鬼，这样的日子真是过不下去了，我们离婚吧。"

李翰也气得不轻："你有病吧，就为了个杨梅，你就要离婚，丢不丢人，你不嫌丢人，我还嫌丢人呢。"

然后摔门而出。那晚，张文一夜没睡，哭成个泪人。

婚姻需要经营的原因，就是在问题面前，我们很难说清楚对错，就像李翰和张文，李翰忘记带杨梅是有不对，但张文的反应似乎太过激烈。就这件事而言，我们很难指责谁对谁错。但在这个案例里，"这件小事"并不是我们理解的常规意义上的小事，而是"触发过去伤痛"的情绪按钮。

什么是情绪按钮？

你会不会因为某件很小的事情，突然情绪失控，不受控制的暴怒、痛哭？事实上，遇到的事情本身似乎也不是什么大事，但这件事就像个情绪按钮，好像突然打开了所有情绪的阀门，让情绪倾巢出动。

情绪不是无缘无故产生的，背后都藏着或大或小的原因，当这个原因被触动，就会产生情绪的波动，我们称之为"情绪按钮"。一般来说，常见的情绪按钮有两种情况：

（1）伤口刺痛的情绪爆发。

这类情绪失控，往往和记忆深处的伤痛有关，某句话或某件事让当事人联想到"当时的场景"，从而触发出和当时一样的"情绪感受"。触发之后,就唤醒了埋在心里的伤痛,情绪开始爆发。

(2)情绪积压过多的爆发。

这种情况是指某种情绪积压过久过多,因某件小事或某句话触发了所有情绪,这种情况最常见于亲密关系中。例如,伴侣的某个坏习惯,一次又一次不改正,就很容易引发情绪爆炸。

我们再回头来看李翰和张文的案例,从情绪按钮的角度来理解"杨梅引发的离婚案":

李翰没买杨梅,是因为当时参观杨梅园的时候,离他回来的时间还有2天,他担心放在酒店容易坏,就想着等回家的时候再买。谁承想,他回来的时候,发现酒店和机场都没有卖的。于是,他就打算在某宝买,但是一赶飞机他就给忘记了。在李翰看来,虽然他忘记买杨梅有错,但也"罪不致离婚"。

所以他才找到我做咨询:

"羽仟老师,我实在想不明白,就是忘记买杨梅这么一件小事,她怎么就要闹离婚呢?真是太不可理喻了。"

我了解了张文的成长经历后,判断出杨梅事件很有可能触发了张文的"情绪按钮"。

张文小时候是留守儿童,父母常年在外打工,她和弟弟留在农村由奶奶抚养,奶奶家孙辈比较多,又比较重男轻女,有什么好东西都先留给孙子们,剩下的才会给张文。李翰也记得张文和他说过,他们家连吃饭都得把肉给哥哥弟弟留着,张文只能吃点青菜,有时候青菜没了,她就只能就着菜汤泡饭吃,受尽冷落。

有一年过年,张文央求了好久,父母终于答应给她带一本她想要很久的粉红色日记本,张文好不容易盼到父母回家,父母却彻底忘记了这件事,给了张文一个苹果后,就把张文晾一边,去抱弟弟了。张文眼巴巴地羡慕着弟弟,心里非常委屈。自那之后,张文一直觉得自己人微言轻，自己是不重要的，不被人在乎的。

显然，杨梅事件虽然小，但就像一个开关一样，打开了张文"痛苦回忆的闸门"，把她童年不被在意、不被重视的伤痛给激发了出来。与其说张文气李翰不给自己买杨梅，不如说，她是又气又怕自己是个没人在乎的人。

"情绪按钮"人人有，"面对"是最好的处理办法

不过，大家也不需要"闻小事而事变"，其实"情绪按钮"人人都有，一旦被触碰，就会启动，只是有的人反应强烈一些，有的人反应平淡一些。

比如说，有些人的童年非常害怕父母吵架，那么长大后，一旦有人声音很大，她就会很紧张，如果有人和她吵架，她就会马上"退让"；还有人，可能小时候被狗咬过，长大后就不喜欢接触小狗，被拴的宠物狗也不愿意靠近；又比如，有些人成长于重男轻女的家庭，作为女孩受到很多不公平待遇，长大后，不管是工作还是生活，她就容易对不公平的事愤世嫉俗……只需要我们稍加注意，了解我们的情绪按钮，提前规避即可。

值得注意的是，情绪按钮又多又强烈的人，会很敏感，也很容易被触碰开关，这类人自己很难受，也很难处理好人际关系。就像一个人身上有很多伤口，碰到哪里都痛，这样的人，很渴望关爱却又很容易"被伤害"。

那么，我们该如何处理，才能让我们不被情绪按钮控制呢？

1. 觉察并确认情绪按钮

在心理学上，觉察意味着看见，也就有了疗愈的机会。当我们不断因为"某件小事/某句话"而情绪失控时，一定要安静下来，问问自己的心，为什么我们会对这件事/这句话这么在意？它触动了我的什么伤痛？直面自己内心的缺失和匮乏，我们的心才有机会被看见和疗愈。

当然，最好的情况是，我们可以邀请伴侣，一起去探讨，"什么小事/无关紧要的话"会让彼此情绪崩溃，从而让彼此都可以避免触发对方的情绪按钮，维护住健康的亲密关系。

2. 面对情绪按钮，是最简单有效的方式

当情绪按钮被唤醒的时候，为了摆脱情绪，人们一般会采取逃避的方法。

但事实上，处理情绪按钮最简单却有效的方式是——面对它。

就像张文，在"丈夫忘记买杨梅"这件事上，她可以深挖出自己的内在伤痛，甚至可以借由这件事，去疗愈自己的"内在小孩"。在我的疏导下，她了解了自己生气的原因，并不是气丈夫没给她买杨梅，而是担心自己永远被忽视、被抛弃。那么，她就可以告诉自己："我已经长大了，不是当年那个害怕被忽略的孩子，现在的我可以自己爱自己，我的丈夫也很爱我，他忘记买杨梅是意外，他没有不把我放在心上。"

理解了妻子伤痛来源的李翰，也向妻子道歉，并接纳了我的建议，在以后的相处中，尽可能避开妻子的情绪按钮，而且在触发按钮之后，第一时间告诉妻子："别怕，我在这里。"

3. 深层次的情绪按钮，需要借助专业人士的帮助

值得注意的是，有些情绪按钮藏得很深，这些来自童年的记忆模式不是一朝一夕就能改变的，即便伴侣有心疗愈，也很难靠个人的力量去改变。这种情况下，就必须借助外力来挖掘和突破，建议找专业的心理咨询师，通过心理咨询专门处理一些比较深的情绪按钮问题。

最后，和大家分享一个很暖心的案例。

我的一个案主西西，童年时期遭遇过被抛弃的伤痛，一直很没有安全感，进入亲密关系后，会把对方看得非常非常紧，导致对方觉得失去自由，感到窒息，她很难把亲密关系维持长久。她一度认为，她永远没机会结婚。

庆幸的是，她遇到了一个理解她情绪按钮的人，不管她怎么查岗，他都配合。有一回，下大雨，还是男朋友的他，主动给她发了条短信："今天下雨交通很堵，我可能会晚一点到家，如果你一会给我打电话我没接，发短信我没回，你别急，你乖乖在家等着，我给你带好吃的回来。"

就这么一条短信，西西被感动得泪流满面，也因为这条短信，她觉得自己被治愈了！

他们很快结婚，她慢慢地不再查岗，学着给伴侣空间，伴侣也很心疼她，很理解她的"不安全感"，每次出门都有交代，手机24小时开机，有事马上回复，从不让她担心害怕。现在，他们有了孩子，一家三口很甜蜜。

关于情绪按钮，除了自我疗愈，伴侣也是可以通过努力去呵护、治愈对方的。每个情绪按钮背后可能都有一个伤痛的故事，都有一颗受伤的心，当我们用爱和温暖去疗愈，就可以帮助伴侣穿越情绪按钮。

思考一下，你是否会因为某件小事而暴怒？背后的原因是什么？

拒绝情绪化？
有效调节情绪的4个"自我对话"

人有七情六欲很正常，大部分成人也可以控制住自己的情绪，但也有一部分人很容易情绪失控，尤其在亲密关系里，会非常地情绪化，给自己和家人都带来很大的伤害。在我服务的案主中，有不少人就是因为"无法忍受伴侣情绪化"而选择了离婚。

什么是情绪化呢？这是一种客观心理行为，指一个人的心理状态，容易因为一些或大或小的因素发生情绪波动，喜怒哀乐经常会在不经意间转换，前一秒可能还是高兴的，后一秒就闷闷不乐，焦躁不安，再过一秒可能就会暴怒。

芳菲是我的一个朋友，她的性格看上去文文弱弱，十分温柔，外人都觉得她是个很好相处的人。但她的老公却觉得她很难相处，甚至有点"作过头"，最夸张的表现是，每次芳菲不高兴时，就要求老公无条件接受她所有的脾气。

有一次，芳菲的老公在上班，芳菲给他发信息，因为工作忙，老公回复得比较简单，回家后，芳菲就跟老公大吵一架，说老公爱工作胜过爱自己，指责老公不在乎自己的感受，埋怨老公对自己越来越不好，甚至下定义说肯定是老公厌倦了两个人的关系……不管老公怎么和她解释，她就是不听，一直闹到半夜两点，一直到老公又是求饶，又是发誓保证以后一定及时认真回信息，她才作罢。

芳菲很自豪地和我说了整个过程。

我反问她:"这样表达情绪真的好吗?"

她不以为然地说:"有什么不好,如果老公不接纳妻子的情绪,那找他干吗,找爱人,不就是要找一个能接受自己任何样子的人吗?老公肯定要能够安抚妻子的情绪呀,找爱人,就是要互相安慰嘛。"

"爱人之间需要互相安慰""丈夫需要安抚接纳妻子的情绪"这些观点都是很正确的,但值得注意的是,芳菲其实混淆了"情绪"和"情绪化"的概念。简单来说,情绪是指我们在遇到某种事时,产生的某种情绪,例如开心、快乐、悲伤、难过等。<u>而情绪化完全不同,是指当事人不能用理性控制自己的情绪冲动,在感情强烈冲动的情况下做出的缺乏理智的行为。</u>

没有人有义务去长期承担另外一个人的负面情绪,尤其是情绪化的举动,即便是伴侣。

情绪化对亲密关系的伤害非常大

情绪化的人一直在追爱,可怕的是,这份"不成熟"的情绪处理不但无法填补自己的内心匮乏,还很容易伤害到伴侣,把伴侣推得更远,导致亲密关系受损。

事实上,我的这位朋友芳菲后面的结局并不好。

她是一个非常情绪化的人,上一秒还出太阳,下一秒就电闪雷鸣,谈恋爱的时候,男朋友的朋友就开玩笑说她是个"神经病",作一出是一出,都建议男朋友和她分手。

但男朋友很爱她,还是和她进入了婚姻的殿堂。婚后,老公承受了很多工作和生活的压力,芳菲却还是那个情绪化的"小女孩",莫名其妙就发脾气,动不动就离家出走。有一次,因为"老公没及时夸她做饭好吃"，她发脾气到半夜三点，在老公困得不行的时候，她又偷偷躲到衣柜里，让老公以为她离家出走，刻意吓老公。

时间久了，老公的爱都消耗掉了，也无法承担她源源不断的"作天作地"，提出离婚。

我想表达的是，确实每个情绪背后的需要都应该被满足，但绝对不能用情绪化的方式去要求伴侣。如果你是个情绪化的女人，如果想维系好亲密关系，就一定要学会"长大"，小女孩是没办法经营好关系的，婚姻是两个成熟的成年人才能营造的幸福关系，如果一个女人的内心拒绝长大，她是没办法经营好关系的，长此以往，会把爱消磨殆尽。

情绪化的人，都是渴望爱的"孩子"

事实上，情绪化严重的人都是善良又渴望爱的人，她们的"作行为"并不是故意使坏，而是试图通过这些行为来获得伴侣更多的关爱和呵护。我其实非常理解，爱情中的"芳菲们"为何会如此不理智。但遗憾的是，"芳菲们"希望通过"伴侣无条件接纳包容她们的情绪化"，本质上并不是对伴侣的要求，而是对理想中的父母的要求（相关内容在本书第七章有详细介绍）。

例如芳菲的情绪化，就和童年有关。

芳菲生在一个重男轻女的家庭，父母很重视她的哥哥，平时很忽视她。哥哥经常欺负她，但父母从来不管，还会反过来责备她不听哥哥的话。有一次，她把画了很久的画拿给哥哥看，哥哥说这有什么了不起，竟然直接给撕坏了。芳菲又生气又伤心，去找父母评理。父母却指责她："谁叫你去跟哥哥显摆呢？"

很显然，芳菲内心非常期待父母能够看到她的情绪，理解她的感受，但这种需求一直没得到满足。结婚后，芳菲就把对父母的期待转移到老公身上，希望老公能无条件、无限制地包容她的所有情绪，以此来弥补童年的缺失。天性使然，童年造成的心理创伤，不是一朝一夕能被伴侣疗愈的，所以，芳菲会不断更换甚至加重"作天作地"的行为，去试探丈夫到底爱不爱我？到底能有多爱我？

如果你爱上的是个情绪化的伴侣，我们可能就需要付出更多的爱和耐心，去看到伴侣反复无常、情绪化背后的"伤痛"，那可能是伴侣童年没被父母听到或看到的伤痛，是伴侣的内在小孩在渴望爱，呼求爱。如果你能听到看到，就多一点倾听，多一点高质量的沟通和陪伴，<u>温柔的爱和正向的鼓励是情绪化伴侣最需要的</u>。

避免陷入情绪化的"4个自我对话"

情绪化不严重的人，我一般会建议当事人找到一些适合自己宣泄情绪的方式，例如运动、写日记、阅读心理类书籍、看电影哭泣、倾诉、冥想疗愈等，都是很好的梳理自己、宣泄自己、反思自己的方式。

当然，你也可以尝试"自我对话"。

这是我在咨询过程中，经常引导案主使用的"4个自我对话"，能很好地帮助我们看见并疗愈自己的情绪。

（1）此刻，我有什么不好的感觉，为情绪命名。

（2）我不想要这个不好的感受，我想要什么呢？我的需求和期待是什么？

（3）围绕我想要的目标，我该如何做能更好地实现我的期待和需求？

（4）我现在要做的一小步是什么呢？

分享一个我自己使用"4个自我对话"的案例。我刚创业时,压力特别大,公司盈利模式不清晰,经常亏损,团队矛盾也多,员工离职频繁,我内心非常焦灼,就会把气撒到老公身上,经常对他不耐烦。

有一天,又一个项目发展不顺利,而这个项目初期,老公给了我很多的建议和帮助,我就不由自主把气撒到他身上。那天晚上,在"晚饭吃什么"这样一个很小的事情上面,我借机爆发了:"烦死了,干吗什么都听你的,我就不,要不是你当初说这个项目可以,现在也不至于这样,都怪你,就不听你的。"

幸好我的先生很智慧,他听了说:"你现在心情不好,我可以理解,但你这样的表达我是不接受的。你考虑一下,你刚才的表达是否合适,我给你一点时间,我们晚点再谈。"

经过多年心理学训练的我,一下就意识到,我在情绪化"甩锅"了。项目失败的挫败感让我很难受,也很无力,我不想要这种感觉,我不想面对"我是不行的,我是失败的"的情绪,所以就想把责任往别人身上推。当初在我的要求下,先生是给过我建议,鼓励过我,但真正的决定是我自己做的,根本责任不在他,只是我不想面对自己的责任,就甩锅给他,并且用情绪化的方式表达出来了。

那一刻,我决定拿回我的责任,面对真实的自己,收回自己的情绪化,表达自己的情绪。

我说:"老公,你刚才的提醒非常好,我意识到是我不想面对这个失败的结果,我不想面对那个失败的自己,我锅甩给你了,这样做是不对的,我向你道歉。同时,我现在真的很难过,很挫败(情绪命名),我需要你的帮助,我们聊聊吧。"

老公听了,一把把我抱到怀里说:"我理解,我明白,我知道你心里不舒服,我陪你聊聊。"

那我是怎么进行"自我对话",收回情绪化,理智表达情绪的呢?

问1：此刻，我有什么不好的感觉，为情绪命名。

答：我当时不好的感受是难过、挫败。

问2：我不想要这个不好的感受，我想要什么呢？我的需求和期待是什么？

答：我不想要挫败感，我想要的是安慰和鼓励。

问3：围绕我想要的目标，我该如何做才能更好地实现我的期待和需求？

答：围绕我的目标，我希望老公能抱抱我，陪我聊聊这个事，安慰我，并且能够告诉我，我不是那么差劲，以及我还可以怎么做。

问4：我现在要做的一小步是什么呢？

答：我现在要做的事是，告诉老公，我需要他的帮助，一起聊聊。

庆幸的是，完成4个自我对话之后，我找回了自己的理智，没有伤害我的丈夫，没有给我的婚姻埋下危机。之后，每当我碰到困难，我都学会了去理智表达情绪，真诚且平和地表达需要。每一次，先生都会坚定地陪在我身边，安抚我的情绪，给我建议，一直到我的情绪缓解。

当然，我是经过多年心理学训练，才能很好地运用"4个自我对话"进行自我反思，如果你无法通过4个对话梳理清楚自己的情绪，情绪化又很严重，也可以寻求心理咨询师的帮助。作为社会支持，咨询师会用更专业的方法帮助情绪化严重的人了解内心伤痛，缓解情绪，恢复活力。

思考与练习

你是情绪化的人吗？思考一下，情绪化的背后你的真实需求是什么？

第 4 章

表达共情：卸下心理防线，触碰内心柔软

为什么伴侣愿意和别人聊天，和我却没话说？
一招教你逆转

这么多年的咨询过程中，我发现，很多女来访者都经常苦恼一个问题：我老公明明很爱说话，在外面聊天聊得眉飞色舞，可是他在家不愿意和我沟通，我跟他说什么，他都沉默。这是为什么？

佳佳就是其中一位。

佳佳四十多岁，结婚已经15年了，多年来她一直有个苦恼，觉得老公阿斌和她无话可说。

可气的是，阿斌是个很爱聊天的人，也很愿意和别的女人交流。阿斌自己经营一个小厂，里面有不少女职工，他对员工都很关爱，过"三八"妇女节还会专门给全体女职工送礼物，有的女职工家里有矛盾，他还会去做思想工作，说得头头是道。但在家里，他就像个闷葫芦，从来不主动聊天，佳佳主动和他说话，他要么"嗯嗯"敷衍，要么沉默不语，逼得急了就说自己累了一天，不想谈。

佳佳每次都气得半死，就会骂阿斌："你在厂里跟女职工就那么多话，那么勤快，回家你就累了，你跟她们去过得了。"阿斌一边生气，一边试图跟佳佳解释："那是工作，是为了让大家工作状态好……"

佳佳完全不信。

佳佳不信也是有理由的，原来厂里有个女会计，阿斌和她聊天特别多。有一回，佳佳查看阿斌和她的聊天记录，发现两人除了正常的工作交流，还会聊到不少家长里短的事，连佳佳和阿斌有矛盾、阿斌在工作上有压力、家里有育儿苦恼这些事，阿斌都会主动和她交流。这让佳佳非常生气，这些明明都是夫妻该讨论的事情，但自己的老公却把家里的事拿来和另外一个女人聊得热火朝天，她当然无法接受。当时，佳佳还因此和阿斌大吵了一架，搞得厂里人尽皆知，最后还把那个女会计给开除了。后来，佳佳没有再发现阿斌和别的女人深入聊天了，但阿斌和她却越发没有话说，这种情况下，她当然不再相信阿斌"在外面聊天是为了工作"的鬼话。

佳佳和阿斌的案例，非常有代表性。很多夫妻明明很爱聊天，在外面社交能力也很强，但奇怪的是，回到家，他们却和伴侣越来越没有话说。某演员曾说，他和妻子在一起有说不完的话，能从早说到晚，越聊越想聊。这种情况属于天时地利人和的灵魂伴侣，但事实上，一段好的亲密关系，确实也应该是"有话想聊、有话可聊"的。

从"无话不谈"到"无话可说"的5个阶段

其实，夫妻之间越来越无话可说的情况很常见，但从"无话不谈"到"无话可说"是有几个转变过程的。

这种情况很常见，过程并非从无话不谈直接到没话说，这期间是有几个转变阶段的。

第一是探究阶段。刚被爱情击中的情侣，两人都处于不怎么熟悉却又对对方非常好奇的阶段，于是，每一次交流都是了解对方，向对方表达炽热的爱。这个阶段双方的举动是无意识的，却也是最好奇的热辣聊天探究期。

第二是相熟阶段。从初识到情侣，这个阶段彼此已经很熟悉了，因为双方磨合好了，三观处于比较一致的阶段，加上荷尔蒙的影响，这个阶段是非常有话可说的。这时候，不需要再探究，却因为什么都说、说什么都很欢喜，彼此会感受到心有灵犀、灵魂伴侣的美好。

第三是精简阶段。双方已经熟悉到"左手摸右手的阶段"，老夫老妻一个眼神就知道对方想要什么，这个阶段话题就开始变少，双方几乎没什么废话，开口就是重点。

第四是可说可不说阶段。这个阶段的伴侣，心灵沟通就开始走下坡路了，因为相处时间太长，彼此太熟悉，"我爱你""我想你"这样的情话都熟悉到有点不好意思说了，慢慢地，有些事情大家都心知肚明，干脆就不沟通了。

第五是由第四阶段导致的恶化阶段。别看情话可说可不说，别看有些事不说也明白，但说和不说的效果是很不一样的，一旦"不说话"，慢慢地，"无话可说"就会成为习惯，一个不愿意听了，另外一个自然也不愿意说了，伴侣之间的感情也就淡了，心里也就慢慢出现距离，开始成为"最熟悉的陌生人"。

这种情况尤其存在于妻子是全职主妇的家庭。妻子和丈夫聊孩子和生活琐事，丈夫听得不耐烦，不由自主地指责妻子总说些鸡毛蒜皮的事，妻子失落又生气；丈夫和妻子分享工作和事业，妻子听了几次就腻了，要求丈夫不能光工作也要多陪伴孩子，丈夫觉得很扫兴。慢慢地，大家都不愿意再说，也不愿意再听，感情就慢慢淡了。

归根结底，伴侣之间无话可说的核心因素在于，他们开始找不到"心有灵犀"的共同情感了。

就像佳佳，在咨询中，我问她："你看到你老公跟那个女人的聊天记录，你觉得她的说话方式跟你有什么不同吗？"佳佳说："肯定有啊，那个'狐狸精'可会说话了，我老公说什么，她从来不反驳他，都是先让他说，然后安慰他，还会发爱心和拥抱的表情，如果我老公说得对的地方，她彩虹屁拍得一串一串的……我可不像她，有什么就说什么，不对的地方就得指出来，而且本来很多地方就是他做得不对，而且一个大男人哪有那么矫情，婆婆妈妈……"

显然，阿斌每次和佳佳沟通，总是会被佳佳指责，还会被佳佳批评矫情，没有人愿意被批评，尤其是男人，次数多了，阿斌自然不愿意再和佳佳聊天。而这时候，有个"红颜知己"不断夸他、安慰他，男人觉得被理解了，也就愿意敞开心扉地聊天聊地聊心里话。所以，如何和伴侣有话可说？一定要学会共情沟通。

学会"共情沟通"，让伴侣聊出"心有灵犀"

共情，英文是 empathy，来自希腊语 empatheia，patheia 与情有关，涉及感情、情绪和情感。简单来说，共情沟通就是指，理解说话人的经历，懂得说话人的心情，并愿意谅解、安慰说话人。

比如妻子在公司受了委屈，回到家向老公哭诉："我今天被同事欺负了。"

大多丈夫会说："那就别干了。"

这就不是共情，而是命令和建议，反而会让妻子更难受。很多人沟通的本意，并不是为了得到意见，大家都是成年人，很多事情都自己心里有数，并不需要别人给建议，他们沟通想得到的不过是"被理解、被共情"。

那么，丈夫如何回应妻子，妻子才会觉得被共情、得到安慰呢？

共情沟通，包含以下两点。

1. 不反驳、不给意见，让对方充分表达自己的想法、感受

共情沟通的第一点，就是务必先放下自己想给意见的心，不建议、不反驳，尽可能让对方充分表达自己。

比如说，可以通过回应式的话语"你说""怎么回事呢？"鼓励对方继续说下去。

尽量避免封闭式问题，比如"你被领导还是同事欺负了？"这种二选一、无法拓展的问题。

多使用开放式问题，例如"你现在感受怎么样？"把问题和权力交给对方，让对方可以畅所欲言，以及在你的提问下，理清自己的思路，思考自己的问题。

我们来对比下，丈夫不同回应的区别。

妻子在公司受了委屈，回到家向老公哭诉："我今天被同事欺负了。"

丈夫："怎么了？"（放下自己的建议，鼓励对方继续说下去）

妻子："我有个单子，我都跟了一个多月了，今天被同事××给抢了……"

丈夫："抢了？怎么回事？"

妻子："对啊，我都要气死了，就是单子……"

和"直接给建议"相比，放下自己，让对方充分表达自己，就让对方很有"诉说"的愿望。但只做到这一步，还只是让对方"愿意说"，如果我们能继续"共情"，安抚到对方的情绪，对方就会更"想和你聊心里话"。

2. 听"事"共"情"，向对方表达"感同身受"的话

听完伴侣描述的"事"后，我们就需要理解伴侣的"情"，感同身受的话，可以通过这样的模板来表达：

"看见并接纳对方的情绪＋表达你的理解。"

例如，有妻子说："我非常害怕和老公沟通，怕两个人吵架。"

作为听众，你表达共情的话可以是：

"听起来你有点难过。"（对对方情绪的理解和接纳）

"你希望和老公好好沟通，却找不到方法。"（表达你对她想法的解读）

我们再用上面的案例来示范一下。

妻子在公司受了委屈，回到家向老公哭诉："我今天被同事欺负了。"

丈夫："怎么了？"（放下自己的建议，鼓励对方继续说下去）

妻子："我有个单子，我都跟了一个多月了，今天被同事××给抢了……"

丈夫："抢了？怎么回事？"（放下自己的建议，鼓励对方继续说下去）

妻子："就是单子……"

丈夫："我听着都觉得生气，你肯定很生气。"（看见并接纳妻子的情绪）

妻子："对啊，我都气炸了，我本来这个月可以晋级的……"

丈夫："你付出那么多，肯定希望拿下单子晋级的。"（表达你对她想法的解读）

妻子："是啊，现在也没办法，幸好我还有笔大单，我要加把劲拿下来。"（被共情的妻子自己想出答案）

很神奇地，被丈夫共情的妻子自己梳理清楚了情绪和问题，并且自己给出了"心里的答案"，这其实才是伴侣沟通的真正意义。婚姻里，我们或许会希望伴侣偶尔给我们讲讲道理，给点意见，但更多时候，我们只是希望：回到家，看到温暖的灯，知道有个人在那里，不管什么时候，不管我有什么问题，TA都会在那里听我说，理解我，安慰我，共情我，鼓励我。这就是共情沟通的意义，也是灵魂伴侣心有灵犀的秘密！

> **思考与练习**
>
> 能否请你帮助案例里的佳佳，设计"共情沟通"的话术，让阿斌愿意和佳佳聊天？

/ 第4章 表达共情：卸下心理防线，触碰内心柔软

我都这么难过了，他怎么还是无动于衷？

有不少女性访客都会向我抱怨同一个问题："我们吵架，我这边还在气着，他那边沾上枕头呼噜声都起来了。我都这么难过了，他还是那么无动于衷，他心里到底有没有我？"

这种现象在婚姻里应该说非常普遍了，但男人的这种表现确实和"爱不爱"没关系，因为在男人的潜意识里，当一件事没办法解决时，他会选择先放下以此来缓解紧张的气氛，但第二天如果妻子不提，他也就选择性"失忆"，似乎这个事情没发生过。这倒不是男人有心逃避，书籍《爱的5种语言》认为："逃避其实是男人处理问题的一个方式。"所以，在那个当下，他是不太能感知到"情绪"的，事情过去了（即便没解决），他也就觉得过去了！

但女人不同，女人的感受大于结果，如果情绪没解决，消极的情绪就会持续很长时间。在一段亲密关系里，女人不断寻求丈夫的"理解和共情"，而男人恰恰最不懂得共情，一心逃避，完全察觉不到伴侣当下的情绪状态。慢慢地，女人的负面情绪就开始积攒，直到矛盾彻底爆发。

如果说我们在前面提到的"共情沟通"是"术"，那么，我们这个章节提到的"共情能力"则是"道"，两者可以各自学习，但道术若能融会贯通，则能事半功倍。

为什么"共情"这么难？

所谓人类的悲喜并不相通，确实是的。共情并不是简单的"聆听"和"安慰"，是需要真的能站在对方的角度去感受事情、与事情产生共鸣。要做到这一点是非常难的，很多人都缺乏共情的能力，这往往和以下几点有关。

1. TA从小没被共情过，所以不懂

得到过很多爱的人，天生就很能给予爱；从小被共情过的人，天生就有悲天悯人的安慰力；同理，从未得到过爱的人，很难理解爱；未被共情过的人，天性就比较冷漠。我们来看下面这个案例。

一个孩子，不小心打破了自己很喜欢的玻璃杯，他哭得很伤心。
父母一般会有以下几种反应：
（1）有什么好哭，把东西摔坏了，你还有脸哭？憋回去！
（2）别哭了，别哭了，妈妈给你买个新的，不哭了好吗？
（3）破东西，这东西不好，容易碎，咱不要它了，不哭了。

其实，以上三种都是不会共情的父母，他们的核心在于解决事情，让孩子马上停止哭闹。看起来，孩子不哭问题就解决了，但孩子难过的情绪隐藏在心里未能被及时疏解，也没有机会学会正确的疏解方式。长此以往，习惯了"解决事情、忽略情绪"的孩子也就真的习惯了"忽略情绪"，慢慢地，也就缺乏了共情能力。

会共情的父母往往这样做：

父母蹲在孩子旁边，跟孩子差不多的高度。
妈妈："宝贝，这个杯子是你很喜欢的杯子，是吗？"

孩子:"嗯……"(被共情到,哭得更厉害了)
妈妈:"很喜欢的杯子破了,你很舍不得,你很伤心,对吗?"
孩子:"嗯……"(情绪被妈妈看见,继续哭)
妈妈:"妈妈知道,宝贝现在很伤心,那妈妈陪你伤心一会儿,好吗?"
孩子:"嗯……"
妈妈一边等待一边摸着孩子的后背,孩子的哭声渐渐减弱了。

说出孩子的情绪,允许孩子慢慢地宣泄情绪,这样被父母共情过的孩子,长大后也就能有充沛的共情力。当然,我们今天举例的只是日常育儿故事,很多人的童年经历过委屈、不公平、伤心等更深的情绪,如果没有被共情过,就会积攒在内心,慢慢成为一个情感淡薄、冷漠的人,不但无法共情别人,甚至无法共情自己。

2. 不接纳负面情绪

张德芬老师曾表达过这样一个观点:我们来到人世间,有些人只希望经历好的、快乐的事情,所以他无法接受负面情绪,遇到困难就觉得人生艰难,而有些人认为自己是来经历的,经历快乐,也经历痛苦,人生就变成一场丰富的旅行,不同的心态最终决定不同的人生。

我有个案主就是这样,她活得非常胆战心惊,在她的概念中,她希望一切事情都在计划中,遇到快乐的人、顺利的事,人生只需要正面情绪,她无法接受自己出现难过、悲伤、低落的情绪,但恰恰因为太过抗拒负面情绪,她在生活中一直精神紧绷,反而导致她一天到晚都处于"失落的状态",终日郁郁寡欢。

喜欢正面情绪是人之常情,但悲欢离合本就是常态,接纳自己的负面情绪,也接纳伴侣的负面情绪。放下抗拒,才有机会平和地去看待生活，才有能力去感受各种情绪；内心宁静，才能"享受"情绪。

3. 不会描述对方的情绪

有共情力，接纳情绪，做到这两点之后，就需要把对方的情绪描述出来。"看见对方的情绪"就能起到很好的疗愈作用，但很多"木讷"的人往往不会描述，只能尴尬地坐在一旁无法接话。

夫妻之间，这样的情况尤其常见，很多丈夫往往陪在妻子身边，看着妻子一把鼻涕一把泪地伤心，他也不知道如何安慰，不知道如何归纳描述对方的情绪，就只能呆坐着，尴尬地等妻子自己缓解。

"共情力"可以后天训练，和伴侣一起心灵疗愈

美国作家亚瑟·乔拉米卡利和凯瑟琳·柯茜在《共情的力量》一书中这样解释："共情是理解他人特有的经历并相应地做出回应的能力。"换句话说，共情不是一种情绪，而是一种可以后天训练、掌控的能力。

在共情里，我们能感受到他人的快乐，也同样能感受到他人的痛苦，然后我们在感同身受时，做出相应的反应来安抚和治愈他人，达到情绪的平和和心灵的治愈，尤其是伴侣之间，由"共情"来实现心有灵犀。

如何后天训练，获得共情力呢？

1. 先处理情绪，再处理事情

"事情"是事在前情在后，也导致大家习惯"解决完事情"就万事大吉。就像孩子哭，大人在意的是马上让孩子停止哭闹，却很少探究孩子为什么哭，以及如何引导孩子处理哭这样的情绪？

婚姻里，当妻子出现情绪时，大多数丈夫也是想"赶紧先把事情解决"而忽略了"妻子的情绪"，结果妻子更生气，说话更难听，从而导致更大的问题，如果我们能暂时放下"事"，先处理"情"，比如

通过拥抱、等待、接纳的方式，允许妻子先表达情绪，我们会发现，"事"反而迎刃而解。

2. 情绪觉察练习

情绪觉察是共情中很重要的一部分，我在做咨询的时候，发现很多出轨案例的当事人都提出一个感受，就是伴侣没有发现他的情感波动和需求，但在其他人那里得到了，所以干脆就出轨或者离婚。

生活中，有很多人确实很钝感。工作的时候，不太能察觉到领导不高兴；生活中，不太能觉察到伴侣有情绪波动。这些都会给人际关系带来不少困扰，但我们可以刻意练习察觉他人情绪。

我们可以通过"记录某人的情绪波动"来学习觉察情绪，通过"时间、地点、人物、事件、情绪"几个要素，去观察记录自己、伴侣、身边人的情绪波动。多练习几次，就能够培养起自己的情绪觉察能力。

3. 与伴侣核对情绪，越精准越好

觉察到伴侣的情绪后，我们可以说出"看见的情绪"，以此和伴侣核对和确认，是否是这样的情绪，然后我们才能针对性地去安抚和鼓励。例如妻子在观影后痛哭，其实是因为里面的剧情触动了她记忆里的伤痛，但丈夫误判了情绪，以为妻子是被感动哭的，在沟通时还和妻子开玩笑，说妻子泪点太低，这就无法说到妻子心里去，使其心情更沉重。

所以，共情是需要练习的。

但练习也不是立刻就能看见效果，夫妻需要给彼此学习的时间和空间。这个过程中，男性对感受的领悟会比女性弱一些，在男性积极练习的前提下，女性就需要给更多的时间包容和等待。

例如，观影后哭泣的妻子，可以在合适的时间告诉丈夫自己的心情，需要丈夫给予怎样的安慰，夫妻一起练习，彼此安慰，就越来越能体会到灵魂伴侣的美好。

我遇到过这样一对案主,妻子执意要离婚,丈夫不想离婚,谁也说服不了谁,丈夫就找到了我。

他和妻子说:"想离婚可以,先去做婚姻咨询,如果婚姻咨询师也判定我们的婚姻无望,我就和你离婚。"

这位先生姓张,他的妻子姓付,他们一起来到我的咨询室。他们的经济条件很好,付女士是大学英语老师,还和丈夫合开了一家贸易公司,主业之余,还利用专业优势,帮丈夫做了很多对外洽谈和翻译的工作。夫妻俩有一儿一女,是外人看来非常幸福完美的一家,但付女士执意要离婚。

我先请付女士聊离婚理由。

她一开始描述,我就发现了他们之间的问题——丈夫完全无法与妻子共情。

付女士把心里积压多年的委屈全部倾诉了出来,她讲到坐月子的事情。当时,两人经济条件差,新房子刚装修完,租的房子快要到期,张先生不想浪费钱继续租房子,又担心新生儿住新房有甲醛,就把妻子送回老家,和公婆住在一起,付女士不愿意,但最后还是同意了。

付女士在公婆家有很多不方便,受了不少气,每次给丈夫打电话,张先生总说自己的父母是好人,不会对她不好,叫她别多想。张先生的产假只有3天,其他时间,都是付女士和公婆一起过的,公婆确实也没针对付女士,但公婆更爱孙子是真的,所有的关心都给孙子,半夜叫醒付女士喂奶,早上先看孙子睡得好不好,不管付女士如何难受、吃不下东西,婆婆只强迫她多吃东西才有奶喂孩子。

不是什么大矛盾,但产后激素的影响,加上情绪无处排解,这些看似"受气的小事"就积攒在了付女士心里,即便这么多年过去,她现在说起来,眼泪仍会哗哗流下来。

但不管付女士哭得多么伤心,我发现张先生完全无动于衷。老婆哭了，他甚至没有递一张纸巾，我提示他之后，他才递了一张纸巾，没有任何安慰和肢体接触。

我问张先生："你看到老婆在哭吗？"

他说："看到了。"

我又问："那你有什么感觉？"

他说："没什么感觉，这些她以前都说过的。"

我追问："那你感觉老婆哭的时候，你能够做点什么吗？"

他回："我不知道，事情都过去了，我也没办法。"

后面，付女士还讲了生活中的很多"受气的小事"，情况都是一样的，不管她受了什么委屈，张先生永远没感觉，看不见妻子的情绪，不知道做什么，什么也不做。日积月累，这些"受气的小事"累积到一定程度后，付女士心中的爱和热情终于被磨没了，她觉得自己在张先生这里看不到希望，于是提出离婚。

张先生一边想挽回，一边依然对妻子的委屈视而不见。

很多女人在婚姻中都有这样的经历：你越难过、越伤心，丈夫就越不耐烦，你感到很受伤、很委屈，好像他一点都不在乎你，一点都不爱你。这个男人不能给你一点安慰，这样的婚姻让你倍感孤单！

真的是男人铁石心肠吗？倒也未必。

就像张先生，他其实是完全没有共情能力。他只知道把妻子送回老家，是省钱的好办法，却无法共情到妻子对他的情感需要，当妻子向他诉说委屈的时候，他也只简单地用"父母都是好人"来处理，完全没有看到并回应妻子的情绪，导致妻子的情绪全部积压在心里。

对付女士来说，虽然坐月子这件事已经过去了很久，但说起来依旧有这么大的情绪反应，就说明她的情绪还卡在心里，就需要把这个情绪处理掉，"<u>先处理情绪再处理事情</u>"，我教张先生这样沟通处理妻子的情绪：

张先生:"老婆,让你受苦了,坐月子的时候,你最希望我能够在身边照顾你和孩子,而我却因为工作原因,没有照顾你们,父母有心照顾,但毕竟不是自己的亲生父母,而爷爷奶奶总是更关心孙子,没那么关心你的身体和心情,让你感觉到不够重视,我又不能及时地在你身边帮你处理,甚至我那时候还不理解你,真的让你委屈了,伤心了,对不起……"

当张先生按照我的引导,说出上面这番话时,付女士哭得更伤心了,但这个哭明显是情绪的宣泄,因为她的委屈被看到了,情感被共情了。我又引导张先生去抚摸妻子的后背,帮她擦去眼泪,付女士的哭声渐渐平息了。

后来她反馈,压在心里多年的大石头去掉了。

这就是共情的魅力,哪怕只是在我的引导之下。

张先生在我的咨询室被引导着化解了妻子心中的一块坚冰,被共情到的妻子也答应再给他一段时间观察观察。意识到共情重要性的张先生虽然还不能顺畅地共情,但我引导他在日常生活中刻意练习"情绪觉察"和"情绪核对"。一个月后回访,他反馈说妻子再也没提过离婚的事。

思考与练习

思考一下,你的伴侣共情能力如何?可以如何引导他更理解你呢?

伴侣压力大，
这么做让TA觉得你最懂TA

一段好的亲密关系，是可以让伴侣感觉到安全的，不管他在外面受到多少委屈，承担了多少工作压力，只要想起家的温暖，就能重新生起力量，这就是家的意义。当然，温暖的家，是由懂你的伴侣构成的。

我的一位案主张丹，是一名公务员，她在岗位上勤勤恳恳工作了十几年，本以为这次能被提拔，没承想却是科室的其他同事获得了提拔。张丹觉得很委屈，她认为那个同事既没有她资历高，也没她能力强。

她忍着一肚子委屈回到了家，一看见老公，就向老公抱怨。

老公抬眼看了看她，不冷不热地说了句："这是什么大事，至于把你气成这样啊。"

张丹又委屈又生气，眼泪唰地就流了下来。她边擦眼泪边说："凭什么啊，他来单位时间比我短，工作能力也不突出，凭什么提拔他?!"

老公看到她这样，皱着眉头，不说话了。

张丹看到老公冷淡的态度，更生气了，忍不住哭出声来。

老公把手机一扔，烦躁地说："哭，哭有什么用！就知道哭哭哭！"

最后两个人大吵了一架，不欢而散……

设身处地想一想，我们很能理解张丹的感受，勤勤恳恳工作，却输给了一个工作资历不如自己的同事。这件事情让她感到很没有面子，其他人会怎么看待自己？她也感到很愤怒，怀疑是不是有人暗箱操作，让她受到这种不公平的待遇。在外面受了委屈回到家，本想让最亲近的人安慰、肯定，顺便帮自己吐槽一下，出下气。结果老公却认为这不是啥大事，看到她哭，还觉得她没事找事。被自己最亲密、最信任的人这么对待，换谁，谁不生气？

但张丹老公也有自己的理由。

在我的引导下，张丹老公解释："我以为她抱怨，是在埋怨我不能解决问题，不能给她主持公道。她工作上的事，我确实也是没办法。谁知道她后来又哭起来，她越哭我越难受，感觉她是责备我无能似的，这也让我感觉很失败，我觉得自己不能帮到她，也是很难受的……"

或许有人会认为张丹老公这是在找借口，安慰老婆有什么难的？给个拥抱也行啊。但事实上，这还真是大多数男人的真实想法，我们在前面的章节介绍过，男人向来重视结果，侧重解决问题。他们很愿意为妻子快速解决一些能力范围以内的问题，但一旦出现无法解决的问题，他们就会选择"逃避"，以此来逃避压力，张丹老公看起来无所谓、不关心妻子的反应，其实只是他的一种"自我保护"的行为策略。

而女人是"情感导向型"的思维方式，她们在心情糟糕的时候，需要有人倾听、懂得她们的心情。但这种情感的交流，对男人来说，是不适应的。交错之下，两人都会感觉很受伤。无处宣泄压力的张丹会觉得："我工作压力那么大，哭得这么伤心，你都不来关心我，你压根不在乎我。"而选择逃避的张丹老公也会在妻子的哭泣里备受压力："我不是一个好老公，我做得不够好，我太糟糕了。"

当问题出现，这对夫妻不但没有找到帮伴侣缓解压力的办法，反而因为错误的方式让压力更大。

男人和女人面对压力时有什么不同？

事实上，男女除了思维不同，面对压力的表现也有所不同。

1. 男人面对压力，需要的是空间

想必大家都听过这样一段话：男人到中年，连回家都要鼓起好大的勇气，每次下班都需要躲在车里抽完几根烟，才有力气去面对一大家子的柴米油盐酱醋茶。这确实也是男人的常态，不知道妻子们是否注意到，很少有丈夫会主动诉说他们的压力，不管是工作压力、经济压力还是社会压力。男人更习惯在独处的时间、空间里自我消化压力。

多年前，我先生在工作上遇到烦心事，那段时间我明显感觉到他有很大压力，经常一个人坐在电脑面前发呆，或者自己一个人待着，浑身散发出一种"不要靠近我"的冷硬气场。

我当时看在眼里，急在心里，很想上去和他沟通，但我先生语气平静地拒绝了，我能感觉出来，他是不太想要交流的，我也就知道，我不能在这时候去打扰他，破坏他"疗伤"的独立空间。

过了几天，问题解决了，他脸上也有了笑容，还主动和我说起之前工作上的不顺心。

男人有压力时，更习惯通过独处，自己给自己出主意，等他想清楚，自然会走出那个空间。如果我们在这个时候贸然地去打扰他，不但起不到帮助的作用，反而会让他更难受，更有压力。

2. 女人面对压力，需要的是倾诉

女人则不同，有压力的时候，女人完全无法独处，一定要通过渠道把感受倾诉出去，并获得外部的情绪肯定。女人们通过倾诉释放压

力,又通过交谈获得"伴侣是爱我的""亲朋好友是重视我的"等心理满足。这个过程中,女人逐步梳理清楚自己的想法,其实也不太需要他人给建议,她自己就能找到解决方法。

我好朋友就是这样,她有什么不开心的事情都会来找我诉苦,她并不要我给她什么实质性的建议,她想要的就是能够痛痛快快地倾诉一场。那次,她和儿子闹了矛盾,孩子大了,有很多自己的想法和行为,但她一直把儿子当小孩对待,她就感觉到焦虑,觉得孩子大了,不听话了,不需要她这个妈妈了……

她找我倾诉,大大小小说了很多事,比如带孩子多么辛苦,她为孩子付出了多少,一副埋怨孩子的样子,但事实上,在结束这场谈话后,她反而鼓励和赞同孩子的独立思考和行为。

这其实就是,通过倾诉,她舒缓了压力和焦虑,并梳理出解决办法。

所以,婚姻里男女有压力时,表现出来的反应是截然不同的,如果我们没有针对性地去安抚,反而会起反作用。说到底,能"谈心"的灵魂伴侣,都得先掌握"懂心"的技巧。

"懂TA"4个步骤,用爱让伴侣把压力变成动力

很多人认为,既然男人需要空间,女人需要倾诉,那满足就好了,让男人独处释放压力,让女人向朋友释放压力,再回到家庭就皆大欢喜啦。偶尔当然可以这样操作,但对伴侣来说,家永远是最好的避风港。

即便男人释放压力需要空间,他也需要从妻子的态度和行为上感受到妻子的关爱和支持,而不是冷冰冰地把他一个人抛弃在某个地

方；即便女人可以通过向朋友倾诉来释放压力，但再好的朋友，也不如丈夫的安慰来得妥帖。所以，在婚姻里，我们都需要学习"懂TA"四步骤，用知心的爱帮助伴侣把压力变成动力。

1. 确认

当伴侣有了情绪后，我们是需要去确认对方的情绪的。比如说，听到丈夫叹气，我们可以通过"我听到你叹气了，是心情不好吗？"去确认伴侣的心情，表达对丈夫的关注和关心。

这个确认，建议用疑问句来表达，目的是既表达关心，又给对方足够的空间，如果对方没准备好，我们就尊重丈夫的需求，为丈夫端上一杯茶，留下让丈夫独处的时间和空间，让他自我疗愈，等他需要时再沟通。

我们再看开头张丹的案例，听到妻子抱怨的张丹老公可以尝试这样和妻子确认情绪：

> 张丹老公不太确定妻子是什么情绪，又觉得妻子的抱怨是在指责自己，那么可以通过沟通来确认："我看到你的伤心，我感到很大的压力，我觉得自己不够好，不能帮你解决这个难题，不知道你是不是这样想的？"

这就可以让张丹感受到丈夫是在认真聆听，是在乎她的，她也就会表达出对丈夫的需要，也就能打破彼此的无效互动，让彼此更深入了解，知道如何满足对方的需求。

2. 探究

去了解事情始末，去探究伴侣发生这种情绪和压力的源头，这就需要我们引导伴侣分享他在外面发生的事情，以及他的内在感受。例如，张丹在痛苦自己失去提拔机会时，张丹的丈夫可以通过"共情聆听"让妻子说出更多细节，释放出更多负面情绪，丈夫则可以通过这些细节更多地了解事情始末，更好地了解妻子的压力来源，在妻子有需要的时候，提供针对性的建议和帮助。

3. 肯定

注意，当伴侣哭诉自己的委屈和压力时，绝对不要反馈大道理，只需要看见并肯定对方的情绪，以及肯定情绪产生的原因，用认真聆听的行为告诉伴侣："你是可以有情绪的，你的情绪是合理的。"

我们来对比下，如果张丹的情绪被肯定，她会如何？

张丹忍着一肚子委屈回到了家，一看见老公，就向老公抱怨。

老公连忙拉着她坐下："老婆怎么了？"

张丹："凭什么他能提拔，我不能？我明明比他资历高……"

老公："老婆，同事没有你资历高，能力也没有你强，她却得到了提拔，这让你觉得很不公平，很委屈，现在很生气，也很伤心，对吗？"（允许对方有情绪）

张丹觉得情绪被看见被理解："呜呜呜，嗯嗯……"

老公："是该生气，太不公平了。你这么伤心，我做什么可以让你感觉好一点？"（允许对方有情绪）

很显然，被丈夫安抚过情绪的张丹，内心开始放松，情绪得到疏解，压力得到释放。

4. 赋能

遇到糟糕的事或陷入困境，人们很容易忽视自身所具备的能力，看不到自己有力量去应对和解决。心理学家欧文·亚隆认为，给对方"赋能"（empowerment），即看到对方的能力所在，例如丈夫提醒妻子即便在当前的困境下，她仍然做了许多事，这么做会在很大程度上帮到对方，让她重新看到和相信自身的力量。

张丹觉得情绪被看见被理解："呜呜呜，嗯嗯……"

老公："是该生气，太不公平了。你这么伤心，我做什么可以让你感觉好一点？"（允许对方有情绪）

张丹："老公，我很难过，很伤心，我想要你安慰安慰我，我需要你抱一抱我，那样我就能感觉舒服很多。"

拥抱。（满足伴侣的需求）

张丹："没提拔上，工资就涨不了，我本来想涨点工资帮你减轻点压力的。"

老公："没事，有老公呢，我能赚钱，不怕，其实你已经帮我分担很多了，孩子的钢琴费一直是你在交。"（赋能妻子）

张丹："这次没提拔上也不是坏事，那个岗位经常加班，压力更大，我可能就没时间照顾孩子了，没上也好，孩子也上三年级了，我多花点时间照顾孩子。"（情绪安抚后，妻子自己找到解决方法）

老公："嗯，我都支持你，我对你的能力非常有信心，无论是工作还是家里的事你都做得很好。"（继续赋能妻子）

现在社会工作生活的压力都很大，但在婚姻这场修行里，如果我们能更懂伴侣的心，更好地关照到彼此的情绪，那么即便外面风大雨大，家也能成为让我们随时储备力量的港湾。

> 🔖 思考与练习
>
> 1. 观察一下，你的伴侣如何处理压力？你是否有更好的解决办法？
> 2. 当你有压力的时候，你希望伴侣如何帮助你？写下来。

"脆弱相对"，
让夫妻感情深厚的不二法则

案主小云是哭着来找我做咨询的。

她哭着说丈夫骗了她，原来，她和出差在外的丈夫通完晚安电话后，却意外发现丈夫还在通话中，追问之下，丈夫只好承认，他搜索了足疗馆，正在电话询问营业时间。

小云觉得天都塌了，不管丈夫怎么解释，她都一口咬定丈夫出轨了。后来经过了解，丈夫其实是因为白天陪客户走了很长的路，就想招待客户去足疗店洗个脚，放松一下，绝对没有别的心思。

但小云始终不相信，觉得丈夫在骗自己，明明说晚安了，却还去足疗店，肯定是心里有鬼。小云来找我做咨询时，已经从家里搬出来了，不管丈夫怎么联系她，都不接电话，一口咬定丈夫出轨。

咨询后，我发现了问题的症结所在。

小云之所以不愿意听丈夫解释，是因为她的爸爸也出轨过。有一次她放学回家，看到爸爸妈妈在吵架，爸爸跪在地上，身体发抖求原谅，知道爸爸出轨后，小云也感觉天塌了，后来父母也离婚了。这件事给小云造成了极大的心理阴影，也让她一直恐惧亲密关系，这种原生家庭带来的伤痛，也让她在亲密关系里对丈夫始终抱有怀疑。

我觉得问题没有那么简单，又把小云的老公请到了咨询室。

果然，小云老公说，当时他只想带着客户去放松，绝对没有别的想法，他不告诉小云，也是怕小云多想，而且小云马上要睡觉了，他就觉得说个"晚安"简单一点，没想到这个谎被小云识破了，他也觉得百口莫辩。

值得思考的是，小云的老公之所以会"说谎"，也是因为原生家庭。他有一个非常严厉的爸爸，在家说一不二，爸爸的任何安排他都必须答应，但他又不是那么情愿，就养成了说谎的情况。很多时候，为了减少可能发生的矛盾，他就选择说善意的谎言。没想到，这点偏偏中了小云"最讨厌被欺骗"的死穴。

原来，两个人都是因为童年经历，一个害怕欺骗和背叛，一个习惯说谎、害怕惩罚，才导致了这场误会。咨询过程中，我引导他们看到自己和伴侣的脆弱，去理解和拥抱那个小时候的自己和对方，两个人抱在一起痛哭。后来，小云相信了丈夫，丈夫也保证以后再也不说谎。

这个案例非常有特殊性，涉及一个"脆弱相对"的概念，书籍《懂得爱》里这样解释"脆弱相对"："每个人其实都在成长的过程中，为自己建筑了一堵心墙，避免与人建立过度的亲密关系以保护自己。而真正的爱情能让两个人彼此拆除心墙，袒露并接纳彼此的脆弱。"

所以，如果处理得好，内心脆弱的伤痛是有机会在亲密关系里得到修复，并促进亲密关系的。

"脆弱相对"为什么能让夫妻感情更深厚？

每个人的内心深处，都藏着或大或小的伤痕，有些人通过教育、经历等背景能够自己缓解，而有些人可能把这些伤痛藏在心底。当进入亲密关系后，可能因为触动情绪按钮，就再次引发了出来。

但大家完全不用担心，有时候，脆弱反而是能让阳光照进来，能促进夫妻感情更深厚的。

1. 了解对方，才能发现对方的脆弱

"脆弱相对"是指两个真正相爱的人，会在相处时显现出彼此最柔软、最脆弱的地方。爱情的诞生其实是经过"好奇→好感→试探→了解→深爱→接纳"的环节的。回想一下，你是不是在恋情刚开始时小心翼翼的，以保持自己在对方心中的完美形象？直到感情浓厚时，才不自觉地展露自己的缺点和不足。

很多恋情失败，就是因为没走好"了解"这一步，因为没办法接受和疗愈对方的伤痛和脆弱，所以选择分开。如果我们能在伴侣面前展现脆弱，如果伴侣能在你面前展现脆弱，这其实是一件非常好的事情，说明这段亲密关系让你很安心，让你愿意敞开、袒露自己，也就有机会"脆弱相对"，疗愈自己。

2. "脆弱相对"，也是探索自我的过程

我们和伴侣的关系，和朋友的关系，和工作的关系，和世界的关系，本质上，都是自己和自己的关系。事实上，如果我们在成年后有机会坦承隐藏在内心的脆弱，了解根源，寻找方法，也就有了自我探索和自愈的新机会。

就像案例中的小云，童年被伤害的经历，让她非常害怕被背叛、被欺骗，这种害怕不止存在于亲密关系之中，肯定也存在于她的工作生活和社交中，她是很难信任朋友和外界的，这种戒备之心会让她紧紧关闭心门，错失很多美好。但在亲密关系里，她有机会看到自己的"脆弱"后，她是可以去探索"自己不愿意信任旁人的原因"，找到解决方法，从而打破这个魔咒，获得人际关系上的改善。

3. 好的伴侣，能彼此疗愈

在心理学上，有这样一个理论，每个人都有两次成长机会：一次是出生后，在原生家庭里成长；另外一次则是结婚后，在婚姻里成长。如果我们在亲密关系里遇到愿意耐心包容我们的"良人",我们自己又积极自救,是很有机会打开内心脆弱,真正成长起来的。反过来,因为我们被治愈,也就反馈给伴侣更多的力量,让TA也得到更多成长,从而夫妻共同成长,在婚姻这场修行里收获更多。

夫妻"脆弱相对"的几个原则

虽然"脆弱相对"有利于内心治愈、夫妻成长,但必须遵守几个原则。

1. 场地安全安静,在时间充分时进行

挖掘脆弱,很容易激发起一个人最失控的情绪,可能会让当事人出现痛哭、大喊大叫等极端情绪。我做咨询时,就一定要求当事人来到我的咨询室,保证固定的时长,不允许人进来打扰,同时,咨询室内一定要布置温馨,也可以放一些轻缓的音乐、放松的精油,让当事人能以轻松的心态接受咨询。

夫妻之间进行"脆弱相对"也是同样的道理,一定要确保安静、安全,时间充分,避免"脆弱"坦诚到一半,伤口刚揭开,还没来得及"上药",就急匆匆地结束,这样反而容易造成二次伤害。

2. 彼此都要有极大的耐心

埋藏内心深处的脆弱,并不是一次两次就能解决的,甚至有可能会出现反复和加重的现象,这就需要伴侣双方都有极大的耐心,愿意用温柔和爱来慢慢包容,以及等待对方成长。

很多婚姻最后闹到离婚,就是因为伴侣没有那么大的耐心去包容对方的脆弱,然后产生矛盾,无休止地争吵。

> 我在网络上看过这样一个故事,妻子非常爱买小白鞋,家里已经有上百双了,穿都穿不过来,就那么囤积在家里。丈夫非常生气,想

过各种方法阻止妻子再买,但妻子反而变本加厉地买,妻子也解释过原因,原来是她小时候参加舞蹈比赛,大家都穿着小白鞋,就她因为穷,父母不愿意给她买,所以小白鞋就成为她的执念。她有能力后,就不断通过买小白鞋来弥补自己。遗憾的是,丈夫无法理解她的"癖好",最后以离婚收场。

我觉得非常难过,如果丈夫了解妻子的脆弱,愿意多点耐心去包容,妻子是可以放下执念,得到治愈,促进夫妻关系的。

3. 不要批判,共情脆弱

"脆弱相对"的时候,必定会有争吵,这是必然的。因为在触碰伤痛的时候,出于自我保护心态,双方肯定会引发激烈反应,这个时候,伴侣一定要注意不要批评,尽量共情理解对方的痛苦和无助。

我的一个案主,非常情绪化,内心拥有很多的愤怒,这些愤怒来自童年时期爸爸对她的冷暴力和歧视。小时候,爸爸经常用很嫌弃的眼神看她。遗憾的是,进入亲密关系后,在她无法控制住情绪的时候,她也会用同样嫌弃的眼神瞪丈夫。她的丈夫也算是个非常包容的人,也心疼她小时候受了很多苦,一直容忍她的各种情绪化。

但"脆弱相对"确实需要比较长的时间,心力比较强大的人才能耐心、包容和疗愈,在她又一次发脾气时,她的丈夫终于忍不住:"我真的很讨厌你的眼神,你不知道自己有多讨厌。"就这么一句话,前面的努力全部功亏一篑,两人的关系开始破裂,无奈之下,她才来找到我。

放下批判,共情脆弱,在伴侣之间,尤其是有"伤痛"的伴侣之间,确实是不容易做到的。幸运的是,如果你觉得无法做到,可以寻求社会支持,寻找专业的心理咨询师,帮助自己尽快从伤痛中走出来，真正得到成长。

最后，想再为你分享一个我自己的案例。

我创业初期，遇到过非常多的困难。有一段时间，公司发展方向做了比较大的调整，很多老员工不理解，选择离开公司。有一天，又一个公司初创老员工提出离职，我非常伤心，但还是选择了祝福。

那天，我回到家，和先生说了这件事，一开始，我表现得很云淡风轻："无所谓，我早有思想准备，人生就是一个不断告别的过程。"但先生很懂我，他说："别撑了，想哭就哭一下吧。"

一听这话，我一下就绷不住了，哇地哭出来，我边哭边说："为什么她们一个个都要离开我，是我对她们不好吗？我对她们还不够好吗？是我不好吗……"我哭了好久，先生就那么一边抱着我摸着我的头，一边说："你把她们看得那么重，对她们那么好，她们现在离开你，你很难过，很委屈，这让你想起小时候的经历，害怕别人不喜欢你，害怕别人不喜欢你而离开你，觉得自己不好，是吗？但她们离开并不是你不好，只是彼此不同的选择，你很好，这不怪你……"

等我哭够了，先生就倒了杯茶给我，然后我们好好聊了下这个事情。我明白，是我内心脆弱的部分被激发，而先生的理解和懂得，让我有了一次"脆弱相对"的机会，也有了一次"心理按摩"的机会，我也就有了力量去看待员工的离开，也更加清楚地看到自己的责任和未来要走的路。

在我和先生的生活中，我们有无数次这样"脆弱相对"的时刻，也正是通过这一次次"脆弱相对"，我们越发理解和懂得彼此，夫妻感情也在这一次次患难与共里更加深厚。

伴侣之间，当一方向另一方展示了脆弱，或者一方发现另一方脆弱的时候，给予接纳、理解、安抚，进而转化，就实现了让"脆弱相对"走向"脆弱相拥"，而当脆弱被真正接纳的时候，两个人之间的理解、了解、懂得都会更加深入，感情也会越发深厚，越发离不开彼此了。

思考与练习

1. 探索一下，你内心深处是否有什么不能触碰的"脆弱"？
2. 当你的伴侣出现脆弱时，你如何在脆弱时表达共情？

五级共情，
助你掌控情感主动权

这个章节主要讲述的是"共情"的力量，但事实上，共情也是有不同等级的，不同等级的共情自然会带来不一样的结果。当然，这一点也会根据不同的事件和环境发生变化，从而导致结果有好有坏。

关于共情至少分为五级：平行式共情、事务性共情、情感式共情、脆弱式共情、成长式共情。

虽然大多数人是由着性格和下意识的想法去应对平时的沟通和社交，但如果我们能了解学习五级共情，就能知道自己平时的问题出在哪里？如果能学会在合适的场合用合适等级的共情，那更是大有益处。

我们用一个案例来解释五级共情的使用及可能带来的结果。

阿良和瑶瑶是我的一对夫妻案主，两人经常因为一点小事就吵架，但两人都有一个共同点，就是都非常爱孩子，很在意孩子的学习和成长。不过，为了教育孩子，两个人也是没少吵。

一开始，是由瑶瑶负责孩子的学习的，但阿良觉得瑶瑶没有管好，经常因为写作业和孩子大吵大闹，干脆就让瑶瑶负责孩子的生活，他自己负责孩子的学习。瑶瑶虽然不服气，但阿良愿意管，她也就同意了。

有一段时间，孩子睡得特别晚，瑶瑶发现孩子一边学习一边玩，但阿良并没有管，她就指责阿良没管好孩子。阿良被批评后，很不爽，凑巧看到孩子正在玩，一时气不打一处来："你不写作业就算了，别写了,明天不用交作业了。"说着就把孩子的作业拿走。孩子一看爸爸生气了,也怕爸爸没收了作业,第二天交不上会被老师批评,就哭着对爸爸说:"我写我写,我不玩了。"阿良看孩子知道错了,就还了作业:"那你好好写,不写完不能离开座位。"然后气呼呼地离开了孩子的房间。

过了一会,阿良再进去看孩子,结果发现孩子怕写不完作业,竟然在抄答案,这下可把阿良气坏了,直接把孩子的作业撕了,孩子一看爸爸把作业撕了,着急得哇哇大哭,父子俩一个哭一个喊,乱作一团。瑶瑶看到这个情景,也指责阿良做得不对,护着孩子责备他不该撕孩子的作业:"你要管就好好管,这样管对孩子成长不好。"

阿良看到瑶瑶完全不跟自己站在一起,还护着孩子来批评自己,更是气得不行,干脆和瑶瑶大吵一架,把孩子又吓得不轻,孩子哭着入睡后,瑶瑶和阿良也去了不同房间,两人都气得一夜未眠。

五级共情的结果大不同

其实,这五级共情都存在于我们的日常沟通中,尤其是前几种共情,在婚姻中十分常见。

1. 平行式共情:不直接回应

这类共情其实并没有真正地共情到对方,而是岔开话题,不直接回应对方的负面情绪，并且某种程度上也在释放自己的负面情绪，如果在亲密关系中使用，很容易会造成互相埋怨、互相指责的局面。

例如，孩子学习爱磨蹭，妻子抱怨丈夫："一天到晚不着急，你能不能管管孩子？我都要累死了。"

丈夫："我天天在外面累死累活，忙得跟孙子似的，我怎么没喊累？"（平行式共情）

2. 事务性共情：仅在事情方面共情

这类共情的核心是就事论事、将心比心，试图让对方迅速降低怒火，但这类共情往往不能打动对方，还会让对方更加哑口无言，觉得憋屈。因为就事论事很容易让人有种"被否定"的感觉，而且也没办法解决问题、处理情绪。

孩子学习爱磨蹭，妻子抱怨丈夫："一天到晚不着急，你能不能管管孩子？我都要累死了。"

爸爸："是的，孩子很磨蹭，不过孩子都是这样，咱们小时候不也是这样吗？"（事务性共情）

3. 情感式共情："事情+情感"共情

这一类共情才算真正触摸到了共情的核心，能一定程度上理解对方的负面情绪，起到一定的安抚作用。

孩子学习爱磨蹭，妻子抱怨丈夫："一天到晚不着急，你能不能管管孩子？我都要累死了。"

爸爸："我知道你想把孩子的学习管好，可孩子又太磨蹭，你很着急也很生气。"（情感式共情）

情感式共情有一定的效果，但不能实质性地解决问题。日子久了，问题积压成更大的矛盾，就很容易引起新的问题。

4. 脆弱式共情："事情+情感+深层情感"共情

这类共情，就对共情剖析得更加深刻，不但能看见并接纳对方的情绪，还能说出并安抚对方的情绪。这样做，不但能让对方感觉你是懂TA的，而且因为你包容了对方的脆弱，给予了信任和接纳，能让TA更有力量去反思和解决问题，并反馈给你更多的感谢，是非常有利于夫妻感情升温的。

孩子学习爱磨蹭，妻子抱怨丈夫："一天到晚不着急，你能不能管管孩子？我都要累死了。"

爸爸："你想把孩子学习管好又担心孩子睡得太晚，孩子又很磨蹭（描述事情），让你很着急也很挫败（看见对方的情绪），你不知道如何用更温和的方式让孩子能够听话，而当你对孩子发脾气的时候你又会自责和担心，觉得自己怎么这么没耐心，会不会伤害孩子，你不希望孩子像你小时候一样，感觉妈妈很不理解自己（深层共情对方的情绪），是吗？"

5. 成长式共情："事情+情感+指导"共情

这种共情是既描述了事情本身，又能共情对方的情绪，同时能引导对方寻找解决方案。这种共情，能让伴侣更好地宣泄情绪，并将重点放在解决问题上。

孩子学习爱磨蹭，妻子抱怨丈夫："一天到晚不着急，你能不能管管孩子？我都要累死了。"

爸爸："你想把孩子管好，但现在孩子很磨蹭（描述事情），你着急也很挫败（看见对方的情绪），我们一起来商量一下，看看孩子是什么原因导致磨蹭，来看看还有什么办法可以不让你生气，有什么更温和的方式让孩子不磨蹭（引导对方寻找解决方案），好吗？"

值得注意的是，与其说这五级共情有高低好坏之分，不如说，合适的场合运用合适的级别共情才是最妥当的。

用在合适场合，五级共情能发挥出极大优势

很多人会误会，认为五级共情级别越高越好。如果是用在夫妻关系里，当然是既能安抚伴侣的负面情绪，又能引导伴侣解决问题的共情级别最好，但在实际使用中：

（1）不是所有时候都需要使用高级别的共情。

（2）不同场景下，针对性使用不同级别的共情，才是最好的选择。

1. 平行式共情，适用于转换话题时

例如，在公共场合，如果有不太熟悉的人，问你一些比较隐私的话题，你不好意思直接拒绝，就可以用平行式共情，转移话题，既能礼貌拒绝，也能快速转换话题而不觉得尴尬。

因为在大众聊天的时候，说话的艺术是非常重要的，当你掌握这种方式，在互相交流的场景中就会更加自然。

比如，有人问："你现在每年赚多少钱啊？"你可以回答："现在赚钱不容易，特别疫情这几年，我发现前几天我最喜欢的一个餐厅关门了。"

2. 事务性共情，适合公共场合给台阶

这类共情也适合在公共场合、交流氛围尴尬时使用，能很好地给对方找台阶，化解尴尬。

有一次在小区散步，左右邻居一起扎堆聊天。有一个人说她刚从老家农村回来，一直嫌弃老家这里不好那里不好，环境脏乱差什么的，又说农村人都素质差。但大家都是从农村出来的，有人就忍不住反驳起来，最后演变成了争执。这时候，一位长辈连忙出来调解："咱们都是从农村出来的，这几年改变可大了，绿水青山的，比我们那时候要美丽多了。"一句话就化解了紧张的气氛，大家就都感慨起来，说起各自家乡的变化。

3. 情感式共情，适用于现场进行情绪安抚

很多争吵现场，双方的情绪是十分激烈的，这时候我们就不能来当裁判者，去判断谁对谁错，寻找解决方案，而是应该先处理情绪，让双方先平和下来。

这一点放在婚姻中也同样适用。如果丈夫因为某件事引起了妻子的怒火，丈夫最先做的应该是先安抚妻子的情绪，哄着将妻子的情绪先稳定下来，再来解释事情的前因后果，处理问题。

4. 脆弱式共情，适用于在关系亲密中交心

这类共情不适合于公共场合，更适合两人在情绪稳定时，说说心里话，深入交心。同理，在亲密关系里，这类共情非常适合夫妻吵架后，双方情绪都平静下来、能好好说话的时候来进行，类似于前文讲到的"脆弱相对"，彼此都袒露心声，也就更容易了解彼此的真实想法，交心后也就能顺利地解决问题。

5. 成长式共情，适用于解决和规划

这一级共情适用于在情绪安抚以后、时间充足的情况下使用，既能接纳对方的情感，又能共同深入探讨解决办法，并做出规划。在亲密关系中，伴侣能主动说起各自的难点和痛苦，既审视自己的不足，

也能充分包容并理解对方的缺点,从而让感情更加深厚,找到更好的解决办法,两人也能共同成长。

总体来说,共情是人际交往的利器,也是亲密关系中的关系甜蜜剂,越懂共情,也就越能让对方卸下心理防线,碰触彼此的内心柔软,和亲密爱人更心有灵犀,让人际交往更轻松。

思考与练习

1. 你平时会使用到的共情是哪一种?
2. 在生活中去使用五级共情,看看反馈。

第 5 章

积极沟通：智慧表达想法，化解关系矛盾

抱怨伴侣关系只会越来越糟，
这样才能解决问题

人生在世，不如意之事十有八九。八九之事，人们难免抱怨。威尔·鲍温在《不抱怨的世界》中说："抱怨是在讲你不要的东西，而不是你要的东西。"很多人其实都发现，抱怨好像不但不能解决问题，反而越抱怨越糟糕，就像鲁迅先生所说："往往人一开始抱怨，事情就会迅速朝他抱怨的方向前进。"

晓蕾与老公结婚10年，有一个女儿，两人感情本来挺好，但后来她老公长期在外地工作，家里也没老人帮忙，大事小事都是晓蕾一个人操持。日子久了，晓蕾总爱抱怨自己太委屈，老公不爱听她抱怨，回家次数越来越少。

晓蕾觉得很委屈。孩子3岁那年，有一天半夜发烧，偏偏那天大风大雨，天气极其糟糕，她一个人在雨里抱着孩子在路边打车，又抱不动孩子，又要护着孩子不淋雨，还要分心叫车，很是狼狈。好不容易到了儿童医院，没想到半夜12点还排着长队。晓蕾浑身湿答答的，却也只能强撑着一口气，抱着女儿挂号、排队、等医生、缴费、拿药，等孩子打上针都凌晨3点了。晓蕾满身疲惫地坐下来给老公打电话，打了无数次，老公才接电话，一开口就是很不耐烦的声音："干吗呀，这么晚打电话，睡着了，好烦啊。"本就难受的晓蕾一下炸了："睡睡睡，就知道睡，你老婆孩子死了你都不知道，孩子有你这样的爸爸，真是命苦。"然后"啪"地把电话挂了，一阵委屈涌上心头，一颗颗豆大的泪珠落到孩子的脸上，晓蕾心里充满了孤单、无助和委屈。

半夜睡得正香的老公，听到晓蕾的这一顿责骂，觉得晓蕾不可理喻，又着急睡觉，干脆就没理她，之后连着几天忙工作都没给晓蕾打电话。晓蕾只能憋着气，每天带女儿跑医院输液，一连忙了6天，看着生病的孩子，想到不理不睬的老公，晓蕾心里的苦越攒越多。

半个月后，老公回家，知道了女儿生病的事，觉得自己不够关心老婆孩子，心里也有愧疚，就主动多做了些家务，算是补偿，却也没向晓蕾道歉或是安慰她。晓蕾觉得特别委屈，自那以后，变得非常喜欢抱怨，抱怨老公不参加家长会，抱怨老公忘记纪念日，抱怨自己命苦简直是丧偶式育儿，抱怨老公赚钱少，抱怨老公懒、不做家务……每次老公回家，晓蕾就从早到晚抱怨，听到老婆各种抱怨和指责，老公越来越不想回家，结果导致恶性循环，他越不回家，晓蕾越抱怨；晓蕾越抱怨，他更不想回家，导致两个人都很痛苦，都在考虑要不要离婚。

晓蕾和老公的案例在亲密关系中非常有代表性。我们也非常理解，为什么原来温柔善良的妻子会突然变得爱抱怨，尤其是抱怨起老公来那更是如数家珍。遗憾的是，我们的本意是想通过抱怨让丈夫理解我们，但现实往往会把丈夫推得越来越远。为什么会这样呢？受了委屈不能抱怨那该怎么办？

为什么老婆爱抱怨？

抱怨并不是无端而来的情绪，所谓具体问题具体分析，我们需要先了解原因，再有针对性地提供方法解决问题。如此才能揭开"抱怨"的面纱，看到亲密关系里面的真实需要。

1. 抱怨是因为需求未满足

每个人都有自己的需求，都希望自己的需求能够得到满足。当需求被满足时，会觉得幸福和快乐；而不被满足的时候，会在"被拒绝"的感受里激发出"我不够好"的深层感受，这会带来更多不舒服、失望甚至愤怒的情绪，体现在行为上会表现为对抗或逃避，从而产生抱怨，这是人的本能反应。

就像开头案例里的晓蕾，凌晨3点，积攒了一晚上看病的辛苦、对孩子的担心，她想找老公聊聊心里的害怕，想得到老公的安慰，结果老公反过来骂她一顿，"需要被安慰"的情绪没得到满足，又升起了"你根本不在乎我们"的失望情绪，双重夹击的情绪让晓蕾开始暴怒，行为直接转为"对抗"，对着老公一顿怒骂，然后"啪"地挂了电话。

晓蕾的抱怨情有可原，是因为老公没有满足她"需要关注、需要安慰"的需求。

2. 抱怨是想引发关注

人类天生有一种"想获得别人认可"的需求，心理学家罗宾·柯瓦斯基说："许多人抱怨，是因为他们想从他人身上诱发特定的人际互动反应，例如同情或认可。"受到别人的关注，会让我们有一种归属感，从而产生安全感。

很多人之所以会抱怨，有时候是为了"引起关注"。比如有的妻子经常向丈夫抱怨：

"你说现在物价越来越贵了，排骨都40多块一斤，太离谱了。"

"天气起伏太大了，冬天的衣服刚收起来，一下又降温了，太烦了。"

抱怨的都是可有可无的小事，但妻子其实是想通过抱怨的方式，引发丈夫关注，希望与丈夫沟通。

值得思考的是，抱怨也许能短暂地帮助你获得别人的关注和同情,但科学研究证明,长期习惯性的抱怨者,如果过度抱怨、负能量过大,最后往往会受到排斥。

3. 抱怨是因为情绪堆积

一个人内心长期充满抱怨和牢骚,往往是因为"意难平",心里积攒了太多"过去的情绪",比如说委屈、不满、愤怒,一直没有找到合适的方法宣泄,全部堆积变成无法遏制的抱怨。

就像开头案例中的晓蕾,老公回家后知道了晓蕾生气的原因,却没有认真沟通那晚的情况,没有真正安慰晓蕾,导致晓蕾委屈的负面感受没有及时得到处理,需求始终没有得到满足,反而积压在心里,不断累积,导致怨气越来越重,以至于日常一件小事就会让情绪爆炸。

4. 抱怨可能是想推卸责任

还有一种抱怨是为了推卸责任。例如有些人会说:

"孩子不听话,都是我老婆惯的。"

"我之所以混成这样,是因为我没有生在一个好的家庭。"

诸如此类的抱怨,其实是想要告诉别人,我之所以不好,都是别人的原因,以此来推卸责任。这种情况,即便你给了他很好的建议,他也会嗤之以鼻,继续抱怨他的问题。值得注意的是,这类抱怨和前面三种抱怨的性质并不相同,并不是为了解决问题,而是为他的"不作为"推卸责任,仅仅想巩固自己的受害者地位。

抱怨不能解决问题,但鼓励可以!

亲密关系里的抱怨,多为希望引起伴侣注意,解决自己的情绪需求或直接问题。遗憾的是,抱怨不但无法疏解情绪,解决问题,反而还会让亲密关系越来越糟糕。早在1938年,心理学家路易斯·特曼采访了多位精神病专家及心理咨询师,试图找到不幸婚姻的共同症结。

他的研究发现：幸福的夫妻和不幸的夫妻最大的区别就在于，更多不幸福的夫妻认为自己的伴侣爱争辩、尖刻、爱唠叨，也就是说，不幸福的夫妻更爱抱怨。

受了委屈却不能抱怨？那我们怎么做才能让伴侣关注到我们的情绪，解决实际的问题呢？

1. 放下抱怨，表达需求

抱怨来自需求没得到满足，如果我们能"解决问题"，需求也是有机会得到解决的。但很多人习惯"发泄情绪"，比如说，明明想让伴侣给我倒一杯水，说出来的话却是："哼，累了一天，你没看到吗？总给你自己倒水喝，从来不知道问我喝不喝？"又比如说，明明想让伴侣分担家务，却抱怨："家是我一个人的吗？你就不能帮我干点活？"这样的例子数不胜数，在生活中，我们总习惯开口发泄"讨厌行为"带来的情绪，而不直接精准表达自己的需求。这和我们的社会文化有一定关系，当我们表达请求时似乎会特别别扭，好像做错了什么。

例如，妻子可能不会说："我今天晚上累了想休息，老公你去洗碗，好吗？"

她会说："我一整天都没歇过，把这周的脏衣服都洗了，准备了午餐和晚餐，还出去买了东西，你就不能把碗洗了？"她要通过表达自己的付出，才能"隐晦"地表达自己的需要。

但这种表达，会让伴侣听起来，更像是抱怨和指责。

有时候并不是爱人不体贴我们，不爱我们，而是不知道怎么爱我们，体贴我们。如果我们能放下抱怨，学着用对方能接受的方式表达需要，反而能获得对方非常积极的回应。

2. 抱怨会引发争吵，鼓励能带来改变

对于抱怨，人们最大的误会是——抱怨才能让别人做出改变。事实上，你抱怨，是你认定对方听到你的抱怨后会改变，但事与愿违，对方往往会重复那件"使你抱怨"的行为。

比如说，你抱怨老公："你总是把袜子扔在沙发上。"

你本意是想通过抱怨让老公意识到这件事让你不开心，阻止他继续这样做。但当你总抱怨这句话时，对方反而会变本加厉，继续把袜子扔在沙发上。因为，你的抱怨，会让他认为"我就是一个把脏袜子随手扔在沙发上的人"，所以他们会一不做二不休，干脆继续做这件事。

所以，当你抱怨，你其实是在排斥那些你期待、渴望的东西，亲手把你想要的"好结果"送走。事实上，更好的做法是：对方做错时不要抱怨，而是积极鼓励，尤其是当对方朝你想要的方向努力时，你要给予最真诚的表扬。

我的案主敏敏是个非常爱干净的人，她老公阿杰却是个完全相反的邋遢的人。

就比如整理衣服这一件事，敏敏习惯把衣柜里的衣服叠得整整齐齐，阿杰的衣柜却乱七八糟，衣服都是一团团塞进去，每次拿衣服都是四处翻找、随意拉扯出来的。而且，他穿过的衣服，既不洗，也不收起来，就堆在沙发上，有时候一次性能堆十几件衣服。有一次，敏敏出差回到家，看到沙发上、床上，甚至地上都堆满了衣服，她简直气得抓狂。结婚10年，敏敏一直抱怨老公的坏习惯，但除了让两人争吵、让阿杰越来越不爱回家外，并没有什么改善。为此，敏敏找到我表达了她的苦恼。为这个事情离婚吧，好像也不至于，毕竟不是什么

原则性的大事。但不离婚，真的每天都很痛苦，不管她怎么抱怨，怎么想办法，阿杰都改变不了。

听完敏敏的叙述，我问："如果一个方法对一个人用了100次都没有效果，能不能在101次的时候换一个出其不意的方式？看看他的感受会不会有不同，对你的回应方式会不会有不同？"

敏敏听了我的建议，在发现老公没做好的时候，她既不帮着做，也忍住不说。又一次沙发上堆满了衣服之后，老公实在受不了了，自己把衣服收拾了起来，当他把脏衣服丢到洗衣机里的时候，敏敏赶紧表扬："哇，老公，你竟然自己把衣服洗了，把堆着的衣服收拾好了，你什么时候变得这么能干了，你太棒了。"

习惯了被老婆抱怨指责的阿杰，听到敏敏一反常态的表扬，先是一脸惊讶，张了张嘴想说什么，后来又略带不好意思地"哦"了一声。然后，改变开始了。敏敏发现，当她放下抱怨，开始鼓励的时候，阿杰的变化越来越大，自己收拾衣服的次数越来越多，回家也越来越早，偶尔还主动帮敏敏做饭，敏敏心里乐开了花。

如果说，抱怨是种负面强化，鼓励就是很积极的正向强化，能清楚地给伴侣营造好的氛围，明白地让伴侣知道你想要的是什么，从而愿意主动去做，重复去做，按你期待的去改变。

当抱怨来袭，我们可以这么做！

当然，抱怨的习惯，不是说停就能停的，但我们可以刻意练习，让抱怨的次数越来越少。

1. 当我们想抱怨时

（1）停下来，做十次深长的呼吸。

（2）转念。心里默念十遍："他一定有我所不知道的难处和不容易。"

(3）给自己关怀。自我关怀的具体做法是，把手放在胸口，说下面几句话："这是一个痛苦的时刻。痛苦是生活的一部分，我不是唯一的一个有这样感受的人，每个人在痛苦时，都会有这样的感受。愿我知道自己的不容易，愿我能够善待自己。"

（4）处理完情绪再去用对方能接受的方式正确表达需求。

2. 当我们被伴侣抱怨时

（1）给予宽容的微笑，如果有情绪先处理自己的情绪。

（2）去感受伴侣抱怨背后想表达的内容，分析抱怨的原因。

（3）根据不同的原因给予适当的反应。

如果对方的需求没被满足，去看看是什么需求，是否能满足？如果不能满足，也肯定对方需求的合理性并沟通；如果对方想被关注，直接给予关注，也可就该问题进行沟通，明确对方想要的"被关注"行为；如果对方有情绪堆积，找机会好好沟通，听听彼此内心真实的声音，化解积压在内心的负面情绪。

如果对方的抱怨是想逃避责任，则可以通过"提问"的方式去回应。比如，如果你有能力处理呢？如果现在一切问题都解决了，你觉得发生了什么？去启发他发现自己可以承担的责任，不陷入受害者的角色里。

<u>遇到困难，是人生常态，心生抱怨是本能，控制本性解决问题却是本事。</u>

愿我们在亲密关系里，都能控制好彼此的抱怨，对接彼此的需求，为爱改变，与甜蜜关系握手言和。

思考与练习

1. 观察自己在生活中最常抱怨什么？它是由什么原因引起的？
2. 如果不选择抱怨，我们可以怎么去处理，怎么去表达？

夫妻间无话可说?
这样做让你们无话不说!

我的很多夫妻案主,常会表达这样一个困惑:为什么他在外面都有很多话说,回到家就跟个哑巴似的?别说谈心,除了偶尔聊聊孩子,几乎连话都不说。这种现象,在婚龄超过三年的婚姻中,是非常普遍的。

阿龙和欣欣是大学同学,虽然欣欣比阿龙大一岁,但阿龙觉得欣欣非常娇小可爱,善良活泼,是他主动追求的欣欣。结婚以后,阿龙的工作需要经常出差,有两年还在外国驻外工作,整个家都交给欣欣。

欣欣的工作比较自由,可以居家工作,因此,她承担了整个家庭的家务,做饭、照顾孩子、孝顺老人、处理人情,都是她一手操办。阿龙偶尔回家,欣欣就会迫不及待和阿龙分享家里的家长里短、孩子的变化,阿龙刚开始还听听,后面就渐渐没了兴趣。阿龙喜欢和欣欣讲在外面发生的事情,但欣欣也没什么兴趣,有一次,阿龙跟欣欣讲自己如何通过努力拿下了一个大客户,他在那边讲得热火朝天,欣欣却淡淡地回复了一句:"哦,那后面就好好干吧,别白浪费了大客户。"转头就去洗衣服了,这让阿龙很失望,渐渐地两个人就变得无话可说了。

欣欣说,阿龙长期不在家,希望他回家了,多陪孩子玩,多陪自己聊聊天,但他在家不是玩手机就是沉默不语,她很失望。而阿龙觉得,每天都是这些婆婆妈妈的事,总说也没意思了,总是被欣欣强迫着听她说话,也很烦。两人的矛盾还没处理清楚,阿龙又惹了新麻烦,他在工作上认识了一个女客户,女客户非常关心阿龙,也很愿意听他分享工作上的所有方法和成就,在女客户那里,阿龙找到了被崇拜的感觉,结果,一点点沦陷了。

事情爆发后,欣欣无法接受,她觉得自己辛辛苦苦在家操持一切,让阿龙有精力奔事业,他却这样对不起她,实在无法原谅,面对欣欣的指责,阿龙觉得自己和欣欣实在聊不到一块,两人闹得越来越僵。

首先,从情感上来说,我非常能理解欣欣的感受,她和我在咨询室里碰到的大部分传统女性一样,除了工作,还要操心家庭和孩子。按理说,她们理所应当要获得丈夫的感谢和认可,但现实很残酷,这样一心付出的女性往往遭到生活和情感的双重挑战。

经常有女性来访者向我哭诉:"我老公和我完全没话说,可是他和外面的女人却能彻夜长谈,我实在不知道外面的女人有什么妖法,能把他迷得五迷三道?"

其实答案很简单。我们只需要拿"男人和妻子的聊天记录"和"男人和外面女人的聊天记录"做对比,就知道为什么男人会那么痴迷了——最大的区别就是,妻子往往会有种"上帝心态":"你是我的老公,我是你的老婆,我就是你的上帝,你就应该满足我的需求,照顾我,保护我,按我的想法来。"而外面的女人则是"用户思维":"你是我的上帝,我说的话一定要让你高兴,快乐,我要让你在精神层面得到满足。"

很多妻子很不屑于"用户思维",拒绝这样沟通。这当然无可厚非,每个人都可以按自己的想法过一生。但成年人需要为自己的选择承担一切后果,如果你能接受和丈夫"无话可说",那么夫妻之间倒也不必非要"无话不谈",但如果你期待和丈夫进行心灵沟通,就需要敞开自己,学习有效的沟通方式!

"三段论"肯定法,让夫妻亲密无间、无话不谈

相爱的两个人,越来越无话可说,大概率是因为"一腔热情和伴侣倾诉",却被"伴侣一碗冷水泼灭",心里的感受无处宣泄,得不到伴侣的肯定和呼应,干脆不说话、不沟通,慢慢地也就渐行渐远。所以,想要夫妻甜蜜沟通,"肯定"是核心要点,但很多人不知道"如何肯定"。

妻子:"我穿这件衣服好看吗?"
丈夫:"好看。"
妻子:"真的吗?"
丈夫:"嗯。"
妻子:"哪里好看?"
丈夫不耐烦:"哪里都好看。"
妻子:"可是我觉得这件衣服不好看。"
丈夫:"那就不好看吧。"
妻子:"我就知道你在骗我。"

一个很日常的对话,矛盾就出现了。这其实也是很多人存在的沟通问题,看似有来有往,实则缺乏"肯定和回应",会让接收者认为"你在敷衍我"。那么,如何增加"肯定和回应"的部分呢?推荐"三段论"肯定法:

<u>肯定=表达当下的感受+具体化描述+前后差异化对比</u>

我们用这个"三段论"肯定法来实操一下,例如:

妻子:"我穿这件衣服好看吗?"
丈夫:"我看看,哇,不错呀。"(表达当下的感受)
妻子:"真的吗?"
丈夫:"这件咖啡色衣服和你的耳环很搭。"(具体化描述)
妻子:"比我那件红色裙子呢?"
丈夫:"红色裙子也很好看,这件也很好看,让我眼前一亮,非常有气质。"(差异化对比)
妻子心里乐开花。

大家感受一下,同样是妻子"我穿这件衣服好看吗"的话题,第一种沟通方式会让妻子觉得"敷衍",从而引发一场矛盾;而"三段论"肯定法,通过"感受""行为""对比"来肯定自己对妻子的关注,妻子自然很开心,自然愿意有事就和丈夫沟通,实现亲密无间的甜蜜沟通。

当然,会有不少丈夫质疑,丈夫要这样"肯定"妻子?妻子又该如何"肯定"丈夫呢?我们可以用"三段论"肯定法,来帮帮开头案例里的欣欣,看看她如何沟通,能和丈夫阿良畅所欲言!

阿龙:"老婆,我把大客户拿下了!"
欣欣:"哇,你太厉害了,这样的大客户可不是人人都能拿下来,太不容易了!"
(表达当下的感受,妻子越表达对丈夫的崇拜,丈夫越感觉被重视,越爱分享和表达)
阿龙:"是呀,我为了这个客户……"
欣欣:"竟然还有这么多竞争者?你怎么把他们PK掉的?"

(具体化描述,引发丈夫进一步往下说的欲望,继续深挖话题)

阿龙:"……"

欣欣:"老公你真是太厉害了,我都能感受到你的进步实在太明显了,处理工作越来越游刃有余了。"

(差异化对比,让丈夫感受到妻子的"肯定")

很多人会说,这样沟通好浮夸呀,老夫老妻怎么好意思这么说?事实上,越是老夫老妻,越需要一些漂亮话,工作压力大,生活一地鸡毛,我们越发需要来自亲密爱人对我们的"肯定",夫妻也才能在漂亮话里越来越甜蜜。

当然,很多人即便知道了"肯定"需要通过"感受、具体化描述、对比"来表达,但实操的时候,还是会疑惑,不知道怎么找话题。这就涉及一个很重要的问题——找到爱对方的根源,可以从以下5个方面肯定伴侣。

"肯定5要素",找到爱对方的根源

肯定伴侣的根源,其实来自爱。越是带着爱,越能带着欣赏的眼光肯定对方。所以,在亲密关系中,我们也可以通过不断的肯定练习来促进爱的沟通,实现甜蜜关系。

肯定人的五个方向

第一，肯定对方说过的话。

不管伴侣话多话少，我们都可以在对方说过的话里，找出一个你可以接受的部分，加以肯定。心理学有一个词叫"镜映"，这是人自恋的需要，指的是所有人内心其实都希望别人能和我们的想法不谋而合。当我们去"肯定"伴侣说过的话时，他就会得到一种被认可、被欣赏的感觉。

亲密关系之外，对于日常社交这也是非常好的沟通方式之一。我在做咨询的时候，就经常会用这个方法，通过复述或者引用对方说过的话，让对方觉得"你好懂我"，从而和来访者迅速建立信任关系。

第二，肯定对方的情绪。

当然，有些人确实会出现完全无法认同伴侣观点的情况，但我们起码要做到认同"伴侣的情绪"。比如，开头的案例讲到阿良和女客户关系暧昧，当然，阿良的这个做法是破坏了婚姻忠诚度的，他需要为自己的行为承担后果，但阿良想获得别人的肯定和欣赏的感受，这个情绪是需要欣欣去认同并接纳的。

如果欣欣带着肯定阿良情绪的心情去沟通，两人是不至于完全无话可说的，或许还能借助这个话题打开契机，了解双方的内心需求，弥补婚姻裂缝。

第三，肯定对方的动机。

退而求其次，如果我们无法肯定伴侣的观点、情绪和行为，那么我们至少需要肯定伴侣的动机。比如，在阿良和欣欣无话可说的时候，欣欣可以通过肯定丈夫"赚钱养家"的动机来沟通："我知道你这么努力是为了这个家，我和孩子都很感激你。但比起钱，我们更需要你，更想念你，我非常想也很愿意和你分享你的工作喜悦，也希望你能多参与到家庭建设和孩子们的成长中来。"

当沟通变成"肯定对方＋明确的需求"，伴侣会在"被看见、被欣赏"里激发出更多的爱与责任。

第四,从对方的角度去肯定。

当然,我也确实遇到过案主完全找不到"能肯定伴侣"的地方。如果是这样的话,那么我们至少试着站在对方的角度,去尝试着说这句话:"虽然我现在暂时无法理解你的动机,但我想,你这么说一定有你的道理,能不能再说清楚些呢?"当我们带着"体恤"的心情给予对方最基本的肯定,就是对对方存在感的肯定。

第五,承认总有新的或者未曾想过的可能性。

如果你完全无法理解伴侣的观点和行为,也做不到接纳伴侣的情绪,那么,我们起码要说服自己,或许我们之间会有一种新的可能性。我们可以尝试这样沟通:"也许我对你的沟通方式还需要有更多的了解,也许存在这种可能性,我认为你已经认同了我的想法,但其实你没有认同,我觉得在这一点上我们需要再细聊一下。"

你先做到"肯定",才有机会和伴侣维持关系的最基本链接。否则,我们和伴侣只能成为"对手",如果真的到了那一步,我们找不出伴侣的任何一点进行"肯定",那么,就建议你寻找专业的婚姻咨询师获得指导帮助!

扫码添加助理微信,回复:话题。获得"100个增进夫妻感情的话题",帮助你轻松实现"无话不谈亲密无间"!

老公不爱做家务？
两招让他主动干活

"老公不爱做家务"是我做婚姻咨询这么多年来，80％的妻子都会抱怨的问题。事实上，这也是个很有趣的问题，因为并不是所有男人都大男子主义，不愿意做家务，而是妻子未曾掌握合适的沟通技巧，激励丈夫主动做家务。

阿涛和妮妮结婚三年，阿涛没有做过一丁点家务。据妮妮观察，阿涛家里的男人都有些大男子主义，认为男主外、女主内，男人做家务没出息。

妮妮觉得阿涛工作努力，感情专一，给了她们母子很好的生活条件，对于他的付出，妮妮心里还是很感动的。但有一点郁闷的是，阿涛总认为妮妮对家庭的付出是理所当然的。妮妮也有自己的工作，下班后也很累，但全部家务活都是她来承担的，有时候做不好或者做得慢，阿涛还会挑毛病。

让阿涛帮忙做一做，他不但不帮忙，还会生气："家务是女人该做的事，我一个大男人，你让我洗衣做饭带孩子，你觉得合适吗？"为这事，他们也吵过几次架，有时候还吵得很凶，都说夫妻之间床头吵架床尾和，但他们每次吵完，阿涛都会气好几天，对妮妮非常冷漠。

妮妮很担心，她觉得再这样下去，夫妻情分都要磨光了。但她确实也很想知道，怎样才能让老公愿意分担家务，又不伤害夫妻感情呢?

阿涛和妮妮的案例,是婚姻里非常典型的"男人不爱做家务"现象,这种情况一般分两种:一是丈夫的思想确实非常传统,不能接受"男人像女人一样洗衣服带孩子",但随着时代的进步,完全大男子主义的男人其实已经非常少见了;另外一种相对就比较常见,那就是男人"没有享受到做家务的甜头","只承受了越做越错的责任"。

我有个男性案主就是如此。一开始,当妻子说自己很累的时候,他都是积极主动去帮妻子洗碗,但他存在的"问题"是洗碗速度非常非常慢,结果,每次他洗碗总会惹得妻子更生气。

妻子在边上唠叨:"什么叫帮我洗碗,这不是你家吗?"

过一会,妻子又会生气:"都洗半个小时了,就那么几个碗,你到底在干什么?还不如我自己来洗。"

等他憋着一口气,终于把碗洗完,还想到妻子面前邀功,妻子直接黑脸:"你看看现在都几点了,你有磨磨蹭蹭洗碗的那些时间,都可以陪孩子写完一本作业了,也不知道你一天到晚都在干什么。"

被妻子"批评"多了,他也非常不高兴:"这本来是你的工作,我就是帮你洗,结果还落得这么多抱怨。那算了,反正你都会骂人,那干脆我就当个甩手掌柜吧。"

很显然,没人天生爱干家务,如果努力干了家务还吃力不讨好,那自然就非常排斥做家务。事实上,两个相爱的人进入婚姻,是很希望能让对方过得幸福的,即便男人是大男子主义,但如果妻子能掌握合适的沟通技巧,让男人体会到"做家务的快乐",男人是很容易被激发起做家务的激情的。

简单来说,就是让男人实实在在地感受到——

做家务＝让妻子开心＝妻子更爱我＝我开心＝家庭幸福！

熟悉我的朋友都知道，我的丈夫一开始也是什么家务都不爱做的"大男人"，但在我的"熏陶"之下，我的丈夫从"厨渣"逆袭为"厨神"，他最爱做的事情就是为家人"洗手做羹汤"，用美食表达对我的爱。其实，我的方法很简单，除了夸奖和朋友圈"秀恩爱"之外，就是通过下面两种沟通话术，让"丈夫享受做家务"。

正向循环话术，让丈夫在"做家务"里获得价值

先问大家一个问题，如果别人请你帮忙，一般什么情况下，你会愿意为别人持续付出？

（1）得到了实质性的回报。做这件事让你获得实际利益，比如说一顿感谢的饭，或者一个感恩红包。

（2）情绪价值得到满足。比如说在对方的夸赞和感谢里，你收获到助人的快乐，让你的价值感得到满足。

（3）默默付出，默默无闻，帮忙之后没有任何感谢和回应，雁过无痕似的。

很显然，如果是第三种情况，你以后是不是不太愿意再帮助这个人了？但不管是第一种情况还是第二种情况，你会觉得受到了重视和尊重，自我价值得到了体现，虽然帮助别人花费了时间精力，但自己也获得了助人为乐的快乐，以后也会愿意继续帮助对方，只因为，帮助对方也会给你带来快乐。

<u>这样的思维，用到"让老公做家务"里，是一样的道理。</u>

<u>用到正向循环话术里，模板是这样的：对方的具体付出＋情绪价值＋利益价值。</u>

例如，周末，妮妮想让阿涛打扫卫生拖拖地。

妮妮:"你闲着也是闲着,我都累死了,你把家里收拾一下吧,顺便把地也拖一下。"

阿涛:"这是你的活,我一个大男人做这些合适吗?"

我们用正向循环话术来试试?

妮妮:"老公,在外面忙了一天,好累呀,还好有你一直陪着我(给他情绪价值,让他感受到自己对妻子的重要性),你一会有空的时候能不能花两个小时(量化付出),咱们一起打扫一下家,晚上给你好好按摩按摩,好吗?"(给他直接的利益价值)

阿涛:"这么好?"

这两句话哪个更容易让人愿意去行动呢?很显然,第一句话不但无法激励丈夫做家务,甚至还会引起丈夫的抗拒。但正向循环话术的效果显而易见,即便是大男子主义的丈夫,也很容易心动,愿意尝试做家务。当然,作为妻子,我们要频繁持续地使用正向循环话术,并积极回馈正向循环价值,才能让"丈夫爱上家务"这件事得以循环。

积极反馈话术,让丈夫在"感恩回应"里爱上做家务

受传统文化的影响,我们都不太爱公开表达爱,也不好意思公开表达感谢。我有很多案主都表示,即便伴侣给自己买了很惊喜的礼物,或者做了很令自己感动的事情,也只会简单说"谢谢",很少热烈地表达感谢,甚至有不少人还会不好意思地"欲迎还拒":"啊呀,没事你买这个干吗?"

虽然你是在表达自己"不好意思"的感情,但听起来其实反而会让两个人都很尴尬,你越发不好意思收礼物,对方误会你不喜欢礼

物,干脆慢慢就不送礼物了,良好的关系也就断了。

在心灵书籍《生命的重建》中有这样一个观点:我们一定要积极地向宇宙表示感恩,就像对送你礼物的人一样热情地表示感恩。例如,在收到礼物的时候,你一定要欢喜雀跃地表示:"啊,你怎么知道我想要这个礼物,我真是太喜欢你送我的礼物了,感谢,感恩,我爱你。"当你积极热情地向对方表示感谢时,对方会更开心、更用心地为你准备更多你想要的礼物。同理,接受到你感恩信息的宇宙,也会将更多你想要的"礼物"发散在你的磁场周围。

所以,如果伴侣为我们做了什么,我们一定要热情地表达感谢,做家务自然也需要感谢。

如果不知道怎么感谢,就可以使用这个积极反馈话术,模板是这样的:表达需求+描述细节+夸奖+情绪。

例如,妮妮通过正向循环话术,成功地激励了阿涛和自己一起做家务,哪怕只做了一点点,哪怕做得不是很好,妮妮也用积极的反馈话术,热烈地向丈夫表示感谢:"谢谢老公陪我一起做家务,我平时一个人做家务挺累也挺无聊的(表达需求),你今天在拖地的时候,把拖把水拧得特别干,这样拖出来的地都没有水印(描述细节),地拖得特别干净,今天做家务的效率也高了很多(夸奖),我要拍张照片发个朋友圈,有老公陪伴的日子太幸福了(情绪)。"

再比如,你想让老公参与到孩子的教育中来:"老公,你晚上要不要一起帮孩子洗个澡(需求)?上次你给他买的浴盆里的小鸭子(细节),他听说是爸爸买的喜欢得不得了(夸奖),他对你的感情连我看了都羡慕呢(情绪)。"

比起不回应感谢,比起干巴巴地说谢谢,很显然,包含了细节的正向循环话术和积极反馈话术，能满足对方的情绪价值和利益价值，又能让对方在"感恩的回应"里更加正向循环，他自然就容易爱上家务。当然，与其说他爱上的是做家务，不如说他爱上的，是那个"始终让他觉得自己很棒"的你！

思考与练习

1. 观察下，自己在日常生活中是如何"使唤"老公做家务的？老公会是什么感受？
2. 思考下，如何用正向循环话术让老公自愿带孩子做作业？

夫妻怎么吵架不伤感情，还越吵越亲密？

夫妻吵架，是婚姻内很常见的问题。再恩爱的夫妻，也冒出过离婚的念头。值得注意的是，有些夫妻一吵架就崩，有些则床头吵架床尾和，感情越吵还越好，这是为什么呢？

其实，夫妻有矛盾不可怕，可怕的是没有找到解决矛盾的方法。

阿智和燕子是一对结婚十五年的夫妻，有一个刚上小学五年级的孩子。最近阿智发现孩子每天都很忙，作业越来越多，还要学钢琴、画画、跆拳道、作文补习班，12岁的孩子每天折腾到半夜才能睡觉，周末也没时间出去玩，永远在写作业或者上各种兴趣班、补习班的路上。于是，阿智就和燕子商量，给孩子减减负。结果，两人就为这事吵了起来。

阿智觉得，男孩子没必要学什么钢琴和画画，以后也不走艺术路线，迟早要停掉的，既然现在时间不够，干脆就现在停掉。但燕子不愿意，她觉得孩子喜欢画画，钢琴也学了很多年，放弃太可惜了，如果真要减负，跆拳道也就是个打打闹闹的兴趣，加上最近孩子和小朋友相处，很容易动手动脚起冲突，不如借这个机会停了跆拳道，让孩子安安静静学习，但阿智坚决反对，觉得男孩子必须学强身护体的跆拳道。

结果，两人越吵越凶。阿智又扯出以前的事，他责备当时孩子小身体弱，燕子没把孩子的身体照顾好，导致孩子体弱多病。燕子又气又委屈，想起那些年阿智在外地工作，她一个人又上班又带着孩子，好多次孩子生病，都是她半夜扛着孩子去的医院……两人开始互相指责。最后，阿智气得摔门而出，燕子气得在家哇哇大哭。

阿智和燕子的"吵架方式"是不是让你有种莫名的熟悉感？其实，我们很多人吵架也是这种情况，明明是聊着"小问题"，也不知道怎么回事，突然一言不合就不高兴了，就开始扯旧账，结果不但问题没解决，还把自己气得够呛，夫妻又开始进入冷战。确实，有些吵架方式是非常伤害感情的。

伤感情的4种吵架方式，要不得！

感情越吵越糟糕，往往夫妻在吵架的时候，气得失去理智，拿最伤人的话去刺伤最亲爱的人，尤其是以下4种吵架方式。在亲密关系里一定要注意，遇到问题可以吵架，但一定要避免伤害感情的吵架方式！

1. 不分场合

夫妻关系是很隐私的问题，切记不要把夫妻之间的事拿到公共场合去讨论，吵架就更需要注意场合。我遇到过这样一位案主，她发现丈夫出轨后，气不过，不管丈夫怎么求饶、表态想回到家庭，她都在老公的公司、家族群、朋友圈、同学群等各种场合和老公"吵架"，言语也很刻薄。最后，老公心灰意冷，选择净身出户，和案主的多年感情彻底破裂，连孩子都不愿意再联系，"消失"去了另一个城市。案主非常后悔，她本意并不想离婚，只是气不过，想"吵架发泄"，没想到却把婚姻和两人多年的感情彻底吵没了。

出轨涉及道德和婚姻忠诚问题，肯定是不对的。只是，解决问题的方法有很多，千万不要杀敌一千，自损八百，不管大事小事，不分场合吵架的处理方式很容易伤人伤己，会把亲密关系伤得支离破碎。

2. 翻旧账

本来是当下的问题，吵着吵着却把过去的事情牵扯出来，这种翻旧账的方式也是非常伤害夫妻感情的。就像开头案例中提到的阿智，讲的是孩子减负的问题，他却把当年"妻子没照顾好孩子身体"的旧账牵扯了出来，这种做法是非常伤人的，会让妻子觉得"你把这事记挂这么多年，是有多不认可我？我是多没有价值？"

吵架，一旦伤"心"，让人对自我价值产生怀疑，就容易引发一系列情感危机。

3. 上纲上线

吵的是自己家的小事，但很多夫妻习惯上纲上线到大事上，这也很容易伤害夫妻感情。我有个男性案主，一吵架就容易指责妻子："你就是个伪善的人，对外人都很好，对我、对家人都很凶。"这话我们听着有趣，但作为妻子，被"伪善"这么大的帽子扣住，是很伤内心的，夫妻自然就无法就事论事解决问题。

4. 推卸责任

夫妻出现矛盾是很正常的事，态度好认个错很多事情就小事化了了，很多人之所以吵架吵得离婚，倒也不是非要争个对错，而是往往伴侣会"推卸责任"。"孩子学习不好都是你这当妈的责任，你们家基因不好，搞得孩子不灵光。""你是个男人吗？这么多年连个房子都买不起？"吵架变成"伤人大赛"，婚姻就很容易摇摇欲坠。

越吵感情越好，谨记"吵架不伤情 4 步法"

想要不伤感情，不是说要完全避免吵架，而是要掌握亲密关系的相处模式，吵架只为解决问题，让夫妻生活更美好。所以，切记吵着吵着，就气急败坏，"拔刀子"捅亲密爱人的心窝。

1. 表达情绪，但不情绪化表达

夫妻之所以会吵架，肯定是在"气头上"，自然无法控制情绪，尤其很多人会认为，这是我老公，这是我老婆，我想怎么发脾气就发脾气，如果连脾气都不能在最亲密的爱人面前发，那我还结婚做什么？事实上，结婚是为了让两个相爱的人互相取暖，我们可以在最心爱的人面前发脾气，但一定要注意我们表达的是情绪，而不要情绪化表达。

例如，我们可以愤怒地说："我非常生气，今天不想理你，我想自己安静一下。"这可以让伴侣明白，他做的事情很让你生气，你需要时间空间处理，他就知道如何做，也会去反思自己，为双方冷静下来后的沟通做好准备。

但很多妻子容易情绪化表达："我要被你气死了，你怎么这么没用，我怎么会瞎眼嫁给你这种人。"其实，这未必是妻子的心里话，只是人在气头上，伴侣哪里痛她就捅哪里，这就很容易伤人。

2. 澄清事实，确认差异点

双方冷静之后，就事论事地来沟通、解决问题。我们需要做的就是，澄清事实，确认夫妻看待同一个问题的差异点在哪里，每个人的成长环境不同，看待问题自然会有不同的观点，夫妻没有必要要求对方一定要听自己的，不如借"吵架"的机会，让双方都表达出自己的观点，这也是夫妻了解彼此的好方式之一。

3. 正确回应，认同需求和动机

确认夫妻的差异点之后，认同对方的需求和动机就非常重要，这一步也恰恰是"夫妻越吵感情越好"的核心。借由吵架，夫妻会发现伴侣"心里的伤"，如果我们能借助这个机会，去安慰伴侣，帮助伴侣把积攒的"伤"发泄出来，现在吵架的问题反而能变成"解决伴侣伤痕"的转机，自然也能让夫妻之间情感更加紧密。

4. 抓住情感修复信号，储备好自己的"情感账户"

吵架过后的情感重建也非常重要。其实，感情也像银行账户，我们在感情账户里存入越来越多的爱、感动、温暖，遇到问题需要支取的时候，才有能量能供给。我们可以通过行为、语言上的"爱的表达"来修复关系。例如：

语言类：我们不吵了、我记住了。

表达感受类：拥抱、拍肩膀、谈感受、回忆。

行动类："我们出去吃饭吧""周末去看你父母吧"、做饭、买礼物。

回到开头的案例，我们来看看我是如何协助阿智和燕子处理吵架的。

阿智和燕子是我的长期咨询案主，所以当他们遇到问题时，随时能来找我复盘，我帮他们探索了为什么两个人在孩子的兴趣班上有那么多各自的坚持？

探索发现，燕子坚持要"孩子学习钢琴和画画"的背后，其实是她童年的遗憾，燕子小时候是个认真好学的女孩，非常喜欢钢琴和画画，也小有成绩，但到了高年级，妈妈以她学业压力大为由，擅自停了燕子的课，她极力反对，祈求妈妈不要停钢琴和画画课，但妈妈完全不理会，强行停掉。这件事给燕子带来很大伤害，她失去了引以为傲的特长，也失去了自信，学习一落千丈，到现在还经常遗憾自己一无所长。所以，她怎么都不愿意停掉孩子的钢琴和画画课。（澄清事实，确认差异点）

阿智生活在农村，家里很穷，父母老实，他和弟弟常常被别人欺负，父母不但不为他们出头，还会嘱咐他们别惹事，阿智长得瘦弱，每次都打不过别人，经常被打得头破血流，心里暗自发誓要出人头地，不再被人欺负。现在的阿智很优秀，他尤其不愿意孩子经历自己童年的经历，加上孩子身体弱，所以他坚持认为应该学跆拳道，就是

为了让孩子能保护好自己，不吃亏。（澄清事实，确认差异点）

咨询的过程中，两个人都渐渐清晰地看到，他们其实都在借着儿子疗愈自己童年的伤痛，对于对方坚持保留想要的兴趣班有了理解，两个人彼此袒露脆弱后，也都不再坚持让孩子按照自己的想法去选择，而是由孩子自己来选择想要学习的培训班。（正确回应，认同彼此的需求和动机，情感更促进一步）

之后，两个人都表达了歉意。

阿智说："老婆，那几年我在外面工作，你在家照顾孩子辛苦了，我心里是知道的，有时候只是嘴上不服气。如果是我一个人在家照顾孩子，可不能像你照顾得那么好，我之前说你没有照顾好他是不对的，你其实承担了很多我没有做到的部分。孩子有些方面没那么好，但没关系，现在我回来了，我可以一起参与，我可以跟他一起锻炼身体，让他更强壮。"

燕子也说：老公，你一个人在外地也不容易，而且你一直让我们母子衣食无忧，从来没为钱操心过，你一直很在意孩子，很在意我们这个家，我是知道的，孩子是我们共同的孩子，我们一起来帮助他，让他健康而快乐。"

是不是特别美好？婚姻当然避免不了吵架，但我们可以问问自己：

（1）在婚姻中，你要的是幸福还是对错？

（2）是要我赢，还是我们幸福？

福利领取

扫码添加助理微信，回复：吵架。获得"夫妻吵架丈夫（妻子）不能对妻子（丈夫）说的十句话"，吵架也要越来越亲密！

一条说话公式，
解决90%夫妻的沟通问题

伟强和秀春结婚二十年多了，孩子已经上大学离开家，平时只有夫妻俩在家。有一次，伟强半夜十一点半才到家，喝了酒，浑身都是酒气，从他进门开始，秀英就皱着眉头，最后还是勉强帮伟强冲了一杯蜂蜜水。

秀春："怎么又喝这么多酒，醉醺醺的，身体什么状况不知道吗？医生让你三个月不要喝酒，你当耳旁风！"

伟强："我不喝。"（把蜂蜜水推开，水洒出来）

秀春："你有病啊，水都洒出来了。喝到大半夜回来，你还有理了？每天喝这么多，你真是有病。"

伟强："你才有病，从我进门开始你就没一副好脸，我晚回来是工作有应酬，你不会说话就把嘴闭上。"

秀春："行行行，我闭嘴，我的话你不听，医生的话你也不听，早晚喝死在外面。家就是你的旅馆，你太自私了，睡觉就回来，不睡觉也不回，你爱回不回，不回拉倒。"

伟强："就你这样子，你以为我愿意回啊，老子以后就不回来了。"

秀春："不回拉倒，谁稀罕你回，死在外面最好。"

伟强："你！"（剧烈争吵）

关系，是语言营造出来的，温暖的语言营造出甜蜜的关系，恶劣的语言则会带来巨大的伤害和撕裂。遗憾的是，亲密关系里，我们常常会用"暴力沟通"伤害亲密爱人，把自己的婚姻折腾得越来越不堪。伟强和秀春就是典型的暴力沟通——指责、批评、评价。但亲密关系恰恰最需要的是——不指责、不批评、不评价。我们可以表达感受，这个感受包括我们要表达的信息、思想、情绪，以及要求（即沟通目标），当我们能理智地进行非暴力沟通，我们就会发现，亲密关系里的很多争吵和伤害都能减少。

怎么做到非暴力沟通？马歇尔·卢森堡博士在书籍《非暴力沟通》中给出答案，他主张每个人都应该明了自己的观察、感受和愿望，有意识地使用语言。简单来说，非暴力沟通，需要具备4个要素。

非暴力沟通的4个要素

4个要素，大家只需要理解即可，结合到日常生活中是非常好运用的。

1. 描述事实

暴力语言其实来自人的道德评判，人们习惯用自己的主观道德标准去评价别人。但描述事实则是放下评价，只表达客观存在的事实。暴力沟通习惯把事实和评价混在一起，对别人进行批评，伴侣自然容易产生逆反心理，没准还引发争吵，既伤感情，也达不到理想的沟通效果。但观察事实则只是就事论事！

> 我觉得你就是不想回家。（这是评判）
> 你最近三天都在十一点以后回家。（这是事实）
>
> 你总是不讲卫生。（这是评判）
> 你把脏袜子丢在了沙发上。（这是事实）

你从来不做家务，没有责任感。（这是评判）
你最近一个月没有拖过地，洗过衣服。（这是事实）

你永远心里没有别人，只有你自己。（这是评判）
你盛饭的时候只盛了你自己的，没有给我和孩子盛。（这是事实）

习惯主观评价的朋友，可能一下子无法区分事实和评判，没关系，我们可以通过一些方式练习。例如，在日常沟通中，去留意"我认为""我觉得""你总是""你从来""你永远"等表达主观看法的词汇，这些词后面跟着的往往是评判的内容，我们有意识地刻意阻断即可。

2. 表达感受

表达感受的好处是，能让沟通更顺畅，不引起冲突，有助于你疏导情绪，并拉近人与人之间的距离。和观察事实一样，在这里我们要学会区分想法和感受，例如：

"孩子成绩不好，我觉得我不是个好妈妈。"（这是评价）
"孩子成绩没考好，我感到很难过、失落。"（这是感受）

当然，我们也可以通过"建立自己的感受词汇量"的方式，来训练自己表达感受的能力：

（1）用来表达我们的需要得到满足时的感受。例如：兴奋、甜蜜、精力充沛、兴高采烈、喜悦、自信、开心、高兴、幸福、愉快、满足、欣慰、陶醉等。

（2）用来表达我们的需要没有得到满足时的感受。例如：害怕、担心、焦虑、忧虑、着急、紧张不安、心神不宁、悲伤、绝望、气馁、灰心、烦恼、愤怒、生气、厌烦等。

（3）有些词汇是表达想法，而不是表达感受，需要注意和刻意避免。例如：被抛弃、被羞辱、被虐待、被打扰、被拒绝、不受重视、被欺负、无人理睬、没人赏识、被利用等。

3. 发现需要

沟通都有目的，我们要知道自己到底要的是什么。发现需要，指的是一种内在的需要，比如被关心、被认可、被尊重等等，我们可以在描述观察、表达感受之后，说出是自己的什么需要导致了那样的感受。

例如，丈夫随便扔袜子。

妻子："老公，你这样好脏！"（这是批评，很容易引起反驳和争辩）

妻子："老公，我看到你的两只袜子在桌子底下，一只袜子在电视机旁边，我不太开心，我想要整洁。"

"我想要整洁"就是需要。

在描述事实的基础上，明确表达出自己的需要，伴侣就能清晰地接受我们的目的，就有可能做出积极的回应。

4. 提出明确请求

请求一定要具体和明确，沟通时，避免使用抽象语言，描述越具体越好，要有可操作性，如果我们表达请求是含糊不清的，伴侣是很难理解我们的需求，自然无法积极回应。

"你不要把袜子放在沙发上。"（请求不明确）

"你把袜子放进你房间或者洗衣机里吧。"（请求很具体）

"以后对我好一点。"（请求不明确）

"以后你每天出门前都要拥抱我一下。"（请求很具体）

非暴力沟通的核心，其实是把"爱"运用到日常

我的很多案主，在实操非暴力沟通的时候，会觉得很尴尬，一是觉得不好意思，二是不知道怎么表述，其实这些都是技巧层面的问题，我们多练习就可以解决。更重要的是，具体问题具体分析，我们并不一定非要严格地按照非暴力沟通的4个步骤，一丝不苟地执行完。非暴力沟通的核心，其实是爱、懂得、心疼和回应。我们只是借助非暴力沟通的形式，去表达自己的感受和想法，去回应伴侣的感受和想法，是完全可以灵活运用的。

我的一位案主，非常讨厌丈夫天天加班，丈夫回家晚，她总是大发雷霆："天天这么晚回家，你是把家当旅馆了吧，你干脆别回家好了。"很显然，这是典型的暴力沟通，全是谴责和批判。

但事实上，案主之所以不喜欢丈夫加班，是心疼丈夫太辛苦，担心丈夫的身体，以及遗憾丈夫没有时间多陪她和孩子。可她使用暴力沟通后，丈夫以为妻子很讨厌自己，因此产生抗拒和委屈："我为了赚钱养家累死累活的，你还这样嫌弃我，这婚结得有什么意思？"感情就慢慢淡了。

后来，我指导案主使用非暴力沟通表达感受和需求，她开始这样沟通："你最近一周都是半夜12点才回来，我很难受，很担心你的身体，你可以每周三晚上7点回家陪我和孩子吗？"

这样沟通后，丈夫才知道原来妻子不是"嫌弃"他加班，而是心疼他"回家晚"，加上有了明确的请求，他在感动之下，也就很愿意积极地配合妻子的请求。

我们再用非暴力沟通的技巧,帮开头案例里的秀春和伟强解决问题。

秀春和伟强结婚二十年多了,孩子已经上大学离开家,平时只有夫妻俩在家。有一次,伟强半夜十一点半才到家,喝了酒,浑身都是酒气,从他进门开始,秀英就皱着眉头,最后还是勉强帮伟强冲了一杯蜂蜜水。

秀春:"老公,看到你最近三天都这么晚回来,又喝了很多酒。"(描述事实)

"我很担心你的身体,我也感到很孤单、失落。"(表达感受)

"孩子上学去了,我一个人在家,需要你的陪伴,你的身体不好,我会害怕。"(发现需要)

"我知道你工作上面需要有应酬(表达对对方的理解),我们夫妻一心,我肯定是愿意支持你的,我希望你以后可以十点前回家,并且这段时间按医生的要求不要喝酒,好吗?"(提出明确需求)

大家对比感受一下,如果你是伟强,是不是立马柔软了下来?外面风吹雨打,刀枪弹雨,我们只能扛着坚强、硬着头皮应对,但在亲密爱人面前,我们可以卸下重担,柔软下来,享受安全和保护,这才是婚姻存在的意义!

思考与练习

1. 觉察下,你平常的沟通方式是什么类型?
2. 思考下,你最不喜欢伴侣的哪种行为?如何通过非暴力沟通表达你的需求?

| 第5章 积极沟通：智慧表达想法，化解关系矛盾

沟通层次决定关系质量，看看你和伴侣在哪一层

我遇到过这样一对来访者，他们曾在同一家公司工作，后来各自跳槽，感情却保持了下来，两人结了婚，现在有个5岁的女孩。两个人在生活中没什么大矛盾，但也没什么炽热的感情，尤其是女方，一直对婚姻不满意，但又说不出具体不满意什么，就说两个人不能沟通，平时也会说话，家务、孩子、工作都聊，好像看起来沟通得很好，但总感觉哪里不对劲，好像两人不够亲密的感觉。她觉得丈夫很多心里话没有和她说，她的想法丈夫也不太懂。

其实，我的很多来访者都存在这样的问题，尤其是结婚多年的老夫老妻，好像也每天在说话，但具体沟通了什么，也说不出个所以然来。从亲密关系上来说，这是沟通不够深入的问题。

萨提亚导师林文采博士针对这个困惑，提出一个"沟通的5个层次"模型，揭示两个人为何能"从陌生走向亲密"，我们来了解一下，看看我们和伴侣的亲密关系处在哪一层？

打招呼

沟通的初级层次，是简单的社交应酬开始语，例如"你好""欢迎""今天天气真好"之类的口头语，打招呼能在短时间内帮助两个人迅速打开局面和建立初步友好关系。

运用到亲密关系里，例如：

丈夫回家了说："我回来了。"

妻子回应："你吃过饭了吗？"这些都属于打招呼的范畴。

很多夫妻在日常生活中，只剩下这类打招呼的沟通，就说明两个人的关系已经非常疏远了。当然，如果一些夫妻已经连招呼都不打了，两个人想要打破僵局的话，也可以从恢复"打招呼"开始。

讲事实

沟通的第二个层次的对话，仅仅涉及事实和情况，例如，人物、时间、地点、事件、经过等等，大家交换各自的所见所闻，描述自己在什么时间遇到什么事情，但不分享自己对这件事的感受。例如：

妻子说："儿子学校通知，这周五下午开家长会。"

丈夫反应："哦。"

妻子："我这周五下午有事，你去参加家长会吧。"

丈夫："哦。"

然后，妻子继续分享更多信息，也可能换了话题，又或者丈夫转移了话题，问孩子这周末去爷爷奶奶家吗？妻子回应可以，两人一直

> 在交流具体的事情,但完全不沟通"感受。"

这个层次的沟通,仅仅局限于事情本身,当事人不发表看法,不分享感受,不作出回应和评论。现实生活中,有很多夫妻是这样的,他们维持着日常生活必需的信息沟通,但很难在思想上、灵魂上甚至身体上建立亲密感。

谈想法

这个层次的沟通,会超越事情本身,开始分享对事件的看法、感受,给出自己的解释和评价,也会邀请对方参与沟通感受的过程,这个层次的当事人对彼此建立了信任,是可以相互深入沟通的。

例如,"孩子最近学习成绩下降很多,你觉得我们需要和他谈谈,帮他找到原因吗?"如果对方的反应是肯定的,两人就能深入沟通下去,并询问彼此的意见。但如果察觉到对方有消极的言语或面部表情出现皱眉、眯眼睛、打哈欠等情况时,他们也会主动结束这个话题,转移到另一个安全的话题中去。

生活中有些夫妻的日常沟通上升不到这个层次,因为他们不喜欢自己的看法受到对方的"盘问"或"质疑",这会让他们觉得不安,于是会退回第二个或者第一个层次。

但如果夫妻能很好地完成这个层次的沟通,就可以上升到第四个层次,获得良好的亲密关系。

谈感受

这个层次,大家会选择敞开心扉地交流情绪,分享对事情的感受:"我觉得受伤/失望/生气/开心/伤心/兴奋/无聊/不被爱/很浪漫/

很孤单……"对大多数人来说,"表达情绪"比"表达想法"要困难得多,因为想法属于理智判断,但情绪属于很个人化的感受,我们习惯在一群人中自由分享观点,但并不太能表达我们的感受。

从第三层次到第四层次的沟通,是一个很大的跨越,因为,单方面的分享"我的感受"后,或许对方会拒绝或者不喜欢,这会给当事人带来失望或者受伤感,由此用愤怒或者反对来进行对抗。再一次之后,两人就不太愿意分享感受了。所以,这个层次的沟通,需要彼此冒更大的风险,当然,也就更有机会建立更亲密的关系。

很多夫妻都无法上升到这个层次的沟通,因为他们害怕自己的感受无法被接纳。例如,妻子对丈夫说:"我最近很难过,我感觉自己抑郁了。"丈夫会回答:"抑郁?你有什么好抑郁的?你就是想太多了。"

基本上这个话题就结束了,也许妻子以后就再也不愿意和丈夫说自己的感受了,慢慢地,夫妻之间就只能通过"猜测"来揣摩伴侣的感受,关系自然就像隔了层纱,不畅快。如果夫妻可以彼此接纳,在这个层次上有越来越多的分享,两人之间的亲密关系也就能越来越深。

敞开心扉

敞开心扉是沟通的最高境界,是一种完全信任、完全接纳的关系,在对方面前可以把自己的心事毫不隐瞒地表现出来,可以交流快乐,但也可以分享隐私,暴露缺点,我们说的"知己""至交"就是这种关系。我更喜欢把这个层次叫作"谈脆弱",把内心最深层次的脆弱的部分呈现给对方。

虽然很多夫妻在这个层次上的沟通少之又少,但越来越多的夫妻意识到,这种敞开心扉的沟通,能让他们在婚姻里获得真正的"水乳交融"的深入亲密感。夫妻要达到这个层次的沟通,首先需要有接纳的态度,并创造让双方都觉得安全的氛围,可以彼此真诚地分享自己的想法和感觉。很重要的一点是,夫妻双方都相信:"我是安全的,伴侣是值得托付的,不管我做什么,即便伴侣有不同想法,但我们是彼此接纳和尊重的。"

我和老公的沟通一直很顺畅,但我之前并不了解沟通层次和关系质量的联系,直到我学习了林文采博士的沟通层次理论,我才理解,我和老公的沟通层次已经走到了第五层,我们在彼此面前都可以自由地谈论自己的想法、感受、开心和脆弱。我知道,我呈现出的任何样子他都可以接受,同样,我也能接受所有样子的他。

有一段时间,我对我的工作成绩很不满意,特别是当我看到我的竞争对手取得好成绩的时候,我就很难受。有一次,我的竞争对手取得了非常棒的成绩,那天我的状态特别不好,一整天都不说话。我的先生就在旁边细心照顾我,找机会和我聊天,一开始我也不想说,但在他的包容里,我完全敞开了自己,我告诉他:"我知道嫉妒不好,但我真的很嫉妒,为什么别人可以取得那么好的成绩,而我没有,我是不是能力不够?"

他安慰我:"人是可以嫉妒的,如果是我,我也会嫉妒,谁不希望自己是最好的那个,嫉妒一下没问题的。但是你也很好啊,你也有很多别人嫉妒的点……"然后他细细和我说我做得好的地方,一点点帮我找回状态。

当老公完全接纳我的嫉妒感之后,我的"自责心理"就弱化了下来,不再自我谴责。很重要的是,当老公接收到"我对自己不满意"的信息后,他通过列举我的优点的方式,去鼓励我,肯定我,支持我,让我从"自我否定"中更好地走了出来。可以说,我老公比我自己还懂得我的感受,也正是因为如此,我在亲密关系中也得到了越来越多的修行，让我们夫妻都能在婚姻中得到能量。

好的关系，一定是通过语言来营造的，我们可以对照着沟通层次，看看我们的关系质量处在哪一层。当然，没有什么沟通层次是一成不变的，只要我们愿意学习，愿意经营婚姻，我们都能获得想要的亲密关系。

> 思考与练习
> 1. 觉察下，你和伴侣的沟通层次处于哪一层？
> 2. 思考下，你想和伴侣达到哪一层次的沟通模式？如何实现？

第6章

抵御危机：勇敢面对风雨，穿越婚姻风险

无性婚姻，该如何取舍？

传统观念之下，我们是很羞于谈到性的，即便是夫妻，很多人也不太好意思和伴侣深聊性话题。但事实上，性和爱一样，是不可或缺的生理需求，以及促进关系的心理需要，婚姻同时具备爱和性，才能成就基本的亲密关系。

遗憾的是，在我多年做婚姻咨询的过程中，我发现"无性婚姻"的频率非常高。当然，原因各有不同。

无性婚姻的三种状态

1. 无性无爱

这种婚姻状态，基本就是夫妻二人搭伙过日子，既没有性，也没有爱，婚姻之所以能继续，大概是因为孩子、资产等外部原因。无性无爱会让婚姻处于危险边缘，夫妻可能也随时做好了离婚的准备。

2. 无性有爱

这种状态，常见于结婚多年的夫妻中。例如：被生活琐事占据了大量精力，没有夫妻生活的想法；又或者是夫妻产生了矛盾，用性暴力来惩罚对方。虽然没有性，但彼此是有感情的。值得注意的是，这种状态在短时间内或许对婚姻没什么大的影响，但时间如果长了，就很容易出现问题。没有性的支撑，光靠爱，感情很难抵御住风险。

我的一位案主有一次和老公闹矛盾，大吵一架，两个人的关系僵了很长一段时间，两人都不肯退让，老公索性就搬到客房去睡，两人就分房睡了。这种状态就一直持续了下来，虽然后面关系有所缓和，但这位案主心里还生闷气，每次老公需要的时候，她总是拒绝。

多次拒绝后，老公也就不再提这事了，但也一直住在客房，即便老婆让他搬回去，他也不想回去。过了一段时间后，案主就发现老公有点不对劲，天天早出晚归，加班次数越来越多，每天都三更半夜才回来。案主起了疑心，在老公加班的时候，偷偷跑到公司，结果发现老公早就下班了，案主慢慢搜集证据，最后确定老公就是出轨了。

我在做咨询的时候，问过案主："你觉得是什么事情导致丈夫出轨？"

她认定，是那次吵架和冷战造成的。

事实上，吵架冷战只是事情的起因，这段婚姻里，丈夫出轨的主要原因，其实是案主多次拒绝过夫妻生活。这种情况在无性婚姻中很常见，因夫妻矛盾而下意识阻断伴侣的亲密接触，若夫妻双方不积极面对，及时处理，稍微遇到风险，就很容易出现问题。

3. 无性少爱

这种状态，意味着婚姻已经开始"病变"，夫妻对伴侣感到失望，或许还存在些许感情，出轨或想出轨时会残存一些愧疚之情，如果伴侣发现，也会想要挽留对方，挽留婚姻。

但如果夫妻不做调整，无性少爱很容易向无性无爱转变。

为什么会出现无性婚姻？

无性婚姻，未必一定是夫妻之间感情不好，背后存在很复杂的原因，大多和心理和生理有关。

1. 生理原因

性生活属于生理范畴，偶尔出现生理病症，是很常见的情况。

例如性障碍，因为身体上的原因，男性无法进行夫妻生活，偏偏男性非常在意这件事情，容易自卑和羞愤，又抗拒去看医生，索性就直接放弃夫妻生活。

例如性冷淡，这是性激素分泌下降而导致的病理性范畴，女性怀孕生产期间，就容易出现这种情况，当然，性冷淡也有可能是心理原因、身体疲劳、巨大压力等心理原因导致。

例如同性恋，其实这种情况并不少见，很多人是隐藏的同性恋，只是为了父母的期盼，勉强结婚，但实际上有排斥心理，就会拒绝和伴侣进行性生活。

2. 婚外情导致的关系疏离

婚外情是造成无性婚姻的主要原因之一，出现这种很难调和的婚姻矛盾时，夫妻感情会遭到毁灭性的打击，更不可能有亲密接触。况且婚外情不是突然发生的，一定是夫妻感情本就出现某种问题，才慢慢发展成婚外情。从另外一个方面来说，婚外情的出现意味着性需求在第三者那里得到满足，感情和精力的重心都在第三者那里，这成为阻碍夫妻生活的因素之一。

3. 被拒绝、不愉快经历导致的心理阴影

这一种情况属于性生活不和谐。例如丈夫有亲密行为的想法时，妻子不配合，甚至抗拒，更有甚者会破口大骂，这对男性来说，是很伤自尊的行为。大部分男人在这种情况下会内心暴怒，产生报复心理，会做出婚内出轨、嫖娼等行为。另外，如果伴侣在亲密行为的过程中有了不愉快的经历，例如突然被打断，或者氛围感很差，体验很糟糕，也很有可能让夫妻产生心理疙瘩，留下阴影，从而对性生活产生抗拒。

4. 客观条件

受客观外在因素的影响。例如：分居两地，夫妻长期没有亲密行为，感情会慢慢下降，夫妻成为最熟悉的陌生人。

我以前做过一对异地恋夫妻的咨询。

男方因为工作原因一直在国外，女方则在国内。两人平时都是用视频的方式沟通，这样的相处方式持续了3年，不过两人对感情都很坚定，没有因为分隔两地而产生移情别恋的想法。

后来，男方回国，本来是场久别重逢的喜悦，但两人见面却觉得十分尴尬，因为长时间的分离，虽然一直为了爱情坚持，但两人其实没有太多的"亲密感觉"，反而觉得还是分开住，在视频上聊天彼此更舒服一些。

也因此，两人找到我，重新建立亲密关系，慢慢才恢复过来。

婚姻无性，如何找回幸福？

结婚是为了幸福，每个人都有追求幸福的权力，出现问题不可怕，可怕的是我们没有力量去解决。无性婚姻也如此，我们尤其不要因为羞愧就默默承受无性的痛苦，要努力找回属于自己的幸福。

1. "无性无爱"的婚姻，考虑是否有其他需要，否则建议放弃

无性无爱，其实意味着夫妻双方已经没有任何的内外联结，两个人基本属于陌生的状态。不考虑其他外在因素，如果想要挽回婚姻，也只能从头开始建立亲密关系，但此时的两个人已经是心理上"最熟悉的陌生人"，彼此知根知底，想要重新建立并不容易，尤其是双方也不会有恢复感情的意愿。

这种情况下，如果夫妻没有其他需要，例如孩子的情感羁绊等，放弃其实是最好的选择。

因为没有支撑婚姻的核心要素,强行生活只会带来更痛苦的相互折磨。

2."无性有爱"婚姻,可以代替或者治疗

无性有爱,是无性婚姻中最令夫妻头疼的婚姻状态,想分开却又舍不得,想留下又憋屈。但这种状态是最有机会恢复夫妻关系的,性爱分不开,但凡有其中一种,彼此必定能实现另一种。当然,有爱的夫妻会出现无性,说明亲密关系某些部分出现卡点,如果夫妻不会使用合适的方法,就很容易弄巧成拙,这种情况,建议请专业人士指导。

小云和大军原本是对非常恩爱的夫妻,大军对小云非常好,但小云有个苦恼,自从孩子出生后,他们就再也没有了夫妻生活,大军总是"不行",小云也不好意思说什么,只能安慰:"不急,慢慢来。"

但孩子一晃都三岁了,两个人的夫妻生活屈指可数,而且每次都不成功,小云很苦恼,连夫妻生活都没有怎么算正常婚姻?可是,除了这件事,大军又是个很好的丈夫,对她和孩子都很好。因为这件事,两人也经常吵架,小云心里总压着一股无名火,时常怀疑大军对自己的爱,无奈之下,小云才拉着大军来找我做性咨询。

咨询过程我发现,当初小云生产的时候,大军心疼小云,不忍心让她一个人在产房痛苦,经过医院的批准,他也进了产房,陪着小云一起生产。但当孩子出生那一刻,大军受到了很大的刺激,那个画面一直在大军的头脑中挥之不去,导致后来过夫妻生活时,大军情不自禁就会想起那个"恐怖画面",就"不行了"。大军觉得这和小云没关系,也怕小云接受不了,就一直没好意思和小云说,只能借口说自己太累,导致夫妻生活就出问题了。

了解原因后,我及时地对大军和小云进行了治疗。后来,大军的问题得到很大改善，两人的亲密关系一点点复原，现在两人已经恢复了当初的甜蜜状态。可见，遇到问题没关系，找到方法有针对性地解决就好，否则，就太可惜了。

3. 无性婚姻一定要具体问题具体分析，结合个人实际情况进行调整

造成无性婚姻的原因有很多，我们一定要找到具体原因，才能对症下药。归根结底，性是为爱服务的，也是夫妻感情深厚的一种表现，失去了性，也就失去了情感交流的重要联结，会给婚姻造成很大风险。但夫妻一定要谨记于心的是，继续婚姻也好，结束婚姻也罢，我们要追求的永远是"幸福"。

思思和老公胜结婚7年，但夫妻生活极少。两个人在谈恋爱的时候，阿胜说要把最美好的留到最重要的时刻，两人就一直没有突破禁区，思思当时也觉得阿胜非常有风度，很尊重自己。

新婚之夜，阿胜喝得酩酊大醉，完全不省人事，期待中的美好也没有发生。后面的日子，两人倒也有几次夫妻生活，但思思感觉阿胜的目的性非常强，每次都关注思思是不是排卵期，能不能怀孕。结婚三个月后，思思终于怀孕，之后阿胜就以孩子为名，整个孕期和孩子生产后哺乳的两年，都不愿意和思思进行夫妻生活。

孩子断奶后，思思找过阿胜，阿胜不是说自己累了，就说有孩子在不放松，以各种理由拒绝思思。被拒绝多了，思思觉得很伤自尊，不想让人觉得自己性欲特别强似的，也不找阿胜了，思思就带着女儿睡，阿胜在另外一个房间睡。结婚7年，思思过着像寡妇一样的日子，她觉得阿胜有问题，正常男人怎么会没有欲望呢？但她每次让阿胜去看病，阿胜都会骂她："你才有病。"两个人就这样过了好几年，孩子都六岁多了，思思也老得特别快。

思思苦恼这样的日子，该不该放弃？

后来，思思来找我做咨询，我们才发现，阿胜其实是同性恋，只是为传宗接代的需要才和思思结婚。后来，思思和阿胜离婚，有了新的生活。在新的婚姻中，思思体会到了正常夫妻该有的生活，越来越有活力。

结婚当然是为了幸福，但有时候，离婚也是为了幸福。关注内心幸福，这才是我们经营亲密关系的核心意义。

值得提醒大家的是，在我多年实际的咨询中，我发现，无性婚姻大多数是因为以下几点造成的：累积的家庭矛盾、对彼此的负面看法、慢慢淡化的感情。这部分要解决的不是性的问题，其实是爱的问题，要结合本书其他章节的内容找到"无性"的根源去修复情感，无性婚姻的根本问题才能得到解决。

福利领取

扫码添加助理微信，回复：婚姻状态。获得专业测试，帮助你更清楚地了解自己的婚姻状态。

婆媳关系紧张，危及婚姻稳定，怎么办？

"婆媳问题"一直是婚姻里的"千古难题"。两个陌生人，因为爱情进入婚姻，建立家庭，尚且需要时间去经营婚姻。婆婆和儿媳因为"同一个男人"而强行维系起婆媳关系，自然更容易出现矛盾。这是因为两个人的背后，代表的是两种生活环境、两种家庭模式，自然很难在短时间内亲密融合，尤其是如果婆婆、媳妇、儿子三方中有一方处理不当，婆媳关系就很容易关系紧张，给小夫妻的婚姻带来很大的风险。

婆婆和媳妇都是好人，为什么还是容易出现婆媳问题？

经常有男性案主向我表达困惑："我妈妈人很好，我老婆人也不错，和别人相处都很好，可她们两个在一起就是不对付，什么事都容易吵架，不管我怎么劝都没法住在一起。这到底是怎么回事呀？"其实，所谓婆媳，并不是她们人不好或者性格不对付，而是两个女人争夺"一个家庭的话语权"的问题。

1. 婆媳争夺的其实是"话语权"

成人进入婚姻，就拥有了自己的家，是需要从生理和心理上都与父母的"原生家庭"分离的，也就是说，在自己的新家庭，夫妻关系应该大于父母关系，小家庭应该由小夫妻自己做主。我们当然需要孝顺父母，但父母是自己家庭的主人，在子女家子女是小家庭的主人，这才是正确的家庭排序。

遗憾的是，很多父母会觉得"孩子再大也是孩子""孩子的家就是我的家"。因此，父母，尤其是婆婆，会习惯性地想"管家"，但天性使然，新家庭的妻子也觉得应该自己"管家"，如果丈夫能坚决地站在妻子身边，明确小家的话语权，就不会存在太大的婆媳问题，但如果家庭排序不健康，婆媳就很容易争夺"话语权"，从而产生矛盾。

思琪和老公生活在北京，双方工作都很忙。孩子出生后，夫妻都希望婆婆能来帮忙带孩子。婆婆也想帮忙，但顾及待在老家的公公，便想在北京待一个月，把孩子带回老家一个月。思琪不舍得离开孩子，又想着孩子还在吃母乳，就不同意。于是，她和老公一起说服了婆婆。

婆婆答应之后，平时对孩子管得特别细，吃喝拉撒也不希望思琪插手，认为"你把孩子交给我就要全然信任我"。这一点，思琪也无法接受，觉得"这是我的孩子，婆婆只是帮忙，我当然要做主"。而且婆婆有些不注意卫生，比如说喂孩子之前不洗手，会用嘴咀嚼食物再喂孩子，不管思琪怎么说，婆婆都不改，觉得自己以前就是这么带孩子的，孩子们都长得很健康，没必要那么讲究。为此，婆媳两个没少闹矛盾，老公夹在中间也很为难。

有一次，天气已经不冷，但婆婆非要给孩子穿很厚的衣服，思琪就埋怨婆婆，婆婆很不高兴，就吵着要回老家。老公希望思琪退让一点，思琪不愿意，觉得老公不为自己说话，也很委屈。她觉得家是港湾，老公应该无条件保护自己，但老公每次都站在婆婆那边逼自己，她很失望，开始怀疑婚姻存在的意义，甚至动了离婚的念头。

这就是婆媳争夺"话语权"的典型案例，当婆媳出现第一次冲突时，丈夫是做得很好的，说服婆婆留在北京带孩子，但婆媳在生活中出现很多细节问题时，丈夫因为"左右为难"，没有坚定地站在妻子这边，导致婆媳关系越发紧张。当然，婆媳问题确实是个很复杂的事情，尤其考验丈夫的智慧，三方稍微处理不当，就容易三方都很委屈。这就需要三方都学习，尤其夹在中间的丈夫要发挥好"中间人"的重要作用。

2. 男女不同的价值体现

很多男性案主会疑惑，为什么婆媳会争夺话语权，但男人从来不在乎这些事？这是因为男女在乎的价值感不同。大部分女人，是通过"家庭和关系"去衡量自己是否有成就感和价值的，所以，婆婆和儿媳，如果觉得自己在家庭里没有"话语权"，就会觉得自己没有价值，从而失去安全感。

但男性在乎的是成就和工作，安全感和价值感都来源于对外的工作。面对家庭关系，一个是生养自己的母亲，一个是自己选择的妻子，男性通常会选择和稀泥或者干脆逃避。但正是因为他的逃避，往往会激发婆媳之间更深的矛盾，婆媳都会铆足劲去争夺"男人的关注"，试图通过男人的选择来确定自己的话语权。

所以，很多婆媳矛盾，往往因男人而起，也必须由男人来解决。

如何处理婆媳关系，让婚姻得到长辈的祝福和支持？

当然，我们也不能让男人独自承担所有压力，婆媳关系其实需要公公、婆婆、丈夫、媳妇各安其位，但长辈年纪大了，在很多事情上很难调整观念，这就需要小家庭多承担责任，让小家庭得到长辈的祝福！

1. 丈夫要做好"家庭排序"

健康的家庭，一定是夫妻关系大于父母关系和亲子关系的。很多表面因为"婆媳问题"而离婚的夫妻，其根本原因大多是男人错误的家庭排序。

我的一位案主张先生，请来母亲帮忙带孩子，一开始夫妻俩都很感激，但后来因为很多观念的不同，婆媳频繁吵架。婆婆来之前，家里的家务一直是夫妻一起承担的，婆婆来了后，妻子让张先生干一点点活，婆婆都会抢着去干，而且满脸不高兴。为此，张先生说了妻子好几次，希望妻子当着母亲的面能勤快点，别总使唤他。

妻子一开始感激婆婆帮忙，也没说什么，但张先生越来越过分，回到家鞋子一脱就在沙发上"葛优躺"，彻底成了甩手掌柜，和妻子的争吵也越来越多。这时候，婆婆自然是帮着儿子的，两人就一起夹枪带棒地攻击妻子，妻子越发觉得自己像个"外人"。因为张先生的偏心和婆婆的强势，他们家的争吵越来越多，一家人的关系越来越冷漠，准确来说，是妻子与张先生母子的关系越发淡薄。

最后，在一次早就约好的旅行中，张先生因为母亲的临时反悔自作主张取消了旅行，还责怪妻子都当妈了，还到处乱跑，不知道勤俭持家，这让妻子的情绪彻底崩溃，两人大吵一架，妻子选择了单独旅行，并提出了离婚。

很多和父母同住的夫妻，都会出现类似的问题，父母观念老旧，加上爱子女心切，总习惯用自己的标准去管束子女的家庭，想要在子女的家庭中做"一家之主"。父母当然是"为了子女好"，就像张先生的母亲，强势都是因为爱儿子。严格来说，张先生离婚，并不是父母的问题，而是他自己没有处理好家庭排序。

他把母亲放在了第一位，把妻子放在了第二位，把原生家庭置于自己的小家之上，这份"边界不明"就让他在遇到婆媳矛盾时，情感天平严重偏向母亲，一味让妻子忍耐，却没有解决问题的根源，对夫妻感情的消耗是非常大的。

所以，张先生的正确做法应该是：孝而不顺。

尊重母亲，但遇到婆媳矛盾时，做法上更多地站在妻子这边，或许母亲会觉得"受委屈"，可以在情感上多安慰母亲，从长远来看，受到丈夫尊重的妻子，反而会更顾及婆婆的情绪，和丈夫一起孝顺婆婆，更有利于婆媳关系、婚姻关系的顺畅。

2. 儿媳要对婆婆表达感恩

婆媳矛盾有一个通病，就是习惯把情分当本分，把客气当作理所应当。例如，儿媳觉得婆婆带孙子是理所当然的事情，但带孙子，并不是婆婆的义务，她有权力不帮忙。再比如公婆给子女钱，同样也不是必须要做的事情，孩子长大成人，建立小家，公婆也就没有再继续给钱的义务。

> 我做过一对年轻夫妻的咨询，妻子和婆婆关系很差，结婚不到三年，就闹着要离婚，理由是婆婆不带小孩，也不给小家补贴，这让妻子非常不高兴。
>
> 事实上，因为公公婆婆是农村人，年纪大了也没有工作的能力，他们积攒了半辈子的钱又全部都拿来给儿子结婚买房了，手里一点积蓄都没有，而自己不能来带小孩是公公的身体不好，婆婆要在老家照顾。妻子觉得孙子跟你家姓，带孙子本来就是你家的事，不能来带孙子多少也要出点钱，要不就别看孙子了。

这个案例里妻子的想法确实有点苛求公婆了。无论公婆如何，作为儿媳，我们首先需要感恩，就像上面这个例子，公婆倾尽全力用半辈子的积蓄为子女买房，已经尽力了。而当我们对父母心怀感恩，就会发现，每个父母确实已经把他们最好的都给我们了。婆媳关系也才能在"感恩"的基础上和谐。

3. 肯定长辈好的动机，礼貌地保持边界

儿媳与婆婆来自两个不同的家庭，肯定会有不同的生活方式，生活在一起就需要尊重彼此的生活习惯，这时候，保持边界就很重要。聪明的儿媳会选择提前将一些不可逾越的边界事先划分好，避免很多不必要的矛盾。

我的一位案主，婆媳关系处理得非常好。

她习惯晚睡晚起，早餐吃面包喝咖啡，但婆婆习惯早睡早起，早上一定要煮粥吃小菜，婆婆叫她早起吃早餐，这样好几次后，她很礼貌但认真地对婆婆说：“妈妈，你每天那么早起床为我们做那么多早饭真的很辛苦，我都很心疼呢，就是我习惯了早餐去公司吃，还有就是我工作晚，很辛苦很累，我需要多睡会。所以早上你不用做我的早饭，也不用叫我起床，我自己搞定，妈妈辛苦了。"

婆婆一开始当然不高兴，照样每天做很多早饭，但她坚定地表示感谢，也坚定地就是不吃早饭，好在丈夫站在她这边，也让婆婆不用起那么早做饭。一段时间之后，婆婆发觉儿媳真的说不吃就不吃，但确实也不是针对婆婆，慢慢也就习惯了。于是，婆婆早饭就只准备自己的，更重要的是，因为这件事，婆媳有了很好的相处模式，彼此心里都有条尺，会提前沟通，双方都尊重彼此的边界，虽然偶尔有些小摩擦，但大体相处都很顺畅。

尊重彼此的观念和习惯，明确表达边界，先讲理再讲情，看清这一点，婆媳矛盾中的很多问题反而迎刃而解。

4. 夫妻携手面对"毒父母"

有一种情况，确实需要夫妻同心，携手面对，那就是"毒父母"。

我们必须承认，有些占有型和控制型的伴侣父母，会认为儿媳或女婿，是来抢走自己孩子的。于是，占有型的伴侣父母通常会打着爱的名义用糖衣炮弹侵占着你，他们表面上热情友好，其实是要你和你的伴侣言听计从，始终把他们放在第一位；而控制型的伴侣父母，是不让你们独自生活，总要插手你们的生活。

小齐恋爱时觉得老公立伟很体贴，是个暖男，觉得自己找到了真爱，于是幸福地进入婚姻。结婚之前，立伟和小齐商量，因为爸爸去世得早，妈妈一个人照顾他长大，希望结婚以后和婆婆一起住。小齐虽然不情愿，但考虑到立伟一片孝心，也答应了。结婚后，小齐很快发现问题，立伟特别在意婆婆的想法，婆婆也很黏立伟，只要是立伟稍微对自己好一点，婆婆就会出问题。

比如，小齐生日，立伟送了她一个包，婆婆就在旁边叹气说自己老公死得早，没小齐命好，立伟听了就会马上给婆婆买一个。怀孕期间，医生建议孕妇要多散步活动，最好丈夫陪同。每次立伟准备陪小齐去散步的时候，婆婆总说不舒服，立伟只好留下来陪婆婆，让小齐自己去散步。

有一回，立伟不在家，小齐因为孩子吃母乳还是奶粉的事，和婆婆争辩了几句，立伟一回家，婆婆就跑到房间里哭，说儿媳妇不待见她，她还是不要待在这个家里了。立伟看妈妈受了委屈，跟小齐大吵了一架。

更可气的是，平时婆婆吃了饭就在沙发上看电视，家务基本都是小齐做，但立伟一进门，婆婆就会马上做家务，然后说，自己累了一天，腰酸背疼的。小齐觉得婆婆太会"演戏"了，跟立伟说实情，立伟却一点都不相信，更坚信小齐不待见婆婆。在婆婆的怂恿下，立伟对小齐很失望，小齐也委屈又失望。

两个人就去民政局做了登记，进入了离婚冷静期。

很显然，立伟的妈妈就属于"毒父母"，存在自己的心理问题。

这种情况，就需要夫妻携手应对，尤其不能一方孤军奋战。可怕的是，如果立伟没有处理好自己和母亲的关系，帮母亲处理心理问题，他以后的婚姻依旧会非常困难，最好的方式就是寻找专业婚姻咨询师帮助，通过专业指导，让婆婆、儿媳和自己都能找到健康的家庭排序。

> **思考与练习**
>
> 1. 你的婚姻，是否存在婆媳矛盾？矛盾因何而起？
> 2. 思考一下，你们家庭的排序是怎样的？是否需要调整？

70％的离婚，是因为金钱冲突
——如何谈钱不伤感情？

我做婚姻咨询这些年，发现一件非常有趣的事情，夫妻往往不会因为"穷"出现问题，但70%的离婚确实都和金钱冲突有关。也就是说，决定夫妻幸福生活的未必是因为钱多或钱少，而是因为处理钱的不同态度。

老杨和丽娟结婚二十多年，最近因为"钱"闹得不可开交。

起因是这样的，结婚多年，丽娟和老杨经济都是透明的，老杨的工资卡也一直都在丽娟手里，丽娟掌管着家里的财政大权，但她很节约，从不乱花钱，两人从未因为钱起过争执。

可前不久，丽娟发现老杨竟然私藏了小金库，金额竟然高达十几万。追问起来，丽娟才知道，老杨从十年前就开始赚小金库了。丽娟非常生气，觉得老杨背叛了她，谁知道他有没有在背后干什么坏事呢？

但老杨也很无奈，他说，自己之所以赚小金库，其实是为了他的妹妹。老杨生在农村，家里条件不好，父母从小就嘱咐他要照顾好妹妹，老杨上班后一直承担妹妹的各种费用，直到妹妹参加工作。

后来，他和丽娟结婚，工资卡就交给了丽娟，但有一次妹妹要买房，父母希望条件好一点的老杨能出一点钱，但丽娟不愿意，觉得妹妹买房哥哥没有出钱的道理，而且自己刚生了孩子，自家条件也不是很好，就拒绝了。

但老杨觉得很为难,一边是妻子,一边是父母和妹妹,无奈之下,他就偷偷去找朋友借了钱给妹妹。从那之后,他就开始偷偷赚钱,攒小金库,以备不时之需。

丽娟非常愤怒,觉得各自成人,哥哥给妹妹钱本就不对,隐瞒妻子私藏小金库就更不对了。因此,她怎么都无法原谅老杨,两人闹到去民政局办理了离婚登记。

从这个案例来看,我们可以理解老杨的无奈,但也理解丽娟的委屈,与其说她生气丈夫给妹妹钱,不如说在处理金钱的问题上,她发现自己是个"外人",她为小家勤俭节约,丈夫却背叛她,随意花费夫妻的共同财产。确实,老杨的做法于情于理都不太合适。

研究显示,70%的离婚都是因为金钱导致了关系破裂,而在金钱上的不忠和危机,正是情感出轨和破裂的前兆。很多婚姻出现金钱上的问题就在于:要么单方面把金钱的权力放弃,完全由伴侣支配;要么单方面支配金钱,把伴侣控制得牢牢的;而在这个过程中,夫妻双方对于"金钱"完全处于无交集的状态。

夫妻一旦结婚,金钱就成为夫妻共同财产,一旦"金钱分配无沟通",婚姻就会承担很多意外的风险。

警惕4种不良习惯,保护好夫妻共同财产

很多夫妻会不好意思,觉得一家人太看重钱,有点"见钱眼开"的感觉。事实上,做到金钱分配有商有量,尊重夫妻共同财产,才能真正把婚姻保护好。金钱不是万能的,但有情不能饮水饱,处理金钱的态度影响感情走向。

夫妻之间对待金钱,一定要警惕这4种不良习惯。

1. 私藏小金库

夫妻之间当然不是只能存在一个账户、一张银行卡，而是说作为夫妻共同体，账户要彼此透明，对于钱来钱往，彼此要有商有量，更要有知情权和决定权。

一旦一方有了小金库，那就意味着夫妻之间出现了信任危机，会让对方有种被欺骗的感觉，连基本信任都没有。不管小金库的目的是什么，都不利于亲密关系的维护。

2. 没有计划

一个人还可以是"月光族"，但结婚成家，需要承担的是一个家的责任，包括孝顺老人、养育孩子、思考自己和伴侣的养老问题。如果完全不顾经济情况，没有计划地想花钱就花钱，甚至超前消费，也很容易给婚姻带来巨大矛盾。

3. 任意消费

很多夫妻吵架的时候会说："我花的是自己赚的钱，想怎么花就怎么花，你管不着。"这话听着有道理，但其实违反了夫妻共同体的核心——不管一方为家庭贡献了多少收入，消费都是双方的事情，如何花钱，尤其是大额消费，一定要尊重伴侣的意见，双方沟通协调。

4. 过度控制

过度控制是最容易导致婚姻出现问题的金钱矛盾，所谓控制，就是一方牢牢掌控财务大权。这种情况下，一是容易出现另一方财务不忠的现象；二是容易出现控制方随意处置共同财产的现象。

我的一位案主，因为家里所有的钱都被老公掌控，结果在一场金融诈骗中损失了所有钱财，一夜之间倾家荡产，作为妻子，她莫名承担了这场金钱带来的灾难，因为感情深，她没有和老公离婚，但婚姻确实变得岌岌可危。

夫妻财产属于夫妻双方的,不能被某一方单独控制,必须做到夫妻双方都有知情权和决定权。

每月进行"金钱沟通",保护共同财产就是保护婚姻

每月进行金钱沟通,其目的在于:既能让夫妻双方知晓家庭财务状态,也能让夫妻借助"金钱关系"沟通彼此对家庭未来的愿景。具体来说,建议夫妻从以下3个方面进行沟通。

1. 了解家庭的真实财务状况

对于夫妻共同财产,夫妻一定要有知情权和决定权,每月金钱沟通的重点在于看两个数字:现有存款和现有债务。了解家庭的真实财务状况,既有利于夫妻共同为家庭努力赚钱,合理规划花钱,更是彼此消除担忧、确认信任的核心步骤。

俊俊和小惠结婚十五年,有一儿一女两个孩子,俊俊经常出差,两边老人又不能来帮忙,小惠就回家当了全职太太。两人一个主内,一个主外,也很和谐,特别是近几年俊俊创业,公司蒸蒸日上,小日子越过越好。

但有一回,小惠意外发现俊俊出轨了。事情发生后,俊俊坦承,出轨对象是自己的客户,因为业务往来,接触多了一些,就偶尔吃个饭、聊聊天,没有实质发生什么,又保证以后再也不会了,并删除了出轨对象的微信。

小惠气了几天,考虑到孩子,想想家不能散,也只能不了了之。

但后来,小惠发现俊俊给出轨对象转过不少钱,比如说520、1314这种数字,她觉得事情没有俊俊说得那么简单,就仔细检查了俊俊的转账记录,结果发现,在长达4年的时间里,俊俊前前后后给出轨对象转账了50多万。

小惠完全无法接受，她和孩子在家过得并不宽裕，但老公竟然给别人转这么多钱？还只是吃吃饭、聊聊天的关系？小惠的信任完全崩塌，两个人走到离婚的边缘。

如果小惠能早一点了解家庭的真实财务状况，就能在一开始发现俊俊出轨的苗头，既保护好家庭共同财产，又尽量把老公出轨的心思扼杀在萌芽状态，维护好自己的婚姻。当然，每个家庭可以根据自己的实际情况，去安排按月还是季度去沟通了解家庭的真实财务状况。

2. **了解彼此的金钱观，坦诚表达需求，沟通解决办法**

夫妻个性不同，花钱习惯自然也不同，比如说有些丈夫对钱没有概念，对未来也没有危机感，但妻子就非常有理财观念，这种组合就很容易因为钱的分配产生矛盾。

所以，夫妻双方既需要了解自己的金钱观，也需要了解伴侣的金钱观。这一点，可以参考第二章提到的"金钱人格"，例如你的伴侣是"求稳者"的金钱人格，那么我们就能了解他的金钱行为背后的思维，如果他让你少花点钱，你就会理解，他不是嫌弃你乱花钱，而是他的金钱人格使然，他很担心你们的未来。因为理解，所以你自然不会生气，还会愿意配合。

除此之外，我们遇到"金钱使用"问题时，可以坦诚地表达自己的需求，也真诚地聆听伴侣的需求，双方一起沟通解决方法，会给亲密关系带来更紧密的联结。当然，我们在沟通的时候，要聚焦于自己的感受，避免指责。

例如，妻子想要买一款2万元的包包。

丈夫不要这样说："你这过分了吧？钱都让你花光了，家里怎么办？"

丈夫可以这样沟通："家里的存款不多了，我今年的压力也很大，孩子的各种费用让我很担心。"

妻子:"也是,这2万都能给孩子报2年培优班了。"

丈夫:"我再努把力,攒点钱,尽快给你买。"

妻子:"哎呀,谢谢老公,老公你也别太辛苦了。包买不买都没关系的。"

3. 共同制定实现梦想的计划

夫妻之间,还可以借助"金钱计划"制定共同目标,两人拧成一股绳,为期待的未来而努力。所以,在沟通金钱的时候,我们可以就个人梦想、家庭梦想一起讨论,比如每年两次家庭旅游、替双方父母购买医疗保险、为孩子筹备出国的钱、五年内换个更大的房子……

一起讨论,为未来做计划;一起努力,为未来添砖加瓦。夫妻之间越拥有共同梦想、共同目标,就越不容易在一些小事上出现矛盾,更不会被小诱惑所影响,从而让夫妻关系更紧密。

思考与练习

1. 结合第二章思考,你和伴侣分别是什么金钱人格?
2. 你和伴侣是否做过金钱沟通,你们对未来的共同梦想是什么?

打破7年之痒，让婚姻不痒

结婚多年的夫妻，大抵对"七年之痒"都很敏感。在我做婚姻咨询的这些年，也确实有不少夫妻在结婚7年后出现离婚危机。那么为什么很多人的婚姻会卡在第7年？

七年之痒，从何而来？

我们照样从生理和心理两个角度来解释。

1. 细胞代谢需要7年

科学家认为，从生物神经学的角度来解释，爱情其实是由于相关的人和事物促使人脑产生大量激素而导致的结果。而控制人脑产生的激素并不会一直存在，人的细胞随时都在新陈代谢，而完成一次整体的新陈代谢周期正好是7年。每7年，大脑就会出现一个倦怠期。与此同时，控制爱情的激素就会明显减少，从而导致亲密爱人突然好像没那么爱彼此了，爱情开始倦怠，也就有了七年之痒。

2. 心理学的"二次童年"

婚姻的七年之痒是"二次童年"，这是心理学家武志红老师的观点，他认为：

人的第一次童年，是0～6岁，人格结构和智力结构基本定型。

人的第二次童年，是恋爱，是婚姻。七年之痒如此普遍，意味着第二次童年也可能是6年。

第一次童年，我们没有选择权，出生于什么样的家庭，有什么样的父母，我们只能被动接受；但我们希望自主，能按照自己的意愿改造父母。童年越痛苦，改造意愿就越强，但不幸的是，这些改造愿望很少被实现。

于是，到了第二次"婚姻"童年，我们潜意识深处的渴望——改造父母、纠正童年的错误——又被唤醒，就把这个愿望投射在恋人身上，像6岁前渴望改造父母一样而渴望改造自己的"另一半"，但到了第6年，我们再次发现，这是行不通的，我们得再次放弃这个改造梦，于是我们发现，亲密爱人根本不是想象的那样，似乎完全是另外一个人。

但事实上，七年之痒并不是一定存在的，以及并不是一定7年就会痒。

美国宾夕法尼亚州某大学研究小组，访问了4000对夫妇并跟踪了20年之久，结果显示，婚后14年才是夫妻或情侣感情生活的重要关口，不少男女是在共同生活了14年后分道扬镳的。而成功度过"十四年之痒"的夫妻也曾经多次产生过离婚的想法，只不过因为子女、经济等问题才选择继续维持婚姻。

可见，七年之痒只是个说辞，并不能用来判断婚姻幸福与否。

婚姻七年之痒的真相

在我看来，七年之痒的深层含义，应该是夫妻经历多年相处后，从荷尔蒙激素中平静下来，一点点在伴侣面前暴露真实的自己，包括曾经拼命掩饰的缺点和不足，与此同时，我们也看见了伴侣真实的缺点，于是开始厌倦。

1. 对"真实的伴侣"大失所望

书籍《亲密关系》里有这么一段话："刚认识的时候，你对TA的了解仅仅是掠过水面，彼此熟悉之后就开始浸入水里越潜越深，也就越能看透你的面具和外在形象而发现真正的你。然而，当你们都深潜入对方的领域时，就会发现真正的你和TA也许并不怎么迷人。"

> 台湾著名作家李敖，在44岁那年，认识了当时号称台湾第一美女的胡茵梦，这位才子瞬间就掉入爱河，彻彻底底爱上了胡茵梦，而胡茵梦也早就听过李敖的大名，屈服于他的才气，于是，两人相爱了。
>
> 可是，婚后的李敖开始嫌弃胡茵梦，认为她缺乏生活常识，比如胡茵梦不会做饭，不会干家务，不会勤俭持家。有一天，胡茵梦上厕所时忘记关门，李敖误闯进去，发现"仙女"竟然也要上厕所？那一瞬间，他心中的女神形象似乎轰然倒塌。

李敖的故事当然比较特殊，但也真实地体现出婚姻中扎心的一幕——当荷尔蒙散尽，曾经的亲密爱人失去魅力。

2. 新鲜感退却，厌倦感陡升

美国的《心理学》杂志曾经发表过一篇文章，文章认为，导致婚姻触礁的主要原因是厌倦感，犹如大家常说的，老夫老妻熟悉得就像左手摸右手，什么感觉都没有了。太熟悉就容易厌倦，自然就容易滋生矛盾。

> 婚姻厌倦的经典一幕，出现在电影《爱情呼叫转移》里。
>
> 男主和妻子结婚多年，彼此熟悉到对方每天穿什么衣服、一日三餐吃什么都一清二楚。
>
> 某个晚上，妻子做饭，做着每晚必吃的炸酱面，放着无聊的电视剧。丈夫的厌倦感突然膨胀，看着一如往常一边看电视一边吃面的妻子，他平静地提出离婚。妻子很诧异："你外面有人了？"
>
> "没有。"

"是我哪里做得不好？"

面对妻子穷追不舍地追问，丈夫终于爆发："你在家里永远穿这件紫色的毛衣，永远穿这件紫色的毛衣！我最烦紫色了知道吗，我最讨厌看见紫色；刷牙的杯子得放在搁架的第二层，连个印儿都不能差；牙膏必须得从下往上挤，那我从中间挤怎么了？我愿意从当中挤怎么了？每星期四次，永远是炸酱面、电视剧、电视剧、炸酱面。还有，你吃面条的时候，能不能不要嘬着那个面条打转转？"

丈夫的话是不是特别扎心？当妻子以为可以在亲密爱人面前坦然地呈现真实的自己时，丈夫却把"真实的我"嫌弃得那么真实，这种厌倦感对伴侣的打击，甚至比出轨的伤害更大，一样体现出"我不行"的价值崩塌。

如何避免七年之痒，保持婚姻最开始的幸福

我们的前辈也会遇到各种婚姻问题。但受时代观念影响，他们往往认为婚姻就像冰箱，用久了难免会坏，耐心一些，修好了就能继续用，凭借着这样的信念，很多人得到了白头到老的婚姻。而在如今个性解放的年代，我们期待的东西更多，要的并不仅仅是长久的婚姻形式，还有甜蜜的亲密关系。

1. 接纳彼此的不同

热烈恋爱的时候，伴侣身上的所有缺点都是可爱的代名词，可一旦不爱，伴侣身上的优点都让人心生厌烦。这种情况下，我们能做的，其实是改变自己，接纳伴侣与自己的不同，接纳伴侣的全部，爱对方的全部，这才是一段完整真实的感情。

我的一对案主，结婚7年，有个6岁的女儿。两人的个性完全相

反,妻子做事效率很高,丈夫则是个慢性子,也没什么时间观念。比如说,妻子做饭半小时就能搞定简单的三菜一汤,但同样的三菜一汤,丈夫却需要两个小时,每次都把妻子气得够呛。一开始,妻子对丈夫也是各种批评、教训,想提高丈夫的效率。

但后来,妻子发现,丈夫的慢性子是从小养成的,再怎么训练,也不能完全改变。与此同时,她发现自己的个性急躁,而丈夫的个性很宽容,做事细致又耐心,她干脆不再纠结丈夫慢性子的问题,而是把家里的工作重新进行了分工,比如,把辅导孩子作业这样的细致活交给丈夫,自己负责需要快速处理的家务。

分工之后,她发现家庭的整体效率都高了,丈夫辅导孩子作业细致又认真,很少生气,自己做家务高效又整洁,大家都很轻松。慢慢地,她接纳了丈夫的慢,看到丈夫"慢"背后的细致,一家人的感情也越来越好。

婚姻是需要经营的,关系是需要维系的,我们需要承认婚姻中的两个人是不同的个体,谁都有优点和缺点,没有对错,只有接纳不接纳,而当我们开始接纳,关系就开始融洽。

2. 持续的共同成长

"牵了你的手,人生的路一起走",这个歌词非常适合形容夫妻状态。婚姻中,夫妻携手共进,持续共同成长,婚姻才能历久弥新。这个过程中,如果有人掉队,就很容易在行动上、思想上跟不上对方,从而产生三观差异,感情也会渐行渐远,最终分道扬镳。

我的一位案主,是公司的女高管,她非常爱学习,也很善于学习。其实她刚结婚的时候,只是公司的小职员,但她每年都花大量的时间去学习,去付费接触高端圈子,所以进步得特别快。

与之相反的是她的丈夫。两人结婚12年,结婚时,她的丈夫是名普通的公务员，12年后，丈夫还是普通的公务员，几乎没有任何变动。一开始，妻子还会强行带着丈夫一起学习，鼓励丈夫开展副业，但丈夫都拒绝了。到后来，妻子走得太快，完全不是带不带丈夫的问题了，而是她发现，她和丈夫已经不在一个水平线上，不管是格局还是认知，又或者是人生规划，两人都没有了共同语言。于是，两人平静地选择了离婚。

婚姻就像天平，两边是同样的重量，才能平衡。所以，一方成长时，另一方也一定要跟着成长。这个成长并不是指外在的金钱、职位上的成长，而是指内心的丰盈程度，彼此都是持续在进步的，彼此都能持续地成为吸引伴侣的人，共同保持当年吸引伴侣的"优点"，也才能让婚姻持续保持当初的幸福。

思考与练习

1. 思考一下，你的婚姻"痒"吗？为什么"痒"？
2. 结婚多年，你和伴侣在哪些方面可以共同成长呢？

遭遇婚外情，离婚还是原谅？

我的一对案主，妻子32岁，丈夫36岁，结婚8年，有一个4岁的男孩。

妻子是高校老师，丈夫自己开公司，盈利状况时好时坏。

结婚以来，妻子的性格一直比较强势，如果有什么需要，丈夫没有及时满足，她就会认为丈夫不爱自己。若丈夫出差时不主动打电话回家，她也从不主动联系，她觉得一定要丈夫主动联系，才意味着爱。

去年，妻子希望丈夫承担家用，并提出要求，要知晓丈夫的所有收入支出。丈夫回复说每个月的现金流没办法全部抽出来，毕竟公司需要现金运作。后来妻子提出，那就每个月拿出2万元作为家庭开销和积蓄。但丈夫坚持了三个月就没给了，她也没有问原因，简单认为丈夫是不愿意承担，也不再要求。

半年前，妻子在一次聚会上，认识了Z。她觉得，Z很懂得她的想法，她不用说什么，Z就能明白。

有一回，妻子在学校搞年终考评，工作到半夜12时许，她一个人打车回家有点害怕，就给丈夫发信息，但丈夫只回复了句："有什么好怕的。"就自顾自睡了。

妻子也给Z发了信息，Z马上打电话过来，让她不要挂断电话，并一直在电话那端陪着她，直到她进了家门，妻子非常感动。慢慢地，这样的细节和感动越来越多，两人暗生情愫，她情感的缺失得到了很大的满足。

再后来,丈夫知道了妻子和Z的事情,虽然妻子表示,自己和Z没有实质性的身体出轨,但丈夫很难接受。而妻子虽然口头上答应丈夫会回归家庭,但内心也陷入迷茫,她既舍不得孩子和婚姻,也舍不得那份情感需求。

伴侣出轨,婚姻还能继续吗?我们的感情还能回到从前吗?

我在做婚姻咨询的这些年,这是我最经常被问到的问题。我的答案一直很明确:婚姻是否能继续,完全看个人,但不管是离婚还是维持原状,都无可厚非,只要彼此能自洽就好。

而伴侣出轨,夫妻的感情是肯定回不到从前的。但值得庆幸的是,如果我们能把这段"婚外情"作为婚姻自检的契机,去复盘婚姻的隐疾并改进,那么,夫妻的感情或许还有机会比以前更好。

婚外情的本质

为什么伴侣会出轨?心理咨询师卢悦的观点特别好,他认为出轨的本质在于:"逃学不退学"和"转包服务"。

1. 逃学不退学

逃学不退学就是我们字面理解的这个意思,每个学生,不管好坏,多少都有些厌学的情绪,但为什么大多数孩子敢逃学,却不敢退学呢?

比如说逃学,那就是些逃课小伎俩,在老师和家长两边说瞎话,上课的时候逃课出去玩游戏。逃学的时候,我们也心虚,却有种莫名的兴奋和刺激,觉得就算被抓住也没关系,最多被教训一顿,不是什么大事。

但退学就不一样了,是无法侥幸的。一旦退学,就要彻底放弃整个学业了,几乎没有学生能承担这个损失。

我们再来看,出轨是不是同样的道理?

很多出轨的人,在事情暴露之后,会解释:"我不想离婚,在外面我只是玩玩的。"在他看来,他很享受家里红旗不倒、外面彩旗飘飘的感觉。即便知道不对,但出轨时还是充满兴奋和刺激,只想享受当下,这是不是很像逃学?

很多人出轨,并不是真的想"退学"丢掉婚姻,而是享受"逃学"这种刺激。所以,如果我们发现伴侣出轨,还想有回旋的余地,那我们就一定要深思熟虑,想清楚自己的决定。

因为,即便看起来婚姻是由出轨方破坏的,但婚姻走向的决定权,其实由受害方决定。

2. 转包服务

转包服务,即把自己的某部分活交给别人去干。出轨其实也是一样的道理,把在婚姻中得不到的某些需要,放在外面的第三方身上来得到满足。例如,丈夫在妻子孕期出轨,其实就是把婚姻中的性需求转包出去。再如,丈夫是个"钢铁直男",总是冷落妻子,妻子可能就会频繁地和其他男人聊天,其实就是把婚姻中的关注度转包出去。

简单来说,当婚姻中的某些需求迟迟得不到满足,就很容易出现出轨的状况。反过来,这个原理也能帮助我们去复盘思考。为什么伴侣会出轨,他有什么问题,他在婚姻中的什么需求没得到满足,我又有什么问题,我在婚姻中没有回应他的什么需求?

离婚和原谅都无可厚非,最重要的是复盘

了解出轨的本质后,我们会发现,受伤的心情似乎感觉好一些了。很多遭遇了伴侣出轨的人,习惯用伴侣的错惩罚自己,认为一定是自己不够好,不够优秀,才会导致伴侣出轨。但事实上,伴侣出轨可能只是他自己的问题，是他的"逃学"心态作祟，他本质也不想"退学"离开婚姻。当然，"婚外情"也可以给我们警醒：我们的婚姻是否还有什么"裂缝"，会让伴侣的需求出现空缺？如果我们能补上这份空缺，就能获得专属于自己的修行和成长。

在这个前提下，伴侣出轨，要原谅还是离婚，就不再是个难做的决定。

（1）因人而异，没有标准，选择原谅不丢人，选择离婚也没问题。

（2）可以原谅出轨的人，但坚决不原谅出轨行为。

（3）无论是原谅还是离婚，双方都一定要做婚姻复盘。

（4）在婚姻的"伤痕"里修行成长，重建婚姻，重获幸福。

我的一对案主，丈夫和妻子都40岁了，结婚15年。

两人当时是大学同学，丈夫追求妻子的过程在整个学校都是很轰动的。那时候，丈夫在妻子宿舍楼下连续弹了一个月的吉他，妻子过生日时，他还用蜡烛在楼下摆了个心形，在同学们羡慕的眼神里，两个人走在了一起。毕业两年后，两人进入了婚姻的殿堂，一直过得很幸福。

随着丈夫事业的上升、收入的提高，丈夫越来越忙，在家的时间也越来越少，经常都是妻子一个人在家带孩子。后来为了让孩子得到更好的教育，妻子又跟着孩子去了学校附近陪读，两人就分居两地，只有周末的时候，一家人才在一起。有一天，妻子在丈夫车上发现了一个单只的避孕套，并且发现丈夫给一个女人转了不少钱，很肯定，丈夫出轨了。妻子非常痛苦，她不敢相信，认识近二十年的丈夫会背叛自己，她也不知道如何和丈夫沟通，不知道自己还能不能相信丈夫的解释，自己是不是要离婚？她每天晚上都睡不着，痛苦万分，才特地找到了我。

接到她的委托后，我先是帮助她疏导情绪，梳理他们的婚姻关系。

我发现，他们看似平静的婚姻表面下，是长达6年的无性婚姻，而两个人已经分隔两处生活，妻子的注意力都在照顾孩子身上，夫妻两人已经很久没有好好沟通了。这边夫妻关系越来越淡，丈夫那边的事业却越来越成功，也让他有了更多机会接触不同的女性，分居又给了他时间和空间。（丈夫的性需求和关注需求"转包"）

但这些都不是导致丈夫婚内出轨的理由，他也需要为出轨承担后果和责任。

我在稳定妻子的情绪后，确定了她想挽回婚姻的决定，于是指导她和丈夫理智沟通，丈夫当即就表示愿意回归，并愿意在经济上给妻子补偿，也理解妻子的痛苦，愿意帮妻子疗伤。

之后，我又指导丈夫，用正确且没有隐患的方式，与第三者结束关系。

后来，我又与丈夫深入沟通，找到了他出轨的表层和深层原因，我帮助他们双方看清之前婚姻中存在的问题，双方都做出了努力和改变，也愿意把原来放在其他方面的注意力抽离回来放到两个人的感情修复上。整个过程中，我又指导他们看到自己的短板和不足。例如，妻子一直以来对性都有限制性的信念，导致夫妻生活不享受，不放松，比较敷衍；而丈夫比较注意自己的感受，很冲动，容易忽略掉其他人的需求和感受。

最后，两个人都在这次危机中得到了成长，学到了经营婚姻的方法，现在事情已经过去三年了，他们的感情变得非常好。我还经常能在朋友圈看到他们的"秀恩爱"照片，每年我也会接到他们的感谢祝福！

可见，伴侣出轨并不可怕，关键看我们如何对待。当然，具体问题具体分析，只要能自洽，原谅或离婚都无可厚非，但我们一定要学习复盘，了解为什么我们的婚姻会出现婚外情？既不用对方的错惩罚自己，但也理智地看待自己在婚姻里的"需求未满"，出轨的行为一定不原谅，但我们一定要学会原谅出轨的人，以及放过自己。当我们把"出轨"当作婚姻修行，我们也就能经营好自己的亲密关系。

> **思考与练习**
>
> 未雨绸缪，和伴侣讨论下，是否有什么需求没能得到更好的满足？

走出婚姻危机，
需要5个阶段

人们看别人的婚姻危机，似乎总能处理得特别理智，但轮到自己出现问题，就会发现简直如同掉入痛苦深渊。婚姻危机，一般都会经历5个阶段的情绪失控，如果我们能了解这样的心理转变，能帮助我们更好地度过危机，治愈自己。

走出婚姻危机，需要经历的5个阶段

心理学家伊丽莎白·库伯勒－罗丝提出了"库伯勒－罗丝模型"，它描述了人对待哀伤与灾难过程中的5个阶段：否认、愤怒、讨价还价、抑郁、放下。遭遇婚外情也要经历这样五个阶段。

第一个阶段：否认

昨天还是恩爱夫妻，今天突然就发现恩爱只是假象，伴侣早已经背叛了你们的感情。大多数人都无法接受这样的心理落差，内心会涌出强烈的否认："不可能，一定是假的。"

你无法接受也无法面对这样的事实。这种"否认"，其实本质上是对自己的一种保护，不愿意承认自己在感情上的失败，不想承认不被爱，不想承认自己是个失败者，不想接受自己被抛弃。

很多人可能很长一段时间都无法接受现实，总还沉浸在过去的美好里，幻想日子还可以回到过去，不停地找借口安慰自己，但越抱有幻想，越不接受，就越难面对现实，也越没有机会走出来。

第二个阶段：愤怒

当我们逐渐接受现实之后，很多人会来到愤怒期。

内心的潜台词变成：

"你凭什么这么对我，我哪里对不起你了。"

"我为这个家付出了一切，你却跟那个女人逍遥快活！"

"我恨那个女人，破坏了我的家庭。我也恨这个男人，让我变成这样。"

这时候，愤怒可能是指向伴侣，也可能指向第三者，又或者指向两者，很多人在这个阶段，如果没有找到合理的抒发方式，就容易做出过激的行为。我们在影视剧里看到的，原配上门打骂第三者，去伴侣公司闹，其实就属于这个愤怒阶段。遗憾的是，报复虽然看起来有快感，但有时候会带来更多的迷茫和恐惧。

因为，愤怒的本质，其实还是对失去的恐惧。

第三阶段：讨价还价

很多人会在这个阶段，因为受不了一个人的痛苦，会想要跟伴侣复合，当然会陷入讨价还价的阶段，到底是原谅还是分开，每天陷在情绪内耗里不容易走出来，也就容易出现左右摇摆的状态。

第四阶段：抑郁

到了这个阶段，当事人更多的是一种悲伤的情绪，从内心真正接纳了伴侣背叛的事实，意识到自己的感情已经再也回不去了。

第五阶段：放下

情绪来到这个阶段，就意味着我们已经慢慢放下了，不再执着于他为什么不爱我，他为什么背叛我；也不再情绪内耗，思考自己是否原谅，反而会有力量专注于当下，开始认真为自己的未来打算。

要注意的是这五个阶段不一定按特定顺序发生，也不是每个人都会经历所有阶段，但是至少会经历其中两个或以上的阶段。

不被情绪左右，积极走出婚姻危机

所谓知己知彼，百战百胜，我们之所以要去了解情绪崩溃会经历的5个阶段，目的是帮助我们在遇到问题时，清楚地知道我们需要几个阶段才能恢复，哪个阶段我们又会经历什么。这样我们才能做到心里有数，不被情绪左右，赢得婚姻的主动权。

我用一个出轨案例来解释，走出婚姻危机的5个阶段。

丈夫和妻子结婚13年，有两个儿子，大的10岁，小的6岁。丈夫原来在一家上市公司工作，后来自己创业，近年来事业发展得很好。妻子原来做文职工作，小儿子出生以后就辞职在家，专门照顾两个孩子。

有一天，妻子接到了一个陌生女人的电话，说跟她丈夫在一起已经两年多了，两人非常相爱，她丈夫要不是考虑自己的两个孩子，早就不想和妻子过了，还列举了一些特殊的日子，比如情人节、七夕都是一起过的。妻子非常诧异，也有些不相信，觉得会不会是别人故意破坏他们夫妻的感情，甚至担心是不是老公在外面得罪了什么人。（否认阶段）

为了求证，她去查了老公的手机，发现老公确实给别的女人转了不少红包，包括520、1314这样有含义的金额，这对妻子来说简直是晴天霹雳，她从来没想过这样的事情会发生在自己身上。老公在家的时间很少，总说自己创业忙，妻子虽然不情愿，但一直是理解和支持的，没想到，老公工作忙的背后竟然藏着"出轨两年多"的秘密。

妻子找老公谈话，老公一开始不承认，但在事实面前，不得不承认，打电话的女人是他的前女友，两人在两年前重新联系上，前女友的婚姻并不幸福，经常找他倾诉，一来二去，两人就旧情复燃了。但男方表示，他从没想过放弃家庭，更没想过离婚，希望女方原谅他，并且保证不再和前女友联系。

妻子非常痛苦，她没办法接受老公的背叛，也无法信任老公的话，不管老公说什么，她都怀疑这句话到底是真的还是假的？头脑中总是不自觉地想起丈夫和前女友在一起的情景，又会想到自己一个人在家带孩子的可怜。

这些年，她和孩子在家省吃俭用，从没想过要丈夫送礼物，还总是承受着老公对自己不耐烦的态度，但老公却在外面和前女友挥金如土，将没给过她的甜言蜜语全给了前女友，没给她送过礼物却给前女友送了不少礼物……一想到这些，她就非常非常愤怒，控制不住地和老公闹，骂他，打他。（愤怒阶段）

老公事情败露后，也任凭女方打骂，但坚决不离婚，且留在家里的时间越来越多。有时候妻子状态不好，丈夫还会几天不去上班，在家陪着妻子，照顾孩子，做家务，态度出乎意料地好。这种情况下，妻子十分纠结，看他态度这么诚恳，最近的表现又这么好，有时候就会想原谅他。但一想到丈夫瞒着自己长达两年出轨，自己还像傻子一样理解他、支持他，就觉得自己真是太委屈了，又很想离婚。（讨价还价阶段）

再一看两个儿子，都是自己带大的，如果离婚，如果不要孩子，她肯定舍不得；可要孩子，自己又没有收入，现在出去找工作就照顾不了孩子，不工作又养活不了孩子，越想越痛苦。（抑郁阶段）

纠结之下，妻子越来越抑郁，经常一个人哭泣，偶尔又闹一闹，什么事都不想干，也不想出门，憔悴了很多，甚至觉得活着没意思，好几次出现自杀的念头。丈夫觉察到妻子不对劲，赶紧找到了我。

这个案例中的妻子，非常典型地经历了情绪的几个阶段。从"一开始的否认"到"不可置信的愤怒"，再到"讨价还价阶段"，进入了"抑郁阶段"，真的很令人心疼。庆幸的是，这位丈夫对妻子和家庭还有感情，愿意弥补妻子，并愿意寻求专业人士的帮助。那么，经历了婚姻危机的妻子，到底该如何走出危机呢？

1. 正确认识，危机是一种难以承受的创伤

我曾遇到过很多案主，在前期婚姻出现问题时，都信誓旦旦地相信，自己就算离婚也不会受伤。但事实证明，不管当事人多么优秀，婚姻出现危机都会成为很大的一个打击，这个打击并不指外在看到的风险，比如出轨、离婚等，更大的创伤其实来自内在——我不优秀，我不值得，我是失败者。这才是婚姻危机带给当事人最大的打击和创伤。所以，夫妻一定要对危机有正确认识，才能养成居安思危的心态。

2. 给予时间，释放情绪和疗伤

当我们了解了情绪的5个阶段后，也就能理解遇到危机后当事人的表现。这个阶段，除了等待，别无他法，但我们能做的是，针对不同阶段，提供不同的解决方案，帮助当事人更快、更准确地释放情绪和疗伤。

在"否认"阶段，我们可以鼓励当事人"面对现实"。

在"愤怒阶段"，帮助当事人找到正确的宣泄愤怒的方式，避免不正当、无意义的复仇行为。

在"讨价还价"阶段，鼓励当事人认真倾听自己的心，真正找到自己的核心需求。

在"抑郁"阶段，帮助当事人用合适的方式释放悲伤的情绪。

在"放下"阶段，鼓励当事人更多地关注自己，成长为更好的自己，追求新的幸福。

但我们也必须承认，每个人的成长环境不同，释放情绪和疗伤的时间也不同。所以这个阶段，如果自己无法做到时，一定要积极寻找专业人士的帮助。在专业人士的帮助和指导下，处理好自己和自己的关系、自己和伴侣的关系，慢慢把伤痛变成让自己成长的勋章。

3. 请专业人士帮助，理性分析和复盘

人生漫长，不如意十之八九。婚姻出现危机，当然会痛苦，但当我们转念，带着理性去分析和复盘我们在婚姻里缺失的部分，危机可能就不仅仅是危机，或许还能成为转机，经历感情重建，获得新的幸福。

值得注意的是，如果我们个人无法做到理性复盘，就一定要请专业人士的协助。

我们继续上面那个案例，接到丈夫的委托后，我分别梳理了他们的婚姻关系。

我发现，他们对这段婚姻都还有感情，这也意味着他们的婚姻还有机会。

但同时我也发现，这段婚姻中，不管是丈夫还是妻子都有需求未被满足的地方。

首先，我们来看丈夫的需求。丈夫生在贫困的家庭里，一直比较自卑，很在意别人的肯定，在夫妻关系中，妻子很少给予肯定，反而频繁抱怨或冷落，丈夫曾经多次表达希望得到妻子的肯定，但妻子觉得"丈夫未曾在乎自己"，因此不愿意给丈夫肯定。另一个原因，丈夫当年条件不好，被前女友分手，心中一直留有遗憾，后来自己事业有成与前女友意外重逢，面对来求助自己的前女友，他带着"证明自己"的心情经常给前女友好处，得到帮助的前女友反馈给他更多的肯定和崇拜，让他更难从错误的关系里走出来。

我们再来看妻子。妻子的习惯是，不主动表达自己的需求，总是希望丈夫自己能"懂得"，如果丈夫没有猜对她的心思，就会生闷气。比如，妻子认为丈夫应该每天多次汇报自己的行程才是在意自己的表现，丈夫做不到时，就会故意不理丈夫，丈夫以为妻子不喜欢自己联系，就减少联系了，妻子就更郁闷了，"想要被关注的需求"缺口越

来越大。

事实上,不管是丈夫还是妻子,他们的需求都是"渴望得到伴侣的关注和肯定"。遗憾的是,妻子不愿意表达,丈夫表达后得不到回应。结果,两人的需求都未能被满足,才导致前女友有机可乘。

我帮妻子做了情绪疏导,也帮她梳理了内心需求。

另一边,我指导丈夫对妻子进行正确的情绪弥补。

同时,我指导他们双方看清自己在婚姻中存在的问题,以及对方需要被满足的需求。庆幸的是,妻子后来也愿意接纳丈夫的道歉,也愿意调整自己表达需求的方式,两人都开始努力进行感情修复。目前事情过去两年了,在丈夫的不懈努力下,妻子的内在伤痛慢慢愈合,两人也学会了正确的沟通方式,相处得很好,学会了爱与被爱。

三毛曾说:"挫败使人苦痛,却很少有人利用挫败的经验修补自己的生命。这份苦痛,就白白地付出。"所以,从这个角度来看,我们更需要慎重对待婚姻危机,如果我们能居安思危,固然很好,但若危机无法避免,也并非无法挽救。一念地狱,一念天堂,只要我们能理智复盘"危险",婚姻就永远有"机会"经营。

福利领取

扫码添加助理微信,回复:分析。获得专业分析,帮助你更清楚地了解自己的婚姻状态及优化方案。

第7章

持续成长：升级底层代码，掌控幸福人生

探索自己的内在模式，
稳固幸福婚姻的根源

"内在模式"可以理解为是一种下意识的反应，遇到某件事自然而然产生某种反应。内在关系模式，就是你在人际关系中习惯性的一些反应，包括你和家人、同事、朋友的相处模式等。

心理学认为：我们所有的人际关系，本质上都是由我们的内在关系模式决定的。这里的内在关系模式指的是：童年时期和重要亲人互动的模式，它会内化到你的潜意识里，从而形成你固定的内在关系模式。换句话说，你幼时和亲人相处的模式，会在你成人后影响着你的社交模式。

在此，和大家分享几个我的案主的"内在关系模式"。

案主A，男，他的爸爸非常严厉、强势、暴躁，对A的教育方式是非打即骂，语言冷暴力，口头禅是："你不行，你很糟糕。"成年后，A"复制"了爸爸的这套模式，对妻子非常严苛，对孩子非常严厉，动不动就发火，对工作伙伴极其不信任。实际上，A就是无意识地复制了爸爸对他的关系模式。

案主B，女，从小就很烦妈妈管太多，发誓长大后一定不要像妈妈那样，但在和丈夫的关系中，虽然她也承担家务和责任，但她对丈夫的要求非常高，目光中的苛责和妈妈一模一样，导致夫妻冲突不断。

案主C，女，生活在一个很高压的家庭，爸爸非常严厉，说一不二,从不允许孩子反驳他的意见,几乎没给过孩子好脸色,C非常害怕爸爸,面对爸爸的要求,即便她很抗拒,也不敢反抗,只能不情不愿地去执行。C成人后,面对领导,或者比她强势的人,她就会像面对父亲一样总是战战兢兢,习惯性地服从。

很显然,案主A、B是无意识复制了原生家庭的"关系模式",案主C则无意识重复了原生家庭的"关系模式",并无意识地在成人后各种各样的人际关系里使用了这种模式。

借用CCRT,了解自己的内在模式

每个人的内在关系模式都是不一样的,都藏着各自原生家庭的烙印,也对应着个人应对不同关系的"潜意识"反应。怎么去识别自己的内在关系模式呢?为大家推荐一个工具——CCRT,这是"核心关系冲突主题"的简称,由美国心理学家勒伯斯基提出,它可以让你清晰地看到,你和家人、朋友之间的情感、行为是如何相互影响的。

核心关系主题强调的是,我们总会发现不管我们和谁相处,遇到的人际关系冲突问题总有共同之处,会在过去、当下的各种关系中重复出现。

例如,有的女孩似乎是"吸渣体质",总会遇到渣男,真心经常被辜负。

有的人在亲密关系里,永远是"主动道歉"的那一方,即便错的是对方。

有的人觉得自己不管在什么场合,总会遇到"占她便宜的人",她的东西总是会被别人拿走。

有的人,在工作中和同事的关系很紧张,总觉得别人都在针对自己。

其实，这些在各种人际关系中都多次重复出现的场景，并不是偶然，背后就藏着"内在关系模式"的秘密，和我们童年时期和亲人的相处模式有关。一般来说，我们和早期照顾者之间的关系，就是我们成人后和其他人关系的底板。

冲突，反映了一个人在关系中的愿望和实际体验之间的差异，有时候也体现为，在与他人的关系中，"理智的愿望"与"潜意识的反应"之间的矛盾。我们用实际案例来解释。

我的案主佳佳，小时候家里条件一般，父母很重男轻女，更爱弟弟，忽略她，对她也很挑剔。比如说，佳佳感冒发烧，妈妈不但不会安慰照顾她，反而会指责她："让你多穿衣服你不听，三天两头生病，家里哪有那么多闲钱老带你去医院。"佳佳做作业遇到不会的问题，去问爸爸，爸爸总会说："这么简单都不会，笨哪，真是个赔钱货。"

我们来看一看，佳佳在原生家庭中建立了一个什么样的关系模式——她吸收到的模式是，人和人之间的交往方式，就是"挑剔和指责"，建立联系的方式就是"打和骂"。

实际上，孩子是"不知道别人是怎么生活"的，会以为其他所有人都和"我家"的生活方式一样，所以，孩子复制了原生家庭的关系模式，她在成人后，就会把这种模式重复到自己的亲密关系和社交关系中。

佳佳结婚后，老公每天晚上都加班到很晚才到家，回来也很累了。按理说，这时候，作为妻子会想：我要怎么对老公表示感谢和我对他的关心呢？

可她老公一进门，佳佳就开始"谴责"："又这么晚才回来，每天都不着家的，钱又没赚到多少。"佳佳的老公本来就很累了，回家还要被老婆批评，肯定很烦。但是，他实在是很累了，也不想吵架，于是就说："我累了。"

这时候，佳佳会继续"谴责"："谁叫你加班这么晚呢，早都跟你说不要什么都答应，别人让你加班你就加班，像个茗(湖北方言，意思是比较傻)一样。"老公气得不打一处来，也懒得再说话，干脆自己去洗澡睡觉了。

佳佳反而觉得委屈：我被老公忽略了，我老公对我很冷漠。

但是，我们可以看出来，佳佳的关系模式就是"指责和挑剔"，和她在原生家庭里承受的完全一样，她本来是想关心老公的，却用了"指责"的方式。更可怕的是，她在沿用这个模式时，是完全自动化的、下意识的，她自己是很难意识到问题的。所以，当老公"不回应"的时候，她反而觉得委屈，获得的感情体验其实和小时候在父母那里的体验是一样的——不被在乎，被忽略。

看完佳佳的案例，大家会不会对自己的"某些无法理解的行为"豁然开朗起来，很多时候，这就是我们的内在关系模式在作祟。接下来，我们学习用CCRT来帮助自己去觉察和处理自己在关系模式中的问题。

借用CCRT的五个问题，觉察自己的内在关系模式

CCRT工具有五个问题，可以帮助我们了解自己从小到大的关系模式是怎样的。

这五个问题是：

第一个问题，跟别人互动，你的需求是什么？

第二个问题，你是怎样表达这个需求的？

第三个问题，对方是怎样回应你的？

第四个问题，这样互动的结果是什么？

第五个问题，你对这个结果的感受是什么？

通过问题,我们可以梳理自己的内在模式,"觉察"就意味着被看见,就意味着我们已经踏上了"改变"的第一步,从而就有机会走出"原生家庭命运"的轮回。例如,"吸渣体质"的女孩不再遇见渣男,可以遇到真爱,享受生活。再如,佳佳在觉察到自己的关系模式问题后,可以学习如何和老公进行良好的互动。(结合本书第四五章的内容)

我们来试试,如何用CCRT的五个问题,帮助佳佳觉察自己的内在关系模式。

第一个问题,在跟别人的关系中,你的需求是什么?

是想获得别人的关心,还是想表达自己的关心,又或是想获得别人的肯定?在佳佳的案例中,她的需求是什么?她觉得老公加班很辛苦,她想要表达对老公的关心。

第二个问题,你是怎样表达这个需求的?

佳佳是用谴责和批评的方式来表达的。她说:"又这么晚才回来,每天都不着家的,钱又没赚到多少。"她明明想表达对丈夫的关心和心疼,但体现出来的却是挑剔和责怪老公。

第三个问题,对方是怎么样回应你的?

在佳佳看来,她已经表达了对老公的关心,现在就应该获得老公的回应和感谢。但佳佳自己没意识到她的关心方式是"谴责",老公已经非常烦躁和郁闷了,自然不想理她。

第四个问题,沟通的结果是什么?

在佳佳的案例中,他们的沟通肯定是无效的,佳佳觉得自己是在关心老公,但老公完全没接收到。老公因为不想吵架而保持沉默,但佳佳看来这是老公的敷衍和冷暴力。当需求出现矛盾,沟通出现误解时,问题就产生了。

第五个问题,你对这个结果的感受是什么?

从佳佳老公的角度去思考问题，他保持沉默，避免争吵，其实是爱佳佳的表现。但佳佳的感受反而是很伤心，很沮丧，觉得自己被忽略、不在乎、不被爱。

经过咨询，佳佳意识到，是她的内在关系模式影响了她的婚姻生活，她把原生家庭父母对她的方式，用在了对待伴侣上，从而导致了她认为的"不爱"结果。后来，我又指导佳佳通过第4章、第5章的内容，学习和丈夫有效沟通，现在他们的沟通已经非常顺畅，彼此都能感受到对方的关心和爱。这也是很幸运的地方，当我们觉察到自己的内在关系模式后，就能理解自己和伴侣的"无法理解的行为"，刻意训练自己去调整，就可以改写我们的命运！

很多时候，我们的婚姻、人际关系出现问题，我们自己都不知道问题是什么，可能反而会把问题的责任丢到伴侣身上，这种做法会给我们带来更多伤害。但使用CCRT工具，我们就可以以客观的方式，去思考复盘、寻找我们的内在关系模式，了解自己表达需求的模式，了解这样的模式可能会给伴侣造成什么影响，我们才有机会去改变，才有力量让自己获得更多的成长！

思考与练习

1. 回忆一下，你在工作中、生活中，是否存在某种"重复的关系模式"？
2. 借助CCRT的五个问题，梳理、觉察你的内在关系模式。

在婚姻中，
你是不是把伴侣当成了"理想父母"？

上一节，我们讲述"借助CCRT工具去了解我们的内在关系模式"。这一节，我们来看看，觉察到自己的内在关系模式后，我们如何调整模式，帮助我们更顺畅地经营亲密关系。

阿仁和小小是一对高知夫妻，两人都是研究生毕业，一个在高校工作，一个是公务员，但两个人在沟通上存在很严重的问题。小小经常抱怨阿仁从不主动沟通，小小每次主动聊天，他也常沉默不语。没得到回应的小小，甚至会故意去激怒他，但依旧像拳头打在棉花上，这让小小很崩溃。

咨询中，小小向我哭诉："羽仟老师，我真的太痛苦了，哪怕他给我一句话、一个眼神也好啊，但他的反应让我觉得自己就是个笑话。"

但阿仁却认为，小小的沟通是不能回应的，因为每次沟通，小小的情绪都很激动，自己说什么都没用，一言不合就会吵架，他干脆就沉默不说话，等小小的脾气过去。我问他："在情绪中，你不想激发矛盾，用冷处理的方式是可以理解的，那等小小平静下来，为什么不主动沟通呢？"他说："都平静下来了，为什么要沟通呢？万一再吵起来，不是没事找事吗？"

经过咨询，我发现，他们的问题其实就来自原生家庭。

阿仁有个非常强势的爸爸，说一不二，任何事情都不容反驳，在阿仁的印象里，他没有任何一件事情是能说服爸爸的，而且爸爸发脾气的时候，绝对不能做任何解释，否则惩罚会升级。慢慢地，阿仁就形成一种模式：我的表达是没用的，是不可能采纳的，还可能会被惩罚，我不如什么都别说，等情绪风暴过去。

和小小结婚后，他把这种模式也带到了婚姻里，从不主动沟通，小小表达的时候，他把妻子代入成"爸爸"，依然用不回应、不解释、不反驳的方式去应对。

但反观小小，她出生在偏远山区，是个留守儿童，家里三个孩子，她是中间那个。她有什么困难找父母，父母也总是让她自己解决，小小从小就练就了独立的个性，任何事情都自己解决。在她的记忆里，妈妈就没怎么正眼看过她，从来没肯定过她，几乎完全忽略她的存在。结婚后，她把对"妈妈不回应"的痛苦带到了和丈夫的关系里，当阿仁不回应她的时候，她就会引发小时候不被妈妈回应的痛苦，为了改变这种痛苦，她就会不断追问阿仁，希望得到阿仁的反馈，但因为阿仁原生家庭的原因，阿仁坚决不回应，这样就进一步激发了小小的痛苦。

这个案例里，我们可以看到夫妻两人，阿仁是把小小看成"父亲"，而小小则把老公看成"母亲"，这其实就是原生家庭在他们身上留下的烙印，使他们和伴侣的互动不由自主地被影响着。

婚姻中遇到问题的时候，我们可以静下心来，了解下伴侣为什么会有这样的行为。去分析原因，看看对方是不是把你"对标"成他生活中的什么人，用"对标人"的互动方式来和你互动。如果是这样的话，我们可以提醒伴侣：我不是过去的那个人，我和那个人不一样。

同时，如果我们自己有时候也出现同样的问题，我们会把眼前人当作过去的"某个人"来互动，这时候，也需要我们及时察觉，及时调整。

婚姻里，你把"伴侣"当成谁？

事实上，每一段婚姻都有原生家庭的烙印。因为原生家庭的固有模式影响到夫妻关系的案例非常多。

1. 希望"伴侣"成为"父母"的样子

卢明和慧慧是郎才女貌的一对。

慧慧是个空姐，长得非常漂亮，卢明在一家上市公司做高管，收入很高，两人结婚时间不长，还没有孩子，但卢明却动了离婚的念头。原因是，卢明觉得慧慧不是自己想要的人，在他看来，他希望妻子能以自己为中心，把自己照顾得很好，而不是反过来还要自己照顾。慧慧是空姐，作息时间不稳定，有时候"通宵飞"，白天在家睡觉。卢明早上出门上班，看到慧慧在睡觉，下班回家还看到慧慧在床上，没有饭吃，家里也乱糟糟，慧慧还会喊肚子饿，使唤刚下班回家的卢明赶紧做饭，这让卢明很不高兴。

而且，卢明觉得慧慧不够上进，不飞行的日子，慧慧在家不是睡觉就是刷手机，难得有休息日，卢明想出去旅游或者去书店看看书，慧慧却总要睡到中午才起来，半天都过去了根本无法出门。更让卢明无法接受的是，慧慧总是对他有很多要求，比如说必须对她百依百顺，要包容她所有的任性和脾气，把她宠成小公主。

卢明很疑惑，如果你什么都不为我着想，只想着你自己，那还是爱吗？

有意思的是，慧慧确实是被她的父母宠爱成"小公主"的，在家什么活都不用干，父母全部安排好了，她发脾气，父母也会哄着她，顺着她。所以，结婚后，她把这个模式也带进了婚姻里，把卢明当成"父母"，觉得丈夫应该要像父母一样，宠爱自己。但她完全没有意识到，卢明不想要找个"女儿"。

卢明的原生家庭也是非常有意思。他有一个非常优秀能干的妈妈，把他的生活起居照顾得非常周全，同时，妈妈也是一个非常自律上进的人，从一个小县城的语文老师晋升到了市文化局局长，妈妈从不浪费时间，每天晚上、每个周末，做完家务，安顿好卢明，就会争分夺秒地去看书、写文章，这也给卢明带来很大的影响。所以卢明完全无法接受妻子的"不思进取"和"不自律"。事实上，他也是把慧慧当成了"妈妈"，期待妻子能像妈妈一样优秀、上进，又能照顾好他，当他发现妻子和妈妈完全不同时，他就产生了强烈的要离开的念头！

事实上，我们每个人在婚姻中，都或多或少会出现这样的错误，认为"谁谁谁都是怎样对我的，你也必须这样对我"。尤其在婚姻里，我们总是很习惯地认为"我以前就是这样被照顾的""你现在就必须这样照顾我"。但实际上，我们当下的生活，和"过去的生活"已经完全不同，眼前人也不是"过去人"。

就像卢明的婚姻，他需要意识到，慧慧不是自己的妈妈，她是一个独立的人，在慧慧过去的生活中，总是被家人照顾的，她作为空姐工作内容变化性不大，并不需要很强的学习能力，他需要给慧慧时间去调整观念和提升能力。同理，慧慧也应该尽快成长起来，意识到自己是个"大人"了，不能一直是被别人照顾的"小公主"。结婚是两个人的，绝对不能是父母关系的延续。如果我们不意识到这点，就很容易给亲密关系带来烦恼。

2. 期待"伴侣"成为"理想父母"的样子

在我遇到的案例中，还有另外一种情况也很常见，就是很多人并不希望伴侣成为父母的样子，而是期待伴侣能弥补父母不足的地方，让伴侣做自己的"理想父母"。

王昊和美娟相识于朋友聚会，两个人相谈甚欢，迅速坠入爱河，刚开始彼此巴不得把所有的爱都给对方，互道晚安，准备爱心早餐……但过了蜜月期，美娟的苦恼就来了，她觉得王昊变了，每次联系他都说工作很忙，美娟就怀疑他是不是移情别恋了。于是，她偷偷去翻看王昊的手机，结果被王昊发现，两人大吵一架。美娟很爱王昊，不想失去他，却又不知道如何继续这段感情，于是找到我寻求帮助。

经过咨询，我了解到美娟在一个离异家庭长大。妈妈独自带着美娟非常辛苦，为了多赚点钱，确实没时间照顾美娟，幼小的美娟因此对妈妈充满愤怒，而且，也只有在吵架的时候，妈妈才会多关注她一点。但她更恨那个花心的爸爸，她经常想，要不是因为爸爸出轨，她也不会沦落到这个地步，她一直告诉自己绝对不能找爸爸那样的人。

美娟认识了王昊，看到王昊非常踏实能干，又体贴，和爸爸完全不一样，她觉得终于有一个人可以带她远离曾经的过往，于是很快进入了婚姻。

我问美娟："你们争吵，你查他手机，是不是担心他会像你爸爸一样？"

美娟沉默了。她渐渐意识到，表面上看，她是不满意王昊才吵架，但实际上，她和王昊的相处模式完全在重复她童年的互动模式，她希望通过吵架来获取伴侣的注意，就像获得妈妈的关注一样。而她频繁寻找王昊花心的蛛丝马迹，是不想重复被爸爸抛弃的经历。

当美娟意识到这一点后，决定去和王昊聊聊，在沟通的过程中，也才发现，站在王昊的角度，王昊也并不是不爱她，那段时间公司发生了很多事，他很忙也没有机会解释。当美娟查他手机的时候，他内心那种被怀疑、不信任的感觉一下子涌了上来，那种感觉是因为王昊从小到大都没有被父亲信任过，父亲永远都在怀疑他的能力，让他觉得自己一无是处，这种感觉让他非常不好受。

通过沟通，美娟和王昊终于理解了彼此的矛盾，也重归于好。

这个案例中，我们会发现，美娟因为童年的伤痛，把所有对"理想父母的期待"都寄托在了王昊身上。对一些从小缺爱的人来说，在寻找伴侣的时候，确实容易在潜意识里寻找一个"理想父母"来改写自己的不幸。

但完美的人、理想的人，都是不存在的，而天性使然，我们越担心就越会在现实生活中塑造出自己担心的事实。就像美娟，她希望王昊是自己理想中的父亲，担心王昊会像父亲一样抛弃自己，于是总是怀疑他，和他吵架。王昊在长期被怀疑的状态下，自然会发生冲突，压抑、痛苦、不快乐。这种情况下，如果外面有一个温柔的、崇拜他的人出现，王昊就有可能出轨，像"爸爸"一样抛弃美娟。

这种可能性是存在的，在我咨询过的案例中，发生过非常多类似的事件。

所以，期待伴侣成为"理想型父母"，对亲密关系来说，危害非常大。

把伴侣当成"伴侣"，携手营造健康亲密的婚姻关系

婚姻中，如果我们对伴侣不满意，双方发生矛盾冲突的时候，我们就可以自我觉察一下，是否把伴侣当成了"父母"或者是"理想型父母"；我们也可以去看看你把伴侣当成了谁，这个人往往跟你的父母或你的养育者有关系。我们可以用下面的方法去做个梳理：

第一步，在纸上写出你父母对待你的方式。

把你能记住的场景记录下来，去总结父母对待你的方式。

例如，在上面的案例中，小小每次取得好成绩，都会兴冲冲地去和妈妈分享喜讯。

小小：每次分享喜讯，妈妈从来不理我，不管我怎么说，她眼睛都不看向我。我一直说一直说，她还会不耐烦地说："知道了，快别说了，烦死了，你怎么这么啰嗦。"

第二步，在纸上写下你对待伴侣的方式和期待。

你可以敞开心扉，尝试去写出自己的真实想法，事实上，写出自己的真实想法，对很多人来说是非常困难的。比如，有的人会说，我对他没任何期待，夫妻就应该是这样啊。但这其实也是逃避问题的一种体现，尽管写出藏在心里的话，把内心真实想法写出来。

小小：我对老公比较凶，因为他总是不关注我，我不管怎么和他说话，他都只会"嗯嗯啊啊"，架都吵不起来。我期待老公可以抱住我，摸摸我的头，认认真真听我说话，会回应我的每一句话。

第三步，写完之后，分析对比。

我们可以分析对比一下，"父母对待你的方式"和"你对待伴侣的方式"有哪些相似的地方，又有哪些相反的地方，以及哪些互相影响的地方。

小小：父母对待我的方式是充满"忽略"的，我对待伴侣的方式是很"急躁"的，我和伴侣的关系，很像我和"理想父母"的关系。我的父母从小忽略我，所以我就拼命说话、拼命沟通，想引起老公的注意，期待老公能成为我"理想的父母"，关注我，保护我，拥抱我。

可能会有人说，我和我的父母有很多不一样的地方，找不到有规律性的部分。那可能存在两种情况：一种是你的分析视角不够全面和深入，这部分可以尝试找专业的心理咨询师，帮助你一起探索；另外一种情况则是好现象，意味着你通过自身成长，跳出了原生家庭的模式，这非常值得恭喜。同时，也有很多人会发现，自己真的是复制了自身和父母的关系模式，把伴侣当成了自己的"父母"或者"理想父母"，这就需要我们多去"自我觉察"。

"自我觉察"是疗愈的第一步，当我们意识到这点的时候，就可以正确看待"原生家庭"对我们婚姻的影响，也能在认知上区分"现在"和"过去"的区别，用客观的态度去面对伴侣。父母和伴侣是不一样的，我们不能要求伴侣像父母一样和我们相处。所以，小小可以稍微放下期待，可以很自然地和丈夫沟通自己的需求，和丈夫共同调整，一起为亲密的婚姻关系努力。

婚姻本就不容易，需要伴侣携手前进，希望这一节内容能帮助你认识到婚姻中存在的那些"水下的暗礁"，避开原生家庭的那些坑，帮助"婚姻大船"平稳向前。

思考与练习

找一个安静的地方，准备好纸笔，用本节提到的三个问题，梳理下你和伴侣的关系。

自我赋能，
摆脱"不值得被爱"的魔咒

我做婚姻咨询的这些年里，遇到的婚姻不幸的女人，主要分为两类。

一类是总觉得自己不好，即便外人觉得很优秀，但自己就是觉得自己不行，出问题总会认为是自己的问题，会对伴侣加倍付出。

例如：

丈夫一不说话，妻子就担心是不是自己哪里做错了，让丈夫不高兴了。

丈夫指责自己，不问清楚原因，妻子马上就认错道歉，小心谨慎地讨好对方。

丈夫出轨有了私生子，妻子还会自责是自己无能，才导致丈夫去外面找女人。

丈夫家暴自己，妻子还反过来怪自己没有听丈夫的话，让他生气。

另一类则是很"作"的女人，在婚姻中，总是对伴侣不满意，任何事情都和"你爱不爱我""你在不在乎我"挂钩，经常会通过一些"无理取闹"的方式故意激怒伴侣，以此来验证伴侣是否爱自己。

例如：

要求丈夫无条件包容自己的坏脾气，不能解释，不能反抗，否则就是不爱她。

经常问丈夫：你爱不爱我？爱哪里？回答不好不行，回答太快是"不走心"，回答太慢则认为"这都要想？"

有想法不直说，喜欢让丈夫猜，如果丈夫没猜对，就会觉得丈夫不爱她，不在乎她。

要求丈夫每天早请示、晚汇报，360度无死角完全掌控丈夫，对方不配合，就觉得不爱她。

这两类女人，在表现上看起来完全不同，但内在其实存在同一个问题"我是不值得被爱的"。

第一类觉得自己不好的女人，最习惯说的口头禅是"我不配""我不行""我没有你想的那么好"，她们大概率是在批判、比较、指责或者忽视的环境中长大，她们没有形成"对自我的积极肯定"。因此，她们会认为"我不好""我是不值得被爱的"，当她们在婚姻里感受到"不被爱"的感觉时，就会通过退让、忍受和付出的行为，来渴求爱。如果伴侣出现问题，她们会认为是自己没有做好，需要加倍努力付出，才能解决问题。她们会非常缺乏底线，即便看到伴侣身上出现严重的缺点，也会忽略不计，觉得自己不应该奢求太多。因此，她们在婚姻中会非常被动，一退再退，最后很容易落得被出轨、被家暴、被离婚的结果。

第二类爱"作"的女人，则是因为小时候没有得到过足够的爱，没有好好体验过被爱的感觉，所以不断用"作"来表达自己对爱的渴望。爱"作"的女人，太缺爱。从小没被善待过的女人，内心是敏感的、多疑的、极度缺乏安全感的，当她们进入婚姻，会每天担心伴侣是不是"真的爱我"，于是，会用"作"来试探考验伴侣到底是不是"真的爱我"。有些女生，会故意在男友面前变得很凶，故意无理取闹来激怒男友，然后再看男友的态度。如果男友很耐心地哄她，她就会心满意足地结束这次考验；如果男友没反应，她就会更加愤怒，更加无理取闹，更"作"，最后得出一个结论——"他根本不爱我"。其实，爱"作"的女人的内在逻辑是这样的——"我都这么不好了，你还能包容我，爱我，你才是真的爱我。"爱"作"的女人，其实是缺爱，渴望得到爱的。想要爱，是女人的正常需求，遗憾的是，"作"实在不是一个"要爱"的好方式。

心理学家李雪在《走出剧情》中说道："成年人想要通过'作'的方式来刷存在感，确认自己是否配得上无条件的爱，显然是行不通的。"因为"作"很容易过度，势必会引起伴侣的不适或抗拒，毕竟谁也无法长期忍受一个总是试探自己的伴侣，更何况这还是一种不信任的表现，会变成消耗型关系，不利于彼此感情的维系。

为什么她们会认为"我是不值得被爱的"？

心理学家库里提出过一个"镜中自我"理论，他认为，人的自我意识源自与他人的互动。简单来说，就是在我们的童年早期，身边那些重要他人对我们的方式和评价，会逐渐内化成为我们内心的一种声音，主导着我们对自己的看法。

幼时，我们必须要依赖父母才能生存，当父母打骂我们的时候，或者说对我们不好的时候，尤其在我们小的时候，我们不能意识到这是父母的错，并且会认为这是我们自己的错，于是认为：是我不好，不值得爱。

日本有一部非常有名的电影，叫《被嫌弃的松子的一生》。女孩松子非常可怜，遇到的男人没有一个是真心爱她的，不管她怎么死心塌地地付出，她遇见的男人都完全不在乎她，甚至还对她使用暴力。

而追溯根源，我们会发现，松子和这些男人的关系模式，完全是复制"她和父亲的关系模式"，小时候，她在父亲身上体会到的就是冷漠、忽视，甚至是心理层面上的虐待，她一直通过各种"低姿态"去讨好父亲，渴望得到父亲的关注，却总是得不到，这是她童年始终无法解决的问题。于是，她认定自己不够好，不值得爱。

成人后，她的亲密关系也陷入如此被动的局面。她之所以不顾一切地爱上"渣男"，为"渣男"付出，就是因为在她的潜意识里，她觉得自己不配爱，不值得爱，但她又希望可以有机会去弥补小时候"不被爱不被关注"的遗憾，期待能在伴侣的身上获得"理想型父母"。遗憾的是，松子失败了。

再分享一个我咨询中遇到的案例。

丽丽，32岁，是一位中学老师，硕士毕业，学历不错，工作稳定，家庭条件也不错，但是她内心非常不自信，谈了好几个男朋友，都只能维持几个月的恋爱关系。其原因是她稍微感觉到对方有一点异样就会放弃。比如说，在她看来，她觉得对方不够热情、不及时回复信息、不主动约见，她就会不高兴，主动提出分手。但如果对方条件很好，也对丽丽很热情，她也是不敢接受的，因为她总觉得这样的人她把握不住，所以分分合合，三十多岁还是没办法找到归宿。家人逼得厉害，她自己也有点着急，于是找到我做咨询。

我带她探寻了自己的原生家庭才发现根源所在。

她说妈妈告诉她，她一出生，爸爸一看她是个女儿，就扭头离开了。在她的印象里，爸爸确实也对她很冷淡，很少会抱她。在小丽丽心中，爸爸是不欢迎她来到这个世界的，是不爱她的，进而被她自己解读为"我是不值得被爱的。"如果是成年的丽丽，当然有能力不这样解读，但幼小的孩子对世界的认知是有限的，小丽丽无法理解为什么爸爸看到她会扭头就走,为什么爸爸对她那么冷淡,为什么爸爸不像别的爸爸那样拥抱她?于是,她在潜意识里不断重复"我是不值得被爱的"。

带着"我不被爱"的模式进入感情的丽丽,就会对男朋友的行为非常敏感,很容易生出"我不值得被爱"的感觉,不想再承受不被爱感觉的丽丽,就会主动提出分手,所以才导致自己情路坎坷。

孩子要生存下来,就必须依赖父母,所以,在这个过程中,孩子会学着去取悦父母,从而获得更多的爱,如果父母不能回应孩子的需求,孩子就自然而然会解读成"我是不值得被爱"的自我认知。

0~6岁是孩子与世界建立"自我认知"的关键时期,这个阶段,为人父母一定要给予孩子无条件的爱与回应,让他们知道自己是被爱的、被支持的、安全的。这对孩子建立"我是值得被爱"的自我认知是非常重要的,这个信念会直接引导孩子,在成人之后勇敢体验到更多充满爱的生活和关系,也才有能力反馈给他人和这个社会更多的爱。

我们明白了"我不值得被爱"的信念从何而来,那么,如果我们已经是这样的心态,成人的我们,现在可以做什么去打破这个魔咒,让我们重新觉得"自己是值得被爱"的呢?

如何摆脱"不被爱"的魔咒?

"你自己都不爱自己,怎么能要求别人来爱你?"很多人会用这句话去开导在感情中受了委屈的女孩。但事实上,大部分女孩,不是不想爱自己,而是不知道怎么爱自己。而当我们自己都不知道怎么才算爱自己时,这就向外界传递了一种信号:你的需求是可以被忽视的,你是可以不被好好对待的。

心理治疗师露易丝·海接触过无数迷茫的人。这些人，有的被感情所伤，有的在职场上总是遭到挫折。通过为她们做咨询，露易丝发现，有一样东西可以解决所有的问题，那就是——爱自己。

怎么才算爱自己？是舍得给自己花钱，还是不让自己受委屈？是给自己办个健身卡，还是做让自己开心的事？我遇到过很多女孩，对着一件昂贵的东西犹豫不决时，别人只要对她说一句"女人要学会爱自己"，就很容易说服她下单，但回到现实中，即便她用着最昂贵的化妆品，她也依旧满脸充满"不被爱"的感觉。

其实，爱自己不是特定的行动或手段，而是对待自己的态度。

1. 接纳自己的缺点

在问题家庭里成长起来的人习惯用负面语言来评价自己，认为父母争吵、家庭不和都是自己引起的；认为自己是个笨孩子、坏孩子，真没用、粗心、愚蠢、讨厌、没用、邋遢、肮脏，等等。

爱自己的第一步，就是要停止自责。缺点是我们的一部分，如果你一直对自己说："我讨厌我的软弱，讨厌我的敏感，讨厌我的身材，讨厌现在的友谊，讨厌我的家庭，讨厌我的坏脾气"，这些缺点非但不会消失不见，反而会被你越放越大，完全充斥你的生活和内心，以至于和它们相对照的美好事物就更难进入你的生活。

但如果我们选择接纳，用接纳一切事物的发生来应对缺点，我们就不会一直处于紧绷的状态。心情能够平和，而平和能带来柔软，当我们不再与缺点对抗，不产生情绪内耗，也就有了勇敢面对一切的力量。

关于接纳缺点，我们可以这样操作：

选择一个安静的、让你感觉安全的地方，抬起双手，交叉环抱自己，轻轻拍拍自己的肩膀，告诉自己：我接纳我的优点，也接纳我的缺点，是优点和缺点一起构成了现在独一无二的我，过去我已经做得很棒，剩下的我可以慢慢来。

2. 肯定赞美自己，积极的话语带来积极思想，带来积极生活

《生命的重建》表达过这样一个观点：话语可以改变生命，当你不断说积极的话，就能带动积极的思想，从而带动积极的生活。例如，"我笑起来太多皱纹"会给你带来很多的压力，让你不敢放肆地笑，那么你可以试着这样夸奖自己："我笑起来太温暖了，鱼尾纹都是花瓣的模样。"当我们多夸赞自己，我们就会发现，笑起来是轻松无压力的，而多次夸赞自己以后，我们也会真的爱上自己的微笑和皱纹。

从小事开始做起，告诉自己"我很棒"，不用管别人是如何看待你，定睛在自己身上，发现自己的与众不同，学会赞美自己。赞美你的真诚、善良、勤劳、温柔、美丽、可信赖、丰裕、专注、厨艺、洁净、真实……好好打量自己，你会发现自己有很多很多的优点。

当然，赞美也需要勇气和刻意练习，你可以参考以下方法来练习：

（1）你可以先从一件小事开始，学习夸赞自己。可以从你的计划表或者任何能让你产生共鸣的肯定语开始，例如，对着镜子夸赞自己"我笑起来真好看"。

（2）大声说出来。每天早晚5次，大声地、自信地对着镜子说出来。

（3）写下来。准备一个笔记本，在每一行上反复写下你的肯定语，直到写满这一页。

（4）张贴它。把你的肯定语写在便条上，放在你肯定会看到的地方，比如镜子、冰箱、汽车仪表板等。

（5）记住它。用强烈而清晰的声音记录自己一遍又一遍说着的肯定的话语，在静坐冥想或开车时回放录音。

（6）看到它。这就像"说出来"一样，在说肯定语时也要自信地、充满爱意地看着镜子中的自己的眼睛。

第一天刻意夸赞自己，或许会有些无力感，第二天或许会有些害羞，第三天或许会有些尴尬。但坚持一周，你就会发现，你真的爱上了自己。如果我们每天都能做这样的"自我夸赞"练习并慢慢养成极其自然的习惯，"积极"就能非常有效地代替"你原有的消极思想"，让你拥有好情绪，享受自己的每一天。

3. 重视自己的需求

你喜欢照镜子吗？其实，我们可以在照镜子的时候，试着看看镜子里的自己，问问自己会有怎样的心情？

我每天早上做的第一件事，就是对着镜子里的自己说："我爱你，我为你做点什么你会更幸福呢？"

然后，我会认真聆听自己内心的声音，按照我听到的声音去开启新的一天。

你也可以这样尝试。一开始，你可能什么也听不见，或者听到一些否定的话语，因为你可能习惯于自我否定、自我攻击，所以不知道怎么回应积极的思想。没关系，我们也可以借助这样的机会，去觉察一下脑海中会有什么声音出现？是谁的声音？你可以试着去想一想，这样的声音存在于你的哪一段记忆中，然后用我们在第一节提到的CCRT工具，去看看我们的"内在关系模式"是怎样的，借此去寻找自己内心真正想要的需求。

4. 问问自己，我能为"爱自己"做些什么？

条件允许的话，我们可以寻找一些和内心联结的活动，例如冥想、写作疗愈、音乐疗愈，借助这样的机会，我们尽量去扫描自己的身体和内心，提高自己的觉察能力，去问问我们的内心："你想要什么？你期待什么？"

不断重复地告诉自己："你是值得被爱的，我已经长大了，我完全可以自己爱自己，我有权利满足需求，只要找到正确的方式我就可以自己满足自己的需求。"

心理学的意义，并不是去纠原生家庭的错，也不是让原生家庭为"不足"背锅，而是告诉你，无论你是怎样的出身，有着怎样的原生家庭，你依然有强大的生命力去自愈，只要你有意识地去修炼，就能加速你逆转的进程。

最后，送你一首卓别林70岁生日写的诗《当我真正开始爱自己》，愿我们越来越爱自己。

当我真正开始爱自己，
我才认识到，所有的痛苦和情感的折磨，
都只是提醒我：活着，不要违背自己的本心。
今天我明白了，这叫做"真实"。

当我真正开始爱自己，
我才懂得，把自己的愿望强加于人，
是多么的无礼，就算我知道，时机并不成熟，
那人也还没有做好准备，
就算那个人就是我自己。
今天我明白了，这叫做"尊重"。

当我真正开始爱自己，
我不再渴求不同的人生，
我知道任何发生在我身边的事情，
都是对我成长的邀请。
如今，我称之为"成熟"。

当我真正开始爱自己，
我才明白，我其实一直都在正确的时间，

正确的地方，发生的一切都恰如其分。

由此我得以平静。

今天我明白了，这叫做"自信"。

当我真正开始爱自己，

我不再牺牲自己的自由时间，

不再去勾画什么宏伟的明天，

今天我只做有趣和快乐的事，

做自己热爱，让心欢喜的事，

用我的方式、我的韵律。

今天我明白了，这叫做"单纯"。

当我开始真正爱自己，

我开始远离一切不健康的东西。

不论是饮食和人物，还是事情和环境，

我远离一切让我远离本真的东西。

从前我把这叫做"追求健康的自私自利"，

但今天我明白了，这是"自爱"。

当我开始真正爱自己，

我不再总想着要永远正确，不犯错误。

我今天明白了，这叫做"谦逊"。

当我开始真正爱自己，

我不再继续沉溺于过去，

也不再为明天而忧虑，

现在我只活在一切正在发生的当下，

今天，我活在此时此地，

如此日复一日。这就叫"完美"。

当我开始真正爱自己,
我明白,我的思虑让我变得贫乏和病态,
但当我唤起了心灵的力量,
理智就变成了一个重要的伙伴,
这种组合我称之为"心的智慧"。
我们无须再害怕自己和他人的分歧,
矛盾和问题,因为即使星星有时也会碰在一起,
形成新的世界,今天我明白,这就是"生命"。

思考与练习

1. 安静下来,问问自己的内心,你会有"我不够好,我不值得被爱"的困境吗?
2. 思考一下,你想要的"爱自己"是什么?

做高价值女人，把握婚姻的主动权

每个女人，都希望"愿得一心人，白头不相离"。遗憾的是，美好的爱情，圆满的婚姻，似乎总是维持得特别艰难。事实上，爱情或许有荷尔蒙作祟，有它不理智但浪漫的地方，但婚姻绝对是理智的。

在咨询过程中，我经常会和我的案主分析"感情变化"的原因，其中提到的一个观点就是：婚姻的本质其实也是一种价值交换。很多案主听到这句话会很难受，觉得感情怎么会这么物质？但这是事实，而且这个价值并不是简单的经济和物质上的价值。在我看来，一段稳定的婚姻，需要满足这三个价值。

稳定的婚姻，夫妻一定要满足"三个价值"

1. 外在价值

顾名思义，外在价值是指一个人的外在形象、穿着打扮、社会地位和财富金钱等，这是大家公认的价值体现。在婚姻和爱情市场，长得漂亮、外在价值高的男女，确实在择偶上更有优势。

2. 内在价值

对应外在价值，内在价值指的是内在的魅力，包括能力、才华、爱好、习惯、心态、思维、格局、智慧等。我们会发现，有些人或许其貌不扬，但和他交谈起来，你会发现这是个非常有魅力、非常风趣的人。所谓"腹有诗书气自华"，大部分时候，内在价值远比外在价值要能体现价值。

很多人都很诧异,为什么全球最大的交友网站Facebook的创始人扎克伯格,会爱上一个"华裔丑妻"?毕竟扎克伯格年轻多金,是个身价千亿的超级富豪,但他的妻子普莉希拉却出身难民家庭,皮肤黝黑,身体发胖,长得确实不够好看,而且还显老,完全没有大家想象中"郎才女貌"的般配感。

但扎克伯格却认为,是自己高攀了妻子。他不但为妻子设立了有利的婚前协议,而且任何场合、任何时刻都找机会秀恩爱,向妻子表白。在哈佛大学演讲时,他还刻意强调,自己在哈佛大学最美好的回忆,就是遇见了普莉希拉。

分析其原因,那就是扎克伯格被普莉希拉强大的内在价值吸引。扎克伯格在创业期间,也曾陷入危机——公司管理层出走、Facebook陷入动荡,是普莉希拉坚定地陪在他身边,为他出谋划策。

Facebook困境解决后,普莉希拉没有选择进入Facebook谋职、继续陪伴在爱人身边,而是选择去追寻自己的梦想,考取医学博士,成为一名儿科医生,去为世界做更多的公益项目。在强大的爱人面前,她没有自卑,也没有以爱人的工作和生活为转移,而是始终坚持自己的梦想,选择自己想走的人生,这份定力就足以让太多人佩服。

或许,扎克伯格深爱的,就是她这份"始终有力量追求理想"的内在魅力吧。

3. 情绪价值

情绪价值,是指一个人影响他人情绪的能力,尤其是能给他人带来安定、稳定、舒适、快乐的能力,一个人越能给其他人带来舒服愉悦和稳定的情绪,她的情绪价值就越高。

我的一位案主，长得非常漂亮，最后却选择了一个其貌不扬的老公。大家都很惊讶，因为，在追求她的人当中，有"富二代"，有"官二代"，各种优秀的人都有，现在的这个老公实在不算很优秀。

但案主非常清楚自己要什么，她说自己性格跋扈，很多人喜欢她的漂亮，但在实际相处中，常会因为性格产生很大的矛盾。可她的老公不一样，为人特别幽默，而且特别包容她，每次她无理取闹，他总能轻松化解；每次她心情不好，他总能关心到点子上。总之，和老公在一起，她觉得特别有安全感，每天都很开心。

这其实就是"情绪价值"的意义，仔细观察，我们会发现身边一些"高情商"的女人，往往她们的婚姻也会过得比较幸福，因为她们能非常精准地为老公提供情绪价值，自然也就轻松地掌控住丈夫的心。

很多婚姻出现问题，表面上看有各种各样的原因，但本质上就是出现了价值不匹配的问题。

例如，年轻貌美的女人嫁给了有钱的男人，结婚后女人做起全职妈妈，不注意打扮，与社会脱节，而男人事业越做越好，两个人的婚姻亮起红灯。很多人会说男人没良心，忘记糟糠之妻。在这里我们不讨论道德问题，但从婚姻稳定的角度来说，这其实也说明，男人的外在价值不断提升，但女人的外在价值不断贬值，其他部分又没有提升，无法为丈夫提供内在价值和情绪价值，当两人的价值出现不匹配，婚姻确实就很难稳定。

两大思维，助力你做高价值女人

稳定的婚姻，需要夫妻双方持续性提供以上"三个价值"，实现价值互换。很多人说，那我们就缺什么补什么，这当然是个好办法，例如，关于情绪价值，可以阅读本书的前几个章节。但是，在学习之前我们更要锻炼自己的两种思维。某种程度上，具备了以下两种思维，学习三大价值的路才能走得又快又稳。

1. 成长型思维

美国心理专家卡罗尔·德韦克在他的书籍《终身成长》中，介绍了两种思维模式：固定型思维和成长型思维。

固定型思维模式，指的是相信自己的才能是一成不变的，所有的事情都是注定的。

成长型思维模式，则相信只要努力学习，所有的事情都可以改变，都有机会成长。

这两种思维，体现在婚姻中会有什么不同呢？

（1）固定型思维：认为婚姻是不需要经营的，认为关系是固定的，要么爱，要么不爱，没有中间状态。如果适合在一起，感情就会顺其自然；如果需要额外努力就证明感情存在问题。当婚姻出现问题时，会动不动就提离婚。

（2）成长型思维：认为感情是可以培养的，当感情出现问题时，成长型思维的伴侣会理智地看待彼此身上的不完美，并通过努力改变关系状态，会积极努力地经营婚姻，携手和伴侣带着婚姻一起成长。

具备成长型思维的女人，哪怕不漂亮、学历不高、家境不好、婚姻不好，也不会自怨自艾，而是会通过持续的努力、不断的成长，让自己的各项价值不断提升，就算拿的是一手烂牌也能打成"王炸"。具备固定型思维的女人则相反，即便拿到一手好牌，也很容易打得稀烂。

婚姻最重要的是夫妻相互成长，如果你能够以成长型思维对待婚姻，相信你会更加幸福。

2. 边界思维

婚姻里的很多女人都有一个通病，就是认为只要足够相爱就必须非常亲密，亲密到可以允许对方做出试探自己底线或者触碰原则的事情。事实上，这样的做法，会让感情陡增风险。

不管多么相爱，也一定要有底线，绝对不允许对方，即便是亲密爱人，打破自己的原则和底线。如果女人没有原则底线，对男人犯的错再三妥协原谅，不但无法挽回婚姻，反而会被男人看成"低价值"，被男人看低。

我的案主小柔，35岁，长得非常漂亮，皮肤依旧白皙光洁，身材也很苗条，一头靓丽的黑直发，从后面看上去，像是一个20多岁的女孩。小柔长得好看，事业也很不错，在一家央企做财务主管。

原来，小柔在婚姻里是比较有主导地位的，平时闹矛盾，都是老公先低头哄她。

后来，小柔老公外派三个月，回家后就不太对劲，小柔经过查证，发现老公有了婚外情。小柔当然很难接受，在家里哭闹，刚开始，老公还会哄哄她，见没什么用，就提出离婚，说自己在婚姻里过得很累，很压抑，既然无法原谅，那就离婚。

小柔其实从来没想过要离婚，见老公提离婚，立马慌得不行，马上就反过来央求老公，求他不要离开自己，并保证原谅老公的婚外情，以后都不再提。

婚是没有离，小柔也对老公更好了，但小柔明显感觉老公对她没有以前好了，以前在乎她的地方现在都不在乎了，甚至有时候给第三者打电话都不忌讳了。小柔非常纳闷，也很痛苦，明明是老公做错了，自己原谅他了，怎么反而他越来越变本加厉，还在婚姻中占主导地位了？

后来，我给小柔夫妻做婚姻咨询，发现小柔的老公对小柔的评价是"软弱"。小柔在处理老公婚外情的事情上，让老公觉得小柔完全离不开自己。就因为小柔的"低身段"，结果大大降低了自己的价值感。

婚姻中，女人是一定要设置自己的底线的，这个底线指的是，当男人做出一些不忠的行为时，不管你是不是会离开他，他都需要对自己做错的事情负责，犯了错就要承担后果，这样他才不敢随意践踏你的底线，才不会肆意地欺负你，如果他不管做什么都不需要为自己的行为付出代价，自然就会越来越过分，不断试探打破你的底线。

例如，丈夫和女同事在手机里进行暧昧聊天，被你发现后，得到的解释是"只是聊天，又不见面"等。妻子千万不要被丈夫的这些话迷惑，现在没见面，如果后面继续进行暧昧聊天后再发展呢？

这时候，妻子一定要明确自己的底线，清楚地对丈夫说："你有没有越界我不知道，但你允许她越界了，她发来暧昧的话，你没有拒绝，还给予回应。你是个已婚男人，大家都是成年人，什么该做什么不该做是清楚的。所以，不管你们是不是开玩笑，婚姻是有边界的，如果你希望我们夫妻关系和睦，家庭幸福，就当着我的面明确地拒绝她，告诉她不可以这样开玩笑，你是个有家庭、有妻子的男人。"

这就是底线的建立。让男人心里明白，什么事情可以做，什么事情不能做。

婚姻这件事，本质上是价值的交换，想让对方更爱你，就一定要不断提高自己在这段感情里的价值。有价值、有尊严、有底线的女人才能获得男人的尊重和爱，这也是高价值的体现。归根结底，高价值女人一定具备独立的思想、独立的人格、独立的经济能力，不用在生活上依附他人，不用在心理上臣服他人；既有一个人面对生活的底气，也有两个人携手奔赴未来的勇气，更有承担起家庭乃至社会责任的能力。

思考与练习

1. 思考一下，你在婚姻里能为伴侣提供什么价值？伴侣能为你提供什么价值？
2. 和伴侣讨论一下，你们彼此坚守的关于婚姻的底线和原则？

幸福携手一生的秘密

在我数十年的婚姻咨询当中,我发现,每个人多多少少都存在着内在心理创伤,也恰恰是因为这些创伤,会让我们在婚姻中经历更多更痛的修行。有的人扛过来了,婚姻稳定了,内在创伤也借由婚姻得到了疗愈;有的人缺乏正确的疗愈方法,就会在婚姻里受更多的苦,可能给自己带来更大的创伤。

但是,既然创伤无法避免,我们就需要勇敢接纳,当我们开始接纳,创伤也就反而有机会被疗愈。

事实上,每个人都或多或少会有创伤,这很正常,毕竟我们不可能成长于完美的环境中,自然就或多或少地会经历一些创伤事件,或者某些需求未能得到满足。

创伤事件有哪些?比如:早产、难产、生病、与父母分离、失去亲人、父母吵架或离异、被打骂、被比较、被忽略感受、被不公平对待、被过分严格要求,等等。

需求没有得到满足指什么?比如:不被宠爱、不被接纳、不被陪伴、不被理解、不被重视、不被爱,等等。

那是不是经历以上或者类似的事件,就一定会产生创伤呢?那倒不一定。

内在"创伤"是如何形成的?

心理学判定,形成心理创伤主要有两个因素:

一个是超出一个人承受范围内的刺激。

比如，对一个婴儿来说，长时间没有及时哺乳就可能形成心理创伤。因为对婴儿来说，不及时哺乳就意味着生存受到威胁，且婴儿是没有能力自救的，这个超出他能承受的范围，就容易形成被遗弃的创伤。但没有及时用餐，对成年人来说却不会有什么影响。所以，越是年龄小，遭受创伤事件或需求得不到满足，就越容易形成心理创伤。

另一个因素就是在经历创伤事件的时候无人陪伴。

"512"汶川大地震后，大量心理工作者赶赴灾区给经历地震、失去亲人的灾民做心理辅导，帮助他们更好地从地震的创伤、阴影中走出来，"512"汶川大地震对绝大多数经历此事的人，哪怕是成年人来说都是一个超出承受范围的刺激，当经历这些刺激的时候有人陪伴，特别是有专业的心理工作人员的陪伴，就更不容易形成大的创伤。

同理，在孩子的成长过程中，即便经历一些刺激，但如果有父母很好的陪伴和支持，就更不容易形成创伤。

当然，我们也必须知道，世界上本就没有什么完美父母，因为个人的局限，可能确实无法帮助孩子避免创伤，甚至有时候孩子的一些内在创伤可能还是父母自己带来的。

我的一位案主，悠悠，有着一段噩梦般的婚姻经历，在她的上一段婚姻中，她被出轨，被家暴，被前夫全家语言侮辱，最后被逼得净身出户赶出家门，并且剥夺孩子的抚养权，不允许她探视孩子。哪怕离异几年，她都没办法从阴影中走出来。在给她做咨询的时候，我心中不禁感叹，一个现代女性，一个有着不错的职业和收入的女性，在没有明显过错的情况下，为什么会被如此不公平地对待，为什么又如此无力保护自己？

探索她的童年经历后，我发现她也同样拥有一个糟糕的童年。

在她很小的时候，她的爸爸就得了癌症，家人一直笼罩在爸爸的病痛中，无人顾及她，她平时不是一个人待在家，就是去医院照顾爸爸。她有事的时候去找爸爸，爸爸因为身体难受不能陪她，她去找妈妈，妈妈会说她不懂事，只知道添乱。她记忆中最深的一个场景，是爸爸去世那天，她并不知情，随意地穿了一条平时也穿的红裙子，她看到妈妈回家后，就跑去找妈妈说话，结果妈妈把她狠狠地骂了一顿："你爸死了，你爸死了，你居然还穿着红裙子？！你这个败家孩子，丧门星……"

小小的悠悠看着妈妈可怕的样子，听着妈妈的怒骂，在爸爸去世的震惊和自己穿红裙子的羞愧中不知所措，这一幕在她成年后依旧无数次地出现在她的梦境中，让她无数次被吓醒。童年的一系列经历，让她觉得自己是个很糟糕、很不值得被爱的人。所以，她在婆家遭到不公平对待的时候，只会觉得确实是自己没做好，是自己的错，只能忍耐和接受，偶尔她和妈妈诉苦，妈妈也会打击她："就是你没本事，活该人家那样对你。"

很显然，悠悠经历的这些，都是她生命中的巨大心理创伤，特别是爸爸的去世，对孩子来说，是一个特别大的刺激。那个阶段不但没有人陪伴，妈妈的做法又加重了她的刺激，在她的内心留下了很大的黑洞。如果悠悠能在婚姻里遇到愿意温暖她的良人，如果她能看到自己的创伤模式，下意识改变，是有机会慢慢疗愈的。遗憾的是，错误的婚姻让她的内在创伤更严重。

亲密关系更容易触碰到内在的"创伤"

一个人在经历创伤以后，因为"自我保护机制"，会把这些负面感受压抑在内心深处。在一些关系不够亲密的人面前，我们是会"戴面具"示人的。但进入亲密关系后，我们会对伴侣有更多的期待和信任，我们希望爱人能走进我们的内心，分担我们的痛，帮助我们疗愈这些伤，而两个人的亲密相处，也更容易触碰我们内心的伤。

但是，创伤被触碰，肯定是会痛苦的。因为痛苦，人就会想要保护自己，攻击对方，自然就产生冲突和伤害。如果这时候，夫妻二人各自都有创伤，又无专业人士指导，就很容易造成二次伤害。

例如，上面案例中的悠悠。童年的创伤让她产生"我不好，我很差劲，我会给别人带来麻烦"的自我认定。嫁给前夫以后，因为带孩子的冲突，前夫说了悠悠几句，就激发起了悠悠内在的创伤，这种感觉让她很痛苦，她就会开启"冷暴力"来保护自己。

但前夫看她不说话、不回应，就认为她不认同，于是就继续讲，悠悠继续不回应，一直到前夫发狂，逼着悠悠说话，每次这样的小分歧、小问题，最后都会演变成一场家庭大战，都会以前夫的歇斯底里来结束，到后来就演变成了家暴。前夫的这些行为，又进一步伤害到悠悠，让她更加坚定"我不好，我很差劲，我会给别人带来伤害"的自我认知，内心创伤再次加深。

如果你去观察夫妻之间的矛盾，就会发现，亲密关系中发生的种种不愉快，通常都与两人内心的创伤有关系。一方做一些事情或者说一些话，触碰到另一方的创伤，另一方就可能会伤心、委屈、生气、愤怒等。而为了不承受这些痛苦，就可能会攻击对方，或改变对方，就可能引发矛盾冲突。

例如，丈夫没有及时回复妻子的信息，就容易触发"妻子从小被忽略的创伤"，为了不承受这个痛苦，妻子就会发脾气，如此又容易引发"丈夫从小被父母过分严格管教、完全没有自我空间的创伤"，从而回击……

例如，妻子看到丈夫和其他女性有点暧昧，就容易触发妻子"从小被不公平对待的创伤",从而引发怀疑;而妻子的怀疑容易引发丈夫"从小被父母不信任的创伤",从而指责妻子疑神疑鬼;而丈夫的指责又会进一步激发妻子"不被重视的创伤",从而产生哭闹……

例如,妻子夸奖某位同事工作能力强,就容易触发丈夫"从小被比较、被说能力不行的创伤",从而反驳妻子;而丈夫的反驳又容易触发妻子"不被认可的创伤",从而反唇相讥说丈夫见不得别人好,而更加触发丈夫"能力不足的创伤",导致矛盾升级……

看起来,婚姻真的是场艰难的修行。所以说,婚姻是人的第二次成长机会,如果我们有机会遇到良人,是有机会治愈自己的内在创伤,并获得亲密的婚姻关系的。那么,到底怎样的良人才能让我们在婚姻里彼此滋养呢?

幸福携手一生的秘密,是彼此滋养

书籍《为何爱会伤人》说道:"每个人终其一生,都在重温童年的美好和修复童年的创伤。而我们的伴侣往往是最容易被选中去完成这个任务的人。"

那么,什么是滋养呢?滋养指的是,在亲密关系中,一方通过做一些什么或者不做一些什么,去满足对方内心的一些创伤或者缺失,帮助对方获得心理上的发展和成长,使对方变得人格更加成熟,内心更加强大。

1. 滋养的最大难点,在于不触碰对方的创伤

亲密关系中,有时候并不是伴侣不愿意滋养对方,而是伴侣不知道怎么滋养甚至反而触发了对方的创伤。

就像前面案例中悠悠的老公,为什么悠悠的不回应会触怒他?其

中一个原因就是他非常痛恨别人不回应他,因为他的童年遭受了"长期得不到父母回应"的创伤,所以当悠悠用冷暴力进行自我保护的时候,反而意外触发了他的创伤,他就一定要逼着悠悠回应他。

当然,如果悠悠能很好地表达自己:"你批评我没带好孩子,这件事会让我想到我的童年感受,我感觉我总是不好,总给人添麻烦,所以我很难受,我没有说话,并不是不在乎你、不想回应你,而是我太难受了,难受得说不了话。如果可以,我希望你下次批评我的时候温柔一点,让我的感受没有那么痛苦,好吗?"

这样就可以绕开丈夫的创伤点,还有可能获得自己需要的滋养。

2. 滋养伴侣的三个层次

《爱的五种能力2》一书中讲到,滋养分为三个层次:

第一个层次是理解对方。

第二个层次是把自己对对方的理解,表达给对方。

第三个层次是做一些或者不做一些事,来满足对方的需要。

和大家分享一个我自己的故事。

在我的原生家庭中,我父母的关系还算好,对我也不算很差,但我是家里的第三个女儿,在20世纪70年代的北方小城,重男轻女的思想还是很严重的,当我妈妈连接生了三个女儿后,奶奶的不满、爸爸的叹气,深深地刺痛了要强的妈妈。所以,我的出生是让家人不开心的。从小到大,我听到最多的评价是"你不该来的"。

因为排行最小,我从来都是穿姐姐穿剩的旧衣服,爸妈工作忙,会授权姐姐来管理我,姐姐毕竟也只比我大几岁,有时候处理并不公平,而每次被姐姐欺负的时候,妈妈永远会站在姐姐那边。长大以后,我才理解,妈妈站在姐姐那边其实是为了让姐姐更好地管理我们,但小时候的我,却觉得妈妈那是不爱我。

所以，我很小的时候就懂得察言观色，讨好人。我小时候从来不吃咸蛋黄，总说自己不爱吃，妈妈每次一边吃着我的蛋黄一边说："还有人不爱吃咸蛋黄，我就爱吃。"但她不知道，我就是因为知道她爱吃，我才说自己不爱吃的，其实我也非常想吃，但我想让妈妈开心，因为我是不该来的，我是不重要的。所以，我只能通过努力地做一些让别人开心的事情，来证明我是有价值的。

这样的想法，影响了我生活的方方面面，让我承受了很多痛苦的经历。

直到学习了心理学，学会了自己爱自己，学会了提升自我的价值，情况才得到改善。

进入婚姻后，我的先生也滋养了我很多，他了解我曾经的创伤，所以他总是把我排在第一位。我说过的话，他都会记得，都会主动去做，他可以几年如一日地接送我上下班，甚至会推掉重要领导的邀约，只是为了接我回家一起吃饭；但凡我爱吃什么，他都会留给我。他还会调整工作安排来配合我的行程带我去旅游，会在我工作遇到困难的时候，完全站在我的立场上支持我……

他用行动告诉我："你是重要的，你是值得的。"

几年的陪伴下来，在他的滋养下，我的内心变得越来越完整，也越来越有力量，包括写这本书的过程中，我有过迟疑，有过畏难，但他比我自己还相信我，他不断鼓励我把咨询中有价值的部分写出来，让更多人受益。

在他的支持下，我做到了，也才有了这本书的问世。

值得注意的是，滋养强调的是相互，而不是仅要求对方单方面来做。如果要求对方先滋养自己，自己才去滋养，这就不是滋养了。而当我们率先去滋养对方，对方感觉到被你滋养，那么他也有可能反过来滋养你。

就像我和我先生，因为我自己是学习心理学、从事心理学工作的，所以我在情绪管理、共情、沟通方面都具备不错的能力，而我的先生非常不善言谈，经常不能很好地表达自己的感受和想法，而我能完全明白他的想法和感受，他可以不用说，我都能懂。包括有矛盾的时候，我从来不需要他来哄我，我会自己把情绪调整好，再找他毫无压力地复盘，不需要他对我的情绪负责，而且我可以把他的想法充分地表达出来，他就感觉很被理解，感觉在我身上得到很多的情绪价值，这对他来说就是很大的滋养。

而我的滋养也给了他滋养我的强大动力，从而我们就形成了婚姻里的正向滋养循环。

我和我的先生，彼此滋养的层次就包括：

第一层次，他能理解，有时候我会敏感，是源自于我的童年经历，我觉得自己"不重要"。

第二层次，他经常会告诉我："你是重要的，不需要什么事情都先为别人想，你先把自己照顾舒服了，你舒服了，你才能照顾好别人。"

第三层次，他用实际行动告诉我"你是最重要的"。

这三个层次，越往上越难，但每做到一个层次都是有效果的，对夫妻关系都有很大的滋养作用。

3. 主动邀请伴侣来滋养你

有人可能会说："羽仟老师，你是幸运的，碰到一个好男人，我家那位是完全不懂如何滋养我。"

其实，如果对方不懂得如何滋养我们，我们是可以主动邀请对方来滋养我们的。例如，在你们平静的时候，可以通过深入沟通，告诉对方你经历过什么，你的想法，你的期待。

当然，这要求你需要对自己有很敏锐的觉察和了解，因为只有你越了解自己，你才越有可能知道自己需要什么，也就越能清楚地告诉伴侣，你需要他给你什么滋养。

很多婚姻，之所以有矛盾，恰恰是因为自己都不知道自己要什么，却要求伴侣必须懂自己、明白自己要什么，这是不现实的。<u>所谓心有灵犀，是必须通过一次次清晰的自我表达，坦诚地互相沟通后才能达到的境界。</u>

如果你邀请了伴侣来滋养你，伴侣也做到了，就一定要给予肯定和感谢，我们的婚姻才能形成正向的循环，让滋养在彼此间流动。<u>这也才是我们幸福携手一生的秘密。</u>并且，这是我借由这本书最想送给你的礼物！

思考与练习

1. 回想一下，你和伴侣是否有什么难以跨越的"内在创伤"？
2. 思考一下，如果你想邀请伴侣滋养你，该如何沟通呢？